ES BEGINNT IM KOPF

AF200947

INVERSUM

DENN ES IST ANDERS ALS DU DENKST

UND DOCH GENAUSO WIE DU GLAUBST

DU ALS'S ICH BIST BEWUSSTSEIN SELBST

HERSTELLUNG UND VERLAG:
BOD – BOOKS ON DEMAND, NORDERSTEDT
ISBN: 978-3-7504-2721-1

INVERSUM

GANZ ZUERST EINMAL HERZLICH WILLKOMMEN BEI DIR-SELBST UND GLEICH IM ANFANG WAR DAS WORT MIT MEINER BITTE HIER UM VERSTÄNDNIS FÜR DIE UNGEWÖHNLICH ERSCHEINENDE DENK. —AUSDRUCK — UND SCHREIBWEISE ☺

DA JA BEKANNTLICH DIE ÜBUNG DEN MEISTER MACHT, WUNDERE DICH ALSO NICHT ÜBER EINIGE WIEDERHOLUNGEN. ALL DAS WIRD SCHON SEINEN SINN HABEN, DEN ES NATÜRLICH SELBST ZU ERKENNEN GILT, WOZU ICH VIEL FREUDE WÜNSCHE.

INVERSUM HEISST IN DIESEM ZUSAMMENHANG ANDERSRUM, UMGEKEHRT UND WAS DAMIT GEMEINT IST SOLL NUN HOLOGISCH ERKLÄRT, BESCHRIEBEN, ERÖRTERT WERDEN.

DOCH BEVOR ICH HIER UND JETZT GLEICH MIT MEINER WAHRHEITSTÜR IN DEIN HAUPTHAUS (KOPF) FALLE, LASS DOCH MAL FÜR DIE WEILE DIESER LESUNG DEINE PERSÖNLICHE MEINUNG, DEINE EIGENE LOGIK, DEINE GEDANKEN RUHEN UND VERWEILE BEIM LESEN MIT ECHTEM INTERESSE, KINDLICHER NEUGIER SOWIE ABENTEUERLUST FÜR BIS DATO GANZ ANDERE SICHTWEISEN MIT DEINEM OFFENEN GEIST.

UND JA, MIR IST DURCHAUS BEWUSST, DAS MAN(N — FRAU IST NTÜRLICH AUCH IMMER GEMEINT — EINIGES GLEICH MEHRMALS LESEN MUSS UMS ZU VERSTEHEN, DOCH MACH DIR NIX DRAUS, DENN ZEIT IST IMMER AUF DEINER

Seite, soviel und solange wie du's willst. Zeit ist nämlich nicht relativ, Zeit ist absolut, IST dieser Tag, HEUT, JETZT und sonst nirgends, denn sowohl ein Gestern, Vergangenheit als auch ein Morgen, Zukunft IST JETZT GEDACHT. Ohne Ausnahme!

Diese Schrift ist gewählt, weil es einer gewissen Konzentration beim Lesen bedarf um der ESSEnz auf den Grund zu gehen. Konzentration aber nur auf die gesehenen Worte reicht bei weitem allerdings nicht, denn das gleichzeitige Hören deiner eigenen Lesestimme verlangt schon noch mehr davon. Schliesslich ist ja dieser Text für den Hörer verfasst, für den Geist, für das BeWusstSein das ihn echt ganz WahrNimmt.
Mir anderen Worten, nur für dICH, für dICH SELBST, denn es geht HIER und JETZT immer nur um dICH.

Zum besseren Verstehen in eigener Sache noch etwas zum Thema Kritik. Ich über HIER keine, auch wenn's einem so vorkommen mag, erzähle ich Beispiele von Tatsachen aus den verschiedensten Lebensbereichen.
Also — no offence please. Thanx

Du Selbst bIST das wICHtigste im Leben, wobei Leben nicht gleich Existenz ist wie noch hinreichend erklärt wird. Ex heisst Aus, HerAus, ergo ist ExISTenz ein

HERAUSTRETEN. ABER AUS WAS, AUS WEM? MAN KÖNNTE SAGEN AUSM SEIN, AUSM BEWUSSTSEIN IST WOHL AM BESTEN. UND FÜR BEWUSSTSEIN SELBST KÖNNEN WIR GENAUSO GUT GOTT, DAS SELBST, ICH EINSETZEN. ICH-SELBST-GOTT UND ES GIBT DURCHAUS NOCH MEHRERE BEGRIFFE, IST UNVORSTELLBAR, NICHT DENKBAR OBGLEICH NATÜRLICH HIER GE —ANSTATT BESCHRIEBEN. ES IST WIE NICHTS UND ALLES, AUCH DA MACHT DER VERSTAND EINFACH NICHT MIT. BEVOR ICH ALS AUTOR, ALS DIESER HARRY PHIL FÜR DICH EXISTIERE, MUSST DUSELBST JA SCHON SEIN! MERKST DU NUN WIE WICHTIG, JA DAS ÜBERHAUPT WICHTIGSTE DU SELBST BIST? OHNE DICH, KEIN MICH, KEIN BUCH, KEIN LESEN, KEINE STIMME ETC., OHNE DICH GIBT'S NIX, JA NICHTEINMAL DAS WORT NIX. UND FÜR DIESES, DEIN UNPERSÖNLICH-PERSÖNLICHES ICH SIND DIESE WORTE BESTIMMT, DENN DU BIST UNERLÄSSLICH, NOTWENDIG DAMIT ÜBERHAUPT IRGENDEINE ERFAHRUNG, EIN ERLEBEN GESCHEHEN KANN.

GLEICH WIRD'S PERVERS, ABER KEINE ANGST, DENN PERVERS MEINT NUR ANDERSRUM. WORTBEDEUTUNGEN SIND UNS ABHANDEN GEKOMMEN UND SOMIT IST VIEL SINN & ZWECK VERLOREN GEGANGEN, BUT NO WORRIES BUDDY, ALLES IST GUT. DEIN DIR BEIGEBRACHTES WISSEN IST KEINES, AUCH WENN'S DIR NOCH SO LOGISCH ERSCHEINEN MAG, HAT ES MHER MIT „BLINDEM (ABER)GLAUBEN ZU TUN ALS MIT WIRKLICHKEIT, MIT WAHRHEIT, MIT BEWUSSTSEIN, MIT WISSEN.

Deine Pop-Naturwissenschaft lehrt dir zu Glauben, dass z.B. du über deine 5 Sinne eine Aussenwelt als ReFlexion im Hirn hast, sprich du siehst nie wirklich sondern bloss Images, AbBilder, nie das Orginal. Die Infos die du so bekommst werden auf mysteriöse Weise in elekro-chemische Signale umgewandelt und so baut dein Verstand/GeHirn Modelle davon im Kopf.

Was wäre jedoch wenn dieser Prozess genau andersrum funktioniert, das heisst, wenn zuerst der Gedanke an Etwas die ReAlität dessen simultan erZeugt bzw. schafft, macht oder gleichzeitig umsetzt. Und das Ganze nicht nur im vermeintlichen Aussen, sondern auch im innersten Innern.

IN-Formationen sind INfos, keine Exfos, will heissen, sind vollkommen GleichWertig im EINEN Geist vorhanden. Und dieser Geit nennt sICH selbst nun mal ICH.

EGO ist auf Lateinisch wie auf Griechisch einfach ICH, doch hat's nicht mit der Art von Negativ-Psychologie gemein, die man beigebracht bekommt. Dieses EGO IST ICH oder anders, dies EGOIST ist's ICHBIN und Basta.

Na, schon empört über soviel UnSINN? Mach dir nix draus, es geht weiter. Wie vorhin schon erwähnt kannst du dICH nicht denken, dir's ICH nicht vorstellen, auch nicht im Spiegel betrachten, denn da siehst du bloss KörperReflexionen, nie aber's

WIRKLICH(T)E ICH. ES IST WIE MIT DEM AUGE WELCHES SEHEN KANN, ABER SICH SELBST NIE SIEHT (BEIM SEHEN).

UND RICHTIG ERKANNT, IN DIESEN ZEILEN GEHT UM BEWUSSTSEIN SELBST, UM SELBSTERKENNTNIS, SELBSTERFAHRUNG, DENN MIT EIN BISSCHEN MEHR ALS NUR INTELLEKTUELLES VERSTÄNDNIS BRINGT'S DIR EIN ANGSTFREIES LEBEN, DENN DEM ICH KANN NIE UND NIMMER ETWAS PASSIEREN, ETWAS GESCHEHN. ICH IST EWIG! SELBSTDENKEN, AUTODIDAKTISCH ÜBERLEGEN ANSTATT PAPAGEIENHAFT GEQUIRLTEN UNSINN VON ANDEREN NACHZUÄFFEN. SELBERDENKEN IN, DURCH UND AUS SICH SELBST, DENN ALLES WAS DU BRAUCHST HAST DU SCHON IMMER, DEINEN GEIST.

MACH DIR DEINE EIGENE MEINUNG UND LASS DIE TEILANSICHTEN VON LEHRERN, GURUS, POLITIKERN, WISSENSCHAFTLERN, ÖKONOMEN UND ANDEREN SCHEINHEILIGEN VON KIRCHE UND STAAT.

VERTRAUE DIR SELBST, GLAUBE AN DICH UND LASS DEN AUSGEDACHTEN LIEBEN GOTT 'NEN GUTEN MANN SEIN. HILF DIR-SELBST DANN HILFT DIR-GOTT KANN AB JETZT DEIN MOTTO SEIN. DOCH BEHALTE DIR STETS DEINEN HUMOR.
NUN, DIESMAL GIBT'S IN DIESER KLEINEN SCHWARTE SOGAR SO WAS WIE KAPITEL, NA JA, NICHT WIRKLICH, DOCH WENIGSTENS MAL EIN PAAR SEITEN WEITER EINE ANDERE

ÜBERSCHRIFT. DENK DRAN, DIESER KLEINOD IST GANZ UND GAR DEIN PERSÖNLICHES EXEMPLAR IN WELCHEM DU NATÜRLICH ZUGANGE SEIN KANNST WIE'S DIR BELIEBT. DAS HEISST, MACH NOTIZEN, ESELSOHREN, NIMM FARBEN UND MACH DIR SELBST DRAUS EIN „CUSTOMIZED WORK OF ART", SEI KREATIV, HIER DARFST DU ALLES.

ACH UND NOCH ETWAS, GLAUBE AUCH MIR NIX SONDERN FINDE ES FÜR DICH SELBST RAUS, DENN NUR DIE EIGENE ERFAHRUNG ZÄHLT. ÜBER „SUBJEKTIVE VERIFIKATION" GIBT'S DANN AUCH NOCH WAS.

INVERSUM — WENN DU TRÄUMST IST DOCH AUCH DER GESAMTE TRAUM IN DEINEM KOPF/GEIST. WÄREND DU TRÄUMST IST DER TRAUM FÜR DICH ECHT, ALSO REAL, SO WIE NUN GRAD DIE DIR ERSCHEINENDE (AUSSEN)WELT, DENN DIE BEIDEN SIND AUSM GLEICHEN STOFF, GEIST-DENK-STOFF.
MIR GEHT'S NICHT UM DIE BEHERRSCHUNG DIESER MATERIE, SONDERN UMS BEWUSSTSEIN SELBST. DENN WO IST DIESE GEDANKEN UND GEFÜHLE WENN DU IM TIEFSCHLAF BIST, QUASI MAL NICHT TRÄUMST? GIBT'S DAS ÜBERHAUPT, 'NEN TRÄUMER OHNE TRAUM?
DIE ANTWORT KRIEGSTE DURCH SELBSTBEOBACHTUNG, DURCH SELBSTBETRACHTUNG, ALSO DURCH EIN SOZUSAGEN VOLLKOMMEN WERTFREIES SICHSELBSTABSCHAUEN. KLAR IST HIER NICHT EIN GUCKEN NACH KÖRPERLICHEN PHÄNOMENEN GEMEINT, SONDERN NACH DER EIGENEN GEISTESTÄTIGKEIT, NACH'M EIGENEN

DenkProzess und nicht so sehr nach deren Inhalt.

Die Experten deiner Pop-NaturWissenschaft richten sozusagen ihr Augenmerk nach Aussen, wohingegen Du nach Inner Schauen und Lauschen darfst. Deine Lehrer glauben an ihre selbstanerzogenen Konzepte, während Du wirklICH Wissen kannst.

Wenn ICH sage, Du bIST GöttlICH, dann meine ich das auch, und vergiss den materiellen Blödsinn einer Abstammung vom Affen, doch das ist's was man dir eingebläut hat, genau wie die chronologische Zeit-Geschichte, ein Vorher und ein naher, ein mittlerweile heliozentrisches Weltbild inklusive die beste Geschäftsidee seit langen, dein Klimawandel und die CO_2-Steuer zur Rettung eines realisierten Gedankens. Denn die ganze Welt ist wo wenn du ganz tief pennst, ja sogar schon wenn du nicht an diese denkst?

Oh Scheisse, das ist jetzt aber des Guten zuviel, oder klingt's dann doch irgendwie nach Me(H)er? Schon interessant so was total AbGeFucktes, gelle?

Denken ist Dingen, hat aber nix mit der sogenannten Positiv-Denkerei zu tun. Wie gesagt, mir geht's nicht ums Beherrschen, ums Kontrollieren, um keine Dominanz sondern im Gegenteil um

EINE 100%IGE AKZEPTANZ VON DEM WAS IST, UMS EINVERSTANDENSEIN, DAS IST BEDINGUNGSLOSE LIEBE UND NICHT DER SCHICK-SCHNACK DEN EIN PSEUDO-SPIRITUELLER ESO-BOOM DRAUS MACHT. DITO MIT DEM BEI UNS SO WEITVERBREITETEN FITNESSYOGAPROGRAMMEN EINSCHLIESSLICH DES ENERGIEAUSGLEICHS AUS ANGST DOCH NICHT ZU ÜBERLEBEN.

NUN JA, KÖPER WIRD EH NICHT ÜBERLEBEN, ABER DU, DU ALS BEWUSSTSEIN SELBST BIST SCHON IMMER, VERGEWISSERE DICH EINFACH, DU KANNST'S.

DEINE SO GELEHRT MATERIELL ORIENTIERTEN, INSTITUTIONALISIERTEN ORGANISATIONEN UNTERSUCHEN DAS VERGÄNGLICHE, SOZUSAGEN TOTE MATERIE UND NICHT DIE LEBENDIGE SEELE, DEN LEBENDIGEN GEIST, BEWUSSTSEIN SELBST, DIE QUELLE VON ALLEM UND NICHTS.

HA, NICHTS UND ALLES IST'S EXTREM VON WENIGER IST MEHR. DUAL(L)ISMUS, POLARITÄT USW. IST VERBUNDEN, IST'S VEBUNDENSEIN SELBST, DAS PRINZIP VON EINHEIT, WAS SÄMTLICHEN RELIGIONEN ZUGRUNDE LIEGT. IN EINEM RUHIGEN GEIST TAUCHT WAS AUF ODER IHM FÄLLT WAS EIN, DOCH DAZU MUSS DER UNSTETE AFFENGEIST DIE KLAPPE HALTEN. DER WEG NACH INNEN ZEIGT DIE BEWUSSTSEINSQUELLE ALS DEINE, MEINE, UNSERE WAHRE NATUR.

MEDI, KONTEMPLATION, SINNIEREN, VERSENKUNG NICHT GRÜBELN UND SPEKULIEREN SIND DIE HEILIGEN MITTEL ZUM

HEILIGEN ZWECK. GEISTESWISSENSCHAFT BEGINNT MIT, BEI UND DURCH DICH-SELBST.

DU WIRST NUN LANG GENUG AN DER NASE HERUMGEFÜHRT, WACH AUF, DIE ZEIT, DEINE ZEIT IST GEKOMMEN. ABER ALLES HAT SEINEN PREIS, SO AUCH DIESES SELBERLEBTE WISSEN, ES KOSTET DICH NÄMLICH DEINEN GLAUBEN, DEIN ALTES WELTBILD, DEINE DERZEITIGEN ANNAHMEN UND MUTMASSUNGEN, ES KOSTET DICH DEINE VERGANHEIT ALS AUCH DEINE ZUKUNFT IM TAUSCH GEGEN EIN IMMERWÄHRENDES HEUT, EIN EWIGES HIER UND JETZT.
MEINEN SEGEN HAST DU!

MIT SPASS AN DER FREUDE KANNST DU DICH MAL FÜR EINE WEILE NEUTRAL BEOBACHTEN, KANN RUHIG SOZUSAGEN 24/7 SEIN, ABER VERSUCHE NIX AN DIR ZU VERÄNDERN, ANDERS ZU MACHEN ODER SICH AUFZUREGEN BZW. ÜBER DEINE DENKE ZU ÄRGERN, EINFACH ANSCHAUEN WAS DAS KOPFKINO ZEIGT UND SICH DABEI KÖSTLICH ZU AMÜSIEREN IST DIE AUFGABE.
WAS DABEI PASSIERT WIRST DU LIVE SELBST ERLEBEN KÖNNEN. MACH ABER ECHT FÜR NE WEILE WEITER UND JAG DICH NICHT SELBST INS BOXHORN. BETRACHTE DEINE EIGENE DENKE ALS PROZESS, ALS SPEKTAKEL ANSTATT SICH MIT DEN GEDANKENINHALTEN ZU IDENTIFIZIEREN. LASS KOMMEN WAS KOMMT UND LASS DICH SELBST FREUDIG ÜBERRASCHEN. SAMMELE SELBSTERFAHRUNG, SELBSTERLEBNISSE ANSTATT ZU KURSEN,

Seminaren, Lehrgängen und Konsorten zu tingeln.

Schau nach, ob ein neuer Gedanke den eben grad noch aktuellen auflöst, in Kaputt macht, obsolet, also nichtexistent. Wie sieht's mit Synchronizität, also der Gleichzeitigkeit aus, wie überhaupt mit Zeit und Raum? Was sind Ideen, Gedanken, woher kommen diese und wie Fühle ich denn was? Wer bin ich und was ist's Ich, Gott, die Welt? Wie geschieht Veränderung und was ist Unveränderlich immer DasSelbe? Na, noch nicht genug der Fragerei? Dann guck mal Wer denn das überhaupt wissen will und warum?

Ach Ja, die Antworten sollte intuitiv, inspirativ in und aus dir selbst kommen. BuchWissen ist da absolut nutzlos, denn wie schon so oft geschrieben, nur die eigene Erfahrung zählt.
Und apropos Zählen, du ErZählst dir doch grade was, wer hört's?
Was war zuerst, Ei oder henne?
Oh Mann, das ist jetzt aber 'ne saudumme Frage.
Was ist der gemeinsame Nenner von Allem?
Das IstRichtig, Du-Selbst.

Dieser Text besteht aus diversen Artikeln, die jedoch immer mit einer Überschrift gekennzeichnet sind. Klar, denn obgleich sämtliche Buchstaben,

Worte, Sätze, Seiten in diesem Augenblick gleichzeitig DaSind, bedarf's doch immer wieder dieses JETZT-MoMENTes um die Lesung zu Erlauben, Tja, es ist NuN an der ZEIT die Zeit selbst zu verstehen, sie quasi zu Zeugen ad infinitum. BewusstSein selbst ist DAS (Das Absolut Subjektive) worum's Hier, Heut' und Jetzt geht. Und weil Du's Selbst bIST bIST Du sozusagen Vor-Ur-AnfänglICH, eben schon immer. Diese, deine Welt ist perfekt und kannst Es wissen wenn's dICH echt interessiert.

Das was vor, nach bzw. über jeder Art von Polarität bzw. DuAl(l)ität IST, So lese dieses mit Repetitionen gespickte Büchlein in Kurzweil eins ewigen JETZT und wisse, dass das einzigste wirklich lesenswerte DuSelbst bIST.

UrSache und Wirkung sind nicht voneinander getrennt, Beides in EINheit liegt in dir SELBST begründet, deswegen auch Wörter wie „Von Selbst – Von AllEin – Automatisch unw. Und Bitte nicht mit einem KI-Automatismus verwechseln. Du bist keine Maschine, sondern ein GOTT im Werden.

Nimm deinen TAG mal unter die Lupe und achte auf die Kraft welche dich ErLeben lässt, es fängt mit dem allmorgendlichen AufWachen an, die Energie die dich Denken, Fühlen, Atmen lässt, das ist Seele.

Sei ein Zeuge von deinem TAG.
Du brauchst nix zu verändern. Was willst Du auch anderes in einer vollkommenen

SCHÖPFUNG ERLEBEN ALS DAS WAS JETZT
IST?
CARPE NOCTEM + CARPE DIEM = DEIN EWIGES
HEUT'.
SCHAU AUF DEN EIGENEN GLAUBEN, DENN
DIESER VERWIRKLICHT DEINEN TAG.
ABER GLAUBE NIX EINFACH SO, OHNE ES
SELBST GEPRÜFT ZU HABEN.

FREUDE AM SCHMÖKERN, DEM
ZUGEMÜTEFÜHREN DEINER
AUGENBLICKLICHEN WORTE WÜNSCHE ICH DIR
VON HERZEN.

DIE ÜBERSCHRIFTEN SIND:

ZUSAMMENHEIT
GEIST
HEIL
WIRKLICH WISSEN
AUFKLÄRUNG
SELBST SPONTAN
ESO
ERLEUCHTUNG
PROVOKATIV
DU/ICH
REFLEXIONEN
HOLOGIK
PRINZIP
IM KOPF
ISTNESS
VORM ANFANG

ZUSAMMENHEIT

ICH BINI's WIR, UNS, GEMEINSAM,
MITEEINANDER - ALLES

BEWUSSTSEIN / CONSCIOUSNESS =
ZUSAMMENWISSEN

GRÜSS GOTT MEIN LIEBER LESER
UND GLEICH VORNE WEG, DIES IST WÖRTLICH
SO GEMEINT.

DAS HERZ DER SACHE IST... DU SELBST, BIST'S,
WARST'S UND WIRST'S AUCH WEITERHIN IMMER
SEIN.

DAS GANZE IST GRÖSSER ALS DIE SUMME
SEINER TEILE, IN DIESEM SINNE IST NUN MAL
BEWUSSTSEIN DER URGRUND VON ALLEM, VOM
VIELEN, VOM EINZELNEN, HIER SOZUSAGEN
BEWUSSTSEIN SELBST ALS DAS GROSSE-
GANZE.

BEIM BEGINN BEWUSSTSEIN, VOR'M BEGINN
BEWUSSTSEIN, NACH'M BEGINN BEWUSSTSEIN,
BEWUSSTSEIN IST ALLES DOCH GLEICHZEITIG
AUCH'S NIX.
SUCHEN WIR'S NÄMLICH „OBJEKTIV", IST
EINFACH NICHTS DA, OBGLEICH'S DOCH
„SUBJEKTIV" DAS EIGENE ICH DARSTELLT.
UND EBEN DURCH DICH SELBST SOWIE ALLE
ANDEREN ERFÄHRT SICH DIESES BEWUSSTSEIN
SELBST ALS EIN STÄNDIGES WERDEN IM SEIN.

ZUSAMMENHEIT IST ERGO INDIVIDUAL ALS AUCH
INDIVIDUELL, MEINT, UNGETEILT UND DOCH IN
SICH SELBST UNTERSCHIEDLICH,
UNTERSCHIEDEN ABER NICHT GETRENNT.

Hier kommt zu unseren wissenschaftlichen Untersuchungen objektiver Experimente, die ganz persönlich subjektive Verifikation dazu. Der Wenn-Dann-Versuch kann so von jedermann selbst, sozusagen im eigenen Laboratorium überprüft werden.

So lasst uns Herz und Hirn zusammenbringen um zu verstehen und die Sinn —und Seinsfragen selbst beantworten zu können.
Nicht bloss der Intellekt, sondern auch Pathos ist vonnöten im Sinne eines leidenschaftlichen Interesse an Wahrheit, an Wirklichkeit, von sich selbst, von Gott und der Welt.
Meine Fühlosopie ist nun mal die Erkenntnis, die Vereinigung von Logik und Mystik, denn echte Wissenschaft sollte immer holistisch sein und nicht wie derzeit nur mit einer rein materialistischen Ausrichtung betrieben werden.
Geist und Materie sind doch schliesslich wie Alles, sehr eng miteinander verbunden. Wir mit unserer Umwelt machen da keine Ausnahme, denn wir sind auch in Symbiose.

Wechselwirkungen oder aber ein Vice-Versa kann man überall erkennen, so z.B. die Atmung, der Herzschlag etc., die vielen Polaritäten, welche eben bloss im

ERSTEN AUGENBLICK GETRENNT ERSCHEINEN, SICH JEDOCH IMMER GEGENSEITIG BEDINGEN.

IRGENDWIE SCHEINT UNS DIE GANZHEIT, EBEN JENE ZUSAMMENHEIT, ABHANDEN GEKOMMEN ZU SEIN UND DIES VERURSACHT UNS EINE MENGE PROBLEME SOWIE EINEN VERLUST VON SINN UND ZWECK UNSER EIGENEN EXISTENZ. WIR BEKOMMEN BEIGEBRACHT, DAS WIR VOM AFFEN ABSTAMMEN UND WIE SELBSTVERSTÄNDLICH ZU EINER ART CYBORG-KI MUTIEREN, ALLES IM NAMEN EINES FORTSCHRITTS FÜR'N GLOBAL VERHERRLICHTES WIE UNUMSTRITTEN VERTEIDIGTES WELTWIRTSCHAFTSWACHSTUM. IMMER UND IMMER MEHR KONSUM, SPRICH, EIN HABEN ANSTATT EIN SEIN, IST DIE ZEITGEMÄSSE DEVISE.

WIR WERDEN VON EINER MACHTSTRUKTUR TOTAL VERZOGEN BZW. GEWOLLT DUMM GEHALTEN UND SOGAR GEGENEINANDER AUSGESPIELT. UNSER ZWANGHAFT, CHRONISCH-KRANKES, MANIPULIERTES KOPFDENKEN HAT SICH ZUR EGOMANIE VERSELBSTSTÄNDIGT UND WIR SIND NICHT MEHR IN DER LAGE SELBST ZU DENKEN, GESCHWEIGE DENN EINMAL EINE ECHT KREATIVE DENKPAUSE ZU ERLEBEN. WIR WERDEN MIT ÄUSSEREN EINDRÜCKEN DURCH MEDIEN NUR SO BOMBARDIERT, DASS WIR „FAKE" VON REAL NICHT MEHR ZU UNTERSCHEIDEN WISSEN UND ES GAR NICHT MAL KÖNNTEN.
ES HAT DEN EINDRUCK, DAS DIES ABER VOM HERRSCHAFTSSYSTEM GEZIELT GEWOLLT IST,

UM DAS INDIVIDUUM KLEIN UND GEFÜGIG ZU HALTEN.

KRITISIERT MAN JEDOCH UNSERE DERZEITIGE LEBENSART UND WEISE, WIRD MAN SEHR SCHNELL ALS VERSCHWÖRUNGSTHEORETIKER BEZICHTIGT UM MUNDTOT GEMACHT ZU WERDEN.

VON WEGEN „FREIE MEINUNG, UND SCHON GAR NICHT ÄUSSERN", DAS PASST SO GAR NICHT IN DEN PLAN UNSERES ESTABLISHMENTS.

ABER, DIESE ZEILEN SIND JA NICHT DER KRITIK WEGEN VERFASST, SONDERN UM AUFZUZEIGEN, DAS UNS WAS SPÜRBAR FEHLT, NÄMLICH DIE ZUSAMMENHEIT.

WAS WÄRE DENN, WENN DAS WAS WIR GLAUBEN ZU WISSEN BLOSS EIN MINIMALER BRUCHTEIL VON DEM DARSTELLE, WAS WIRKLICH IST? WAS, WENN WIR BLOSS HALBWISSEN, HALBWAHRHEITEN HABEN BZW. GLAUBEN? WAS, WENN POPWISSENSCHAFT WIE POPRELIGION ZUM GRÖSSTEN TEIL GEDANKENKONSTRUKTE SIND AN WELCHE WIR BLIND GLAUBEN OHNE DIESE JEDOCH MAL SO RICHTIG INFRAGE ZU STELLEN?

UNSERE WISSENSCHAFT ZEIGT, DAS Z.B. UNSER WAHRNEHMUNGSSPEKTRUM NACH ALLEN SEITEN HIN SOZUSAGEN EIN OFFENES SYSTEM IST, WIR MIT UNSEREN 5 SINNEN JEDOCH BLOSS MINIMALE TEILE, SOZUSAGEN NUR FRAKTALE, HALT SEHR KLEINE AUSSCHNITTE IN DER LAGE SIND ZU AUFZUNEHMEN. WISSENSCHAFTLICH BETRACHTET, SIND GESEHENE OBJEKTE IM SEHZENTRUM DEINES

GEHIRNS IM HINTERKOPF VORHANDEN. DIE OPTISCHE AUFNAHME IST WOHL RECHT GUT BESCHRIEBEN, DENN DAS KANN DIE WISSENSCHAFT, ALLERDINGS SOLLTE SIE NICHT VERSUCHEN ZU ERKLÄREN, DENN SIE BESCHREIBT.

AUFNAHME IST ABER NUR DIE EINE HÄLFTE, ABGABE DIE FEHLEND ANDERE. WIR SEHEN NÄMLICH AUCH SACHEN, DINGE, GEGEBENHEITEN z.B. IM TRAUM, MIT GESCHLOSSENEN AUGEN, IN DER VORSTELLUNG, SPRICH IM KOPF OHNE EIN DA DRAUSSEN. IST ES NICHT MÖGLICH, DAS UNS HIER ETWAS VORENTHALTEN WIRD, ETWAS DAS SPONTAN, ALSO VON INNEN NACH AUSSEN AUCH GEHT?

INFORMATIONEN SIND EBEN KEINE EINBAHNSTRASSE, SONDERN HABEN GEGENVERKEHR.

DAS SCHON ERWÄHNTE GROSSE-GANZE IST UNENDLICH, WIR ABER GLAUBEN ZU WISSEN, GLAUBEN DASS UNSER LEBENSSTIL VÖLLIG OK SEI.

WO'S KOPFDENKEN VORHERRSCHT, FEHLT'S AN GEFÜHLEN, JA DEM FÜHLEN PER SE UND SO ENTSTEHT UNSERE EGO-ABTRENNUNG VONEINANDER. ANSTATT DASSELBE BEWUSSTSEIN WAHRLICH ZU SEIN, SEHEN WIR NUR NOCH DIFFERENZEN UND HABEN DIESE DANN NATÜRLICH AUCH NOCH.

JEDER VON UNS IST BEWUSSTSEIN, IST SOZUSAGEN EIN BEWUSSTSEINSPUNKT IM SICH SELBST ERFAHRENDEN BEWUSSTSEINSFELD. DAS, WAS WIR'S GEWISSEN NENNEN IST HERZ-WISSEN, NICHT IM GEGENSATZ ZUM

Kopfglauben, denn es braucht Beides zum echten Verstehen.

Seiner Einer, Harry Phil, der Autor, befasst sich seit er wirklich denkt eben gerade mit dieser Thematik. Als Philosoph und Lebenskünstler schreibe ich Bücher im eigenwillig ureigenen Stil, weniger einer Kritik wegen, als vielmehr um eines Selbstdenkens willen. Diese Zeilen sind für mich recht normal verfasst, obgleich diesmal mit Seitenzahl aber ohne Inhaltsangabe, ohne Rubriken, ohne Fussnoten, aber dafür mit 'nem grossen, weiten Herzen.

Glauben heisst nicht Wissen, Glaube jedoch als tiefe innere selbsterlebte Überzeugung die aus der Stille des ruhigen Gewissens entspringt, vermag Berge zu versetzen. Mystologisch betrachtet ist Bewusstsein der Urgrund allen Seins welcher wir natürlich selbst immer schon sind, waren sowie sein werden. Also, habe „keine Angst" und lass dir keine machen!

Consciousness, das englische für Bewusstsein drückt in gewisser Weise ein Zusammenwissen aus. H + H = Herz und Hirn harmonisch zusammen, statt immer nur egoorientierte Kalkulationen. Zusammenheit heisst wir, uns usw., wie in der Bibel „Elohim" ein Plural ist. Aber das ist eine andere Geschichte in einem anderen Buch.

Wir denken, dass „wir selbsttätig denken", doch beim genaueren Betrachten, sozusagen in der Kontemplation, ist da ein Kommen und Gehen von Gedanken der Fall. Sie kommen von Irgendwo und verschwinden wieder ins Nirgendwo. Und zwischendrin identifizieren wir uns fälschlicherweise immer wieder mit deren Inhalten und glauben wir sind „der und der, die und die, so und so". Fakt ist jedoch das Ich Bin und das, auch ohne drüber nachzudenken.

Man weiss doch dass man ist schliesslich mit absoluter Sicherheit und muss sich dazu nicht einmal 'nen Kopf machen. Kopflastigkeit im Sinne von hochstilisiertem Intellekt ist zu einer Volkskrankheit geworden, speziell die gesamt linkshirnhälftigen Massenedukationsprogramme beginnend von klein auf. Kunst in unseren Breitengraden macht da eher noch die Ausnahme, aber wie gesagt, „such dir doch lieber einen richtigen Beruf, denn von Kunst wird man nicht reich".

Glücklichsein gibt's nicht mehr, deswegen jagen die Menschen einem vermeintlichen Glückhaben hinterher, welches ja immer nur von kurzer Dauer ist und danach durch grössere und bessere Stimuli ersetzt werden muss. So funktioniert's System unserer Zivilisationsökonomie jedoch nicht.

Die Rechnung ist ohne den Wirt gemacht bzw. die Wirtin mit Namen Gaia. Wir sind mit unserem Verhalten zu Eigennestbeschmutzern mutiert, ja viel schlimmer noch, zu Lebensraumvernichtern entartet. Industrialisierung, Globalisierung und doch immer und immer wieder Krieg, Armut, Ungerechtigkeit etc. Fortschritt, ja, Fortschritt von uns selbst, ein Fort vom Herzen, dem Fühlen, der Liebe, des Guten, einer echten Sympathie für und mit Allem was da keucht und fleucht.

Wir wissen sehr wohl, dass Krieg, Kampf, Gewalt, Vernichtung, Zerstörung, Ausbeutung, Übervorteilung, Kapital, Macht, Egoismus u.v.m., gar nichts Positives an sich haben, betreiben aber dennoch Vogelstraußpolitik. Denn was ich nicht weiss macht mich nicht heiss.

Schliesslich steht doch geschrieben, mach dir die Erde untertan, ich bin doch Christ und meine Religion ist die einzig richtige und wahre, und willst du nicht mein Bruder sein, so schlag ich dir den Schädel ein. Oder, ich bin Muslim und im Koran steht, tötet die Ungläubigen, also auf zum Jihad. Katholiken gegen Protestanten und alles im Namen dieses „einen Gottes", eines Monopoltheismus? Und doch bin ich auch irgendwie dabei, bin Teil vom Grossen-Ganzen, bin's unendliche Bewusstsein als temporärer, individueller Geistesblitz.

Selbstverantwortung durch Selbstbefragung, gibt's denn so was überhaupt? Kann ich denn etwas wissen, von dem ich keine Ahnung habe, wo's mir echt an holistischer Information mangelt? Kann ich mich selbst informieren, mich wirklich schlau machen über...? JA!

Nicht indem ich wieder 'n Spiriworkshop, 'n Erleuchtungseminar, 'n Esokurs oder eine andere Wunscherfüllungsveranstaltung besuche, sondern im wahrsten Sinne des Wortes mal in mich selbst hineinlausche und hineinschaue. Neutrale Selbstbetrachtung, Selbstbeobachtung, Versenkung, Meditation, Stille, Ruhe, Pause ist mal angesagt statt immer und immer wieder auf die Stimme im Kopf zu hören bzw. dieser Stimme hörig zu sein.

Klar, leichter gesagt als getan, ha, da ist's wieder, denn schon wieder „gesagt". Vielleicht ist am Anfang nämlich doch nicht das Wort, aber das muss man eben selbst herausfinden. Beschäftigungstherapie ist in, immer tun und machen, immer aktiv sein, denn wer rastet der rostet.

Mal Nahsehen statt in die Volksverdummungsmaschine zu glotzen, mal raus in die Natur statt Handy, Google, Facebook & Co. Macht die neuste Technik uns freier, die Medizin ─und

Pharmabranche uns gesünder, ein materialistischer Ego-Kapitalismus glücklicher, eine KI-Gesellschaft uns menschlicher, eine Erdausbeutung uns natürlicher?

Hat man mal mit dem Fragen, speziell dem Hinterfragen von Diesem und Jenem einschliesslich seiner selbst begonnen, gibt's kein Zurück mehr. Klar, man macht sich nicht nur Freunde, man ist doch 'n Aussenseiter, nicht mehr konform, nicht mehr normal, ja sogar unberechenbar und das darf nicht sein.

Eine „was denken bloss die anderen da über mich" Mentalität ist hier total unangebracht, denn es geht um nichts weniger als wirkliches Wissen, echte Wahrheit, ja die Wirklichkeit per se.

Na, immer noch interessiert?

Wir sind Familie, alle Menschen, alles Leben, der gesamte Kosmos, das Universum.

„Ich bin Alles", was 'ne Aussage, „ich bin göttlich", welcher Wahn, „ich, unendliches Bewusstsein selbst, erlebe mich grad live", Arroganz pur, „ich bin Gott", Blasphemie, zu viel Meditation ist dem Geist nicht wirklich zuträglich, gelle?

Wie kommt man denn überhaupt zu derartigen Behauptungen?
Ganz einfach, aus eigener Erfahrung!

WAHRHEIT, WIRKLICHKEIT, ZUSAMMENHEIT IST NICHT BLOSS KONZIPIERT, SONDERN SELBST ERLEBT.

KLAR KANN MAN DRÜBER LESEN ODER SICH VON AUSSEN INFORMIEREN, JEDOCH IST'S UND BLEIBT'S HALT BLOSS AUS 2TER HAND. SELBSTERFAHRUNG IST'S MOTTO UND ZWAR HEUT, HIER, JETZT, DENN ES IST GENAU DAS WAS GRAD IST UND GENAU SO WIE'S GRAD IST. SONST WÄR'S NÄMLICH ANDERS. 100%IGE MOMENTANE AKZEPTANZ VOM GEGENWÄRTIG GEGEBENEN IST'S OFFENE GEHEIMNIS. MAN KANN'S DURCHAUS AUCH LIEBE NENNEN, OBGLEICH'S DAS WORT IN KEINSTER WEISE INS RECHTE LICHT STELLT. LIEBE IST DIE 100 PRO-AKZEPTANZ VON DIR SELBST, GOTT, DER WELT, OHNE WENN UND ABER, GENAU JETZT IN DIESEM AUGENBLICK!

UND APROPOS INFO VON AUSSEN, DIE MEDIEN SIND HIER GEMEINT. WIR ERHALTEN, KONSUMIEREN, JA SIND SOGAR SÜCHTIG NACH SCHLAGZEILEN, DENN „NUR SCHLECHTE NACHRICHTEN SIND GUTE NACHRICHTEN", SOWEIT IST'S MIT UNSERER KONDITIONIERUNG DURCH DIE MEDIEN SCHON. TAGEIN TAGAUS DIESELBE MASCHE IN DEN NEWS. MAINSTREAM IST DAS, WAS ES MEINT, EBEN MAINSTREAM, FÜR DIE DOCH SO DUMM GEHALTENE MASSE AN SENSATIONSLUSTIGEN. TJA, GAFFER GIBT'S EBEN NICHT NUR BEI STRASSENKARAMBOLAGEN, SONDERN JEDEN TAG AM TV ODER DEM NETZ. ECHTE JOURNALISTEN SIND AM AUSSTERBEN WEIL NICHT MEHR GEBRAUCHT. DIE WELT IST VERNETZT UND SO KRIEGT JEDER DEN

GLEICHEN ODER WENIGSTEN ÄHNLICHEN INPUT, DIE ALLTÄGLICHE DUMMDOSIS.

HAST DU SCHON MAL PROBIERT OHNE DIESEN NEGATIVTREND AUSZUKOMMEN? NUR FÜR NE WEILE UND ACHTE MAL WIE DU DICH EBEN IN DIESER WEILE FÜHLST.
GEH MAL WIEDER RAUS IN DIE NATUR ODER LIES MAL WIEDER 'N GUTES BUCH ANSTATT DICH MIT HORRORSZENARIEN VOLLZUMÜLLEN. ENTSORGE DEN GEDANKENMÜLL UND FANG ECHT MAL AN DICH SELBST GLÜCKLICH UND ZUFRIEDEN ZU FÜHLEN. WIR WISSEN, „FROH ZU SEIN BEDARF ES WENIG, DOCH WER FROH IST, IST EIN KÖNIG"!

WENIGER IST MEHR, DIESER SPRUCH HAT WENN MAN IHN BEHERZIGT, RECHT VIEL GUTES FÜR JEDEN PARAT. MAL MERKEN, SPÜREN WAS GEBRAUCHT WIRD ANSTATT DEN VERMEINTLICH FREIEN WILLEN AUF TEUFEL KOMM RAUS DURCHZUBOXEN.
DIESEN FREIEN WILLEN, WELCHER SICH MEIST AUF DIE PERSÖNLICHE EGOMANIE BEZIEHT, GILT'S ZU DURCHSCHAUEN, GENAUSO WIE DIE ANDAUERND QUATSCHENDE STIMME IM KOPF. ABER SO ETWAS KRIEGST DU IN DER SCHULE NICHT BEIGEBRACHT, SONDERN NUR EIN SO GANZ NORMALES HERDENTIERVERHALTEN. WIR DENKEN WIR WISSEN SO VIEL, DOCH WISSEN IST DAS NICHT, WEIL DER SPRUCH DOCH STIMMT MIT DEM „SEI STILL UND WISSE...".
DIE EIGENE BIRNE MAL FREIMACHEN, SOGAR FREI VOM KONZEPT EINER FREIHEIT. SPAZIEREN GEHEN, MEDITIEREN, BETEN, GÄRTNERN,

Schweigen usw., es gibt unzählige Arten den eigenen Geist auf sich selbst zu richten und sich dann mal so richtig überraschen zu lassen.

Selbstvergessen mal dem Müßiggang frönen, mal sein lassen, Gelassenheit üben, von wegen Stressmanagement & Co, ich mache mir doch selbst das Leben zur Hölle, bis ich halt mal durchblicke. Ab und an geleitet mich ja das Leben selbst in eine vermeintlich negative Situation, in eine Krise, in welcher ich halt mal nicht mehr weiter kann, in welcher ich sozusagen zur Ruhe gezwungen werde. Leben selbst ist, wenn wir's zulassen, ein grandioser Drahtseilakt ohne Netz und doppelten Boden, sprich das Abenteuer live schlechthin.

Kontrolle, Sicherheit, Status Quo, am besten keine Veränderung, denn wir wissen doch nicht... wie's weiter geht, oder?

Mit einer Denklehre bzw. der Denkkunst, der Logik, kann man im Geist ja ganz tolle Sachen veranstalten, genauso wie mit meiner anderen Medaillienhälfte der Denkleere, eben dieser Mystik, der absoluten Hingabe an Gott, wobei Gott im Modernen mit Bewusstsein selbst gleichbedeutend sein möge.

Und ohne nun viel ins Theologische zu gehen, sagt doch Gott seinen Namen zu Moses aufm Berg, nämlich; „Ich bin das (der) Ich bin"!

Wow, man (Frau auch) lasse sich das doch bitte mal auf der Zunge zergehen. Ich bin's ich bin!

Bevor irgendetwas ist, bin Ich! Ich ist dieses Bewusstsein, das ist doch mal 'ne Ansage. Warum tun wir uns denn so verdammt schwer damit?

Am Rande sei mir hier noch erwähnt, ich weiss dass ich mich hier im Buch immer mal wieder wiederhole. Nun, das liegt in der Natur der Sache, gemeint so ähnlich wie beim Üben bzw. trainieren denn bekanntlich macht ja eben diese Übung den Meister.

So, aber nun weiter im Text und die Schriftfehler einfach nur wahrnehmen. Danke.

Zusammenheit gilt natürlich auch für Meinungen und nicht nur für die gleichen. Jeder hat von seinem Standpunkt erst einmal Recht, jedoch der oder die anderen auch. Nun könnte man sozusagen einen übergeordneten Standpunkt entwickeln, welcher die anderen beinhaltet, also einen der andere auch akzeptiert, toleriert und respektiert. Was ist einem einleuchtender als die eigene Logik, eben das eigene Denkgebäude, die eigene Weltsicht, obgleich es doch viele verschiedene Weltbilder gibt.

In dieser Diversität liegt was Wunderbares, Menschen, Länder, Kulturen, Wissenschaften als auch Religionen drücken in diesem Sinne Bewusstsein aus und wir dürfen und können es erleben. Ein Reichtum an Vielfalt wo man hinsieht und doch ist Vorsicht geboten, denn es wird ja versucht viel zu Zentralisieren, zu Kontrollieren, zu Manipulieren und ein empfänglich ängstlicher Geist ist durch bestimmte Techniken leicht zu verführen.

Wir sind EINE grosse Familie, diese ca. 7 $1/2$ Milliarden ausgedachten Menschen auf der Erde und sind unabdingbar miteinander zusammen, Tendenz steigend. Wann lernen wir das Miteinander anstatt uns von stupider Miss —und Manipulationsinfo ein Gegeneinander vorgaukeln zu lassen.
Religiosität, Rasse, Hautfarbe, Gender etc. wird benutzt um uns zu Kontrahenten zu machen statt zu einer kooperierenden Gemeinschaft, sprich Weltbevölkerung. Verschiedene Kulturen sind gut, genauso wie ja auch nicht jeden Tag die gleiche Suppe aufn Tisch kommt. Vielfalt ist Natur und zwar im Überfluss.

Freiheit hängt natürlich auch mit jener Freiheit zusammen, sagen zu können was ich will, eben eine freie Meinungsäußerung. Besagtes Thema ist jedoch genau in unseren Zeiten ein sehr umstrittenes, denn ein Bestreben der

Unterdrückung von „anderen Meinungen" ist im Gange. Hat man (Frau auch) denn mal (s)eine eigene Meinung, (s)eine andere Sichtweise, andere Konklusionen, die nicht der gängigen Massenhypnose entsprechen, ist die Kacke am Dampfen. Gegner einer Meinung fühlen sich sofort angegriffen, beleidigt, verletzt und gekränkt, ungerecht behandelt usw. usf. denn sie nehmen nur ihre eigene Meinung als richtig und wichtig an.

Religionen machen da keine Ausnahme. Dabei ist hier doch auch eine Vielfalt von diversen Standpunkten im Bezug auf eine Sache, Fortschritt, Technik, Personen, Art & Weisen, Kulturen etc. recht förderlich zum Verstehen. Freie Meinungsäusserung ist ein Grundrecht, welches auf gar keinen Fall unterdrückt werden darf. Und nun schau dich mal in der Medienlandschaft um und finde für dich selbst mal raus, was du noch sagen darfst und was nicht.

Kontrolle ist nämlich In. Regulieren, Meinungssteuerung des Volkes, schon im Kindergarten fängt's an und zieht sich wie der rote Faden durch die gesamte menschliche Existenz.

Und ja, es klingt wie ein schlechtes Märchen unsere Evolution vom Menschenaffen zum Cyborg mit Hilfe von KI-Technologie.

Utopie? Mitnichten, denn es passiert grade jetzt, in diesem Augenblick vor deiner Nase.

Opium für's Volk durch's Internet, die Abhängigmacherei, dann aber die volle Breitseite von Kontrolle, Restriktion, Strafe. Bloss keine eigene Meinung vertreten, und schon gar nicht öffentlich.
Dehumanusierung, Entmenschlichung nenne ich's.
Langsam aber sicher werden wir durch Politik, Ökonomie, technischen Fortschritt dahin gebracht, diese künstliche Intelligenz zu akzeptieren und später kann dann ruhig deren algorithmisches Bevormundungs —und Kontrollprogramm gestartet werden.
Die meiste Technologie eben wie's Internet, Smartphone, Smartwatch, (Implantat)Chips, 5G etc. kommen ja aus dem Militärbereich. Und für was ist's Militär vonnöten?
Nun, mittlerweile kommt's schon zu einer Vermischung von Militär und Polizei zu einem „Apparat", welcher natürlich auch gegen die eigenen Bürger eingesetzt werden kann. Wow, klingt zuviel nach 1984? Obacht, wir sind mitten dabei durch diese Globalisation eine neue Weltordnung zuzulassen, die dann sogar nicht in unserem Sinne sein wird.
Solch futuristische Szenarien gibt's bereits in Filmen. Menschen, die nicht gelernt haben selbst zu Denken, sind dann leichte Beute, denn die Massenmanipulationen sind ganz subtil so lanciert, dass wir deren Absicht nicht einmal durchschauen, ja die grosse

Herde der Normalen will ja förmlich dass Regierung, Kirsche, Wissenschaft ihnen das Denken abnimmt.
Ein gutes Beispiel ist diese 5G Vernetzung, welche auf Teufel komm raus ratzfatz durchgeboxt wird. Energiesparlampe, E 10 und vieles mehr, über unsere Köpfe hinweg von einer Minielitärminderheit für uns bestimmt.

Demokratie, was ist denn das überhaupt?

Denke global, agiere lokal (think globaly — act locally) ist eine einzige Farce. Denken, Reden und Machen und Tun sollte Regional vonstatten gehen, wie ein dezentralisiertes Netzwerk. Heut sind allerdings ein paar wenige Spinner inmitten des WWW die Strippenzieher einer vermeintlich neuen Weltordnung. Deren Versprechen ist, dass die Menschheit dann mit 'nem Chip in der Grütze gottgleich wird.

Und wir Idioten, wir kaufen diesen ganzen Mist auch noch und glauben, es sei zu unserem Besten. Man wach auf, kannst du dir nicht vorstellen, dass da so was wie ein Plan, eine Agenda zwecks Macht und Kontrolle dahintersteckt?
Was, noch nie was von den Georgia-Guidestones gehört?
Guck doch mal nach, klingt wirklich verlockend.

AT, sprich das Alte Testament hat auch solche Horror -und Terror-Nachrichten, wie die Apokalypse des Johannes.
Und dann gibt's da so'n Hippiverschnitt im NT, so'n Jesus-Typ welcher was ganz Anderes erzählt.
Ist das nun VerSchwörungsTheorie?

Ein halber Meter, also ca. 50 cm ist wohl der längste Weg im Leben, nämlich der Weg vom Kopf ins eigene Herz. Kopflastig sind wir alle erzogen worden, eben „birnig" und sind zu gefühlskalten, unmenschlichen Intellektuellen mutiert. Es geht nur um Macht, Erfolg, Geld, Staus, Negativkonkurrenz, Haben und mehr Haben in unserer so verblödeten Spassgesellschaft eines Wirtschaftswachstums ohne jeglichen Sinn.
Wir lassen uns ins eigene Verderben treiben, ja machen sogar noch freiwillig mit. Wir finden „social network" sozial, aber genau das Gegenteil ist der Fall. Schau dir mal diese Plattformen wirklich neutral an, verfolge mal den Sinn und Zweck von Google, Facebook, Amazon, Twitter und Konsorten, allesamt ausm „Imperium" stammend.
Nicht dass das alles nur schlecht ist, aber man könnte es doch auch anders gebrauchen statt zur gehorsamen Meinungsmanipulation.

Aufklärung in Gemeinsamkeit könnte's Motto sein, für Alle. Damit ist natürlich

KEINE ORGANISIERTE REVOLUTION GEMEINT, SONDERN EIN INDIVIDUELLES SELBSTDENKEN, SOWIE EINE GANZ PERSÖNLICHE DENKPAUSE UM EBEN DIE GANZE MEDAILLE MAL ZU ERKENNEN. ERKENNTNIS HIER NICHT MIT BLOSSEM KOPFDENKEN, ALSO DEM INTELLEKT ZU VERWECHSELN, SONDERN MIT EINEM WISSEN BZW. GLAUBEN IM UND AUSM HERZEN.

UNSERE WAHRNEHMUNGEN SIND SOZUSAGEN FERNGESTEUERT, TV HEISST JA FERNSEHEN, MIT COMPI & CO IST ÄHNLICH, INFORMATIONEN KRIEGST DU DA EBEN NUR VON AUSSEN, DOCH WIE SIEHT'S IN DEINEM EIGENEN INNEREN AUS?

DER WEISHEIT LETZTEN SCHLUSS GIBT ES NICHT DA EBEN NUN MAL ALLES EIN PROZESS IST. DEINE EIGENE (MISS)IDENTIFIKATION MIT VORGEGEBENER INFO SCHEINT EIN PROBLEM, DENN DIE MASSE AN LEUTEN MACHT'S DOCH GENAUSO. EIN LEBEN NUR MIT UNSEREN 5 SINNEN IST NUR EIN HALBES LEBEN, DIE ANDEREN SINNE, WIE INTUITION, INSPIRATION, JA SOGAR UNSER INSTINKT, DAS WIRD SCHLICHTWEG WEGRATIONALISIERT. RATIONALES DENKEN, ALSO LOGIK STEHT IM VORDERGRUND, DEN ES NATÜRLICH IN DER NATUR NICHT GIBT, DA EBEN LOGIK MIT MYSTIK EINE SICH ERGÄNZENDE POLARITÄT BILDET. UND APROPOS BILDER, WAS BILDEST DU DIR DENN EIGENTLICH EIN? WIE SIEHT DEIN EIGENES WELTBILD DENN AUS? BIST DU DAS GRENZENLOSE, UNENDLICHE BEWUSSTSEIN, WELCHES SICH SELBST DURCH DICH ALS MENSCH ERFÄHRT BZW. SELBST ERLEBT, ODER EBEN DIESER EVOLVIERTE

Menschenaffe, welcher demnächst als Cyber-KI die neue Sklavenrasse darstellen soll?

Nun, die Entscheidung liegt an dir, aber zuviel drüber Nachdenken bringt auch nix. Die Lösung vieler Probleme liegt nicht in einer Bekämpfung derselben, sondern ganz einfach in deren Nichtteilnahme.
Durch nicht Teilnehmen am Konsumrauschverhalten, durch eine Nichtkonformität am eingefahrenen Politsystem, durchs Anderssein im Alltag haben wir Vielen eine Macht zur Umgestaltung.
Von wegen „Smart", denn smart, wie in Smart-Phone, Smart-Watch, Smart-Home, und Achtung, „Smart-Dust" ist die stupideste Art von Kontrolle deines Geistes.

Deine 5 Sinne sind bei weitem nicht alles, aber man weiss wie man diese gezielt manipulieren kann um aus dir 'nen Zombie zu machen, einen existenten Arbeiter für eine Minderheit im Schattendasein.
Glaube bloss nicht, dass unsere Marionettenpolitker irgendetwas zu sagen haben. Die spielen doch auch nur eine Rolle an seidenen Fäden.
Das, was wir so gemeinhin eben Politik, Lobbyismus, Industrie, Öko..., System, Plan, Agenda u.v.m. nennen, ist so gewollt. Von wem, das wirst du nicht 'rausfinden. (Es sei denn du bist's selbst).

GEIST ABER IST HIER NICHT MIT KOPF GLEICHZUSETZEN, SONDERN MIT BEWUSSTSEIN SELBST, DEINER, MEINER, UNSERER ALLER WAHRER NATUR.

DIE KLEINEN MÄNNCHEN SIND JA AUCH NICHT IN DER GLOTZE, DER SPRECHER NICHT IM RADIO ZU FINDEN DESHALB IST'S VERGEBENE LIEBESMÜH, UNIVERSELLES BEWUSSTSEIN IM HIRN LOKALISIEREN ZU WOLLEN. GEIST IST FREI UND NONLOKAL, HEISST ÜBERALL GLEICHZEITIG UND DOCH ALS EINE ART VON BEWUSTSEINSPUNKT ALS DU, ICH, WIR SEINE EIGENE SELBSTERFAHRUNG.

IDENTITÄT MIT SICH SELBST IST WAHRE IDENTITÄT.

WIR, EIN JEDER VON UNS ERLEBT SEINE EIGENE WELT JE NACH DEM WIE ODER AN WAS ER ODER SIE „GLAUBT"!

LICHT VON AUSSERHALB TRIFFT DIE AUGEN UND WIR SEHEN ANGEBLICH EIN IMAGE VON AUSSEN ALS REFLEXION IM HINTERKOPF. WAS WENN'S LICHT IN UNS WÄRE, JA WENN WIR SELBST DIESES LICHT SIND? PROJIZIEREN WIR DANN EVENTUELL, DIE VERMEINTLICHE WELT NACH AUSSEN AUS UNS SELBST HERAUS? IST VIELLEICHT DOCH EINIGES UMGEKEHRT, EBEN NICHT SO WIE UNS DAS BEIGEBRACHT WORDEN IST BZW. IMMER NOCH WIRD? WAS WENN WIRKLICH DEIN GLAUBE, BEWUSST ODER UNBEWUSST DEINE REALITÄT MACHT? WAS, WENN DEIN GLAUBE EIN ANDERER, EIN BESSERER IST?

Klar, wir nehmen wahr und interpretieren, aber ist das wirklich so und ist das wirklich wie Leben funktioniert?

Para-Phenomene, Nahtod-Erfahrungen, Placebo-Effekt u.s.w lassen grüssen. Diese Sachen gibt's wirklich und könnten doch mal richtig wissenschaftlich untersucht werden. Unser Wissensspektrum ist bloss ein Bruchstückchen vom wirklich wahren Wissen und basiert derzeit viel zu viel auf einfaches Nachgeäffe.

Der Denker von Gedanken-Informationen welche wir dann wahrnehmen bleibt uns jedoch meist durch unsere kleinkarierte Pop-Logik verborgen. Meine „subjektive Verifikation", also die eigene Erfahrung wird ständig negiert. Zusammenheit heisst natürlich auch „Mystologisch", also Innen wie Aussen gleichermassen.

Denken ist doch schliesslich ein mit sich selbst reden, ein Selbstgespräch im wahrsten Sinne des Wortes, welches zu Bildern im Kopf, Imaginationen, Vorstellungen und Emotionen, also Gefühlen führt. Nun Ja, all das passiert schon synchron, gleichzeitig.
Wir allerdings kriegen unsere Bilder und somit unsere Gefühle durch Medien vermittelt und erleben unsere Geistestätigkeit somit überhaupt nicht mehr bewusst, sondern sind sehr leicht

MANIPULIERBAR. „MAN" WEISS DAS UND NUTZT DIES SCHAMLOS AUS.

WISSENSCHAFT UND TECHNIK ARBEITEN VERSTÄRKT AN KI, KÜNSTLICHER INTELLIGENZ, SPRICH MASCHINEN WELCHE IRGENDWIE DENKEN UND DEMENTSPRECHEND AUCH HANDELN KÖNNEN. TJA, SO WIRD DER MENSCH WOHL IMMER WENIGER ARBEIT VERRICHTEN ABER DENNOCH ERNÄHRT WERDEN MÜSSEN, ERGO DAS BEDINGUNGSLOSE GRUNDEINKOMMEN. DANACH IST'S BLOSS NOCH EIN KLEINER SCHRITT IN RICHTUNG VERSCHMELZUNG MIT EBEN DIESER KI. WIR ARBEITEN DOCH SCHON DRAN, MENSCHLICHES BEWUSSTSEIN IN COMPUTER EINZUSPEISEN, TAUSCHEN ORGANE AUS, BEKOMMEN KÜNSTLICHE GLIEDMASSEN UND WENN DER ROBOTER UNS DANN SCHLIESSLICH AUCH NOCH DAS DENKEN ABNIMMT, DAS WÄREN JA PARADIESISCHE ZUSTÄNDE. ODER? DOCH FÜR WAS BRAUCHT'S UNS DANN NOCH? SCHAFFEN WIR UNS SELBST AB? SIND WIR DANN ETWA NICHT ÜBERFLÜSSIG, UNNÖTIG, WENN DIE MASCHINE...? ANSTATT DER VERSPRECHUNGEN EINER ARBEITSERLEICHTERUNG HABEN WIR UNS DURCH UNSERE SOGENANNTE FORTSCHRITTLICHKEIT VON UNS SELBST WIE AUCH UNSERER UMWELT ABGESONDERT, WIR HABEN UNS VERLOREN UND SIND ZU BLÖDE DIES UNS SELBST EINFACH EINZUGESTEHEN. VERGESSEN WAS MENSCHSEIN WIRKLICH IST, NICHT NUR HEISST. WIR SIND UNS SELBST FREMD UND LEBEN IN EINER WELT DER UNSICHERHEIT, VOLLER ANGST UND

Schrecken, in einer gefährlichen Welt, welche wir allerdings selbst mitgestalten. Jeden Tag aufs Neue warten wir drauf, das sich oder aber die anderen etwas ändert bzw. verändern.

Der Staat wird's schon richten, die Kirche weiss, Alles ist doch nur zu unserem Bestem und ich, ich Kleiner, habe eh keinen Einfluss aufs Grosse-Ganze und fühle mich eigentlich als Opfer widriger Umstände.
Ist doch so oder ähnlich?
Nein, ganz entschieden Nein.

Wir müssen nicht zu Jedem und Allem immer bloss Ja und Amen sagen, ein entschiedenes Nein ist eben auch vonnöten.

Nimm doch mal anders wahr, halt mal nicht immer nur interpretierend, sondern einfach das was gerade ist, ohne Wenn und Aber.
Zusammenheit von Zeit und Raum, aber auch gleichzeitig von Unendlichkeit und Ewigkeit und genau hier versagt der allgemeine Intellekt. Alles hängt mit Allem zusammen sagen wir doch immer, aber haben wir's auch wirklich verstanden, wirklich erlebt, Jetzt, Hier, Heut?
Das, was wir nicht mit unseren 5 Sinnen wahrnehmen ist doch trotzdem auch jetzt da, ist auch vorhanden, genauso wie Gedanken die wir nicht denken halt bloss

NICHT GEDACHT ABER DOCH IRGENDWIE AUCH DA SIND, NUR HALT NICHT FÜR UNS EXISTENT.

UM DIE SELBSTERFAHRUNG VON GEIST ZU MACHEN, BEDARF'S ABER NUN MAL DER BZW. EINER PAUSE IM DENKEN, SOZUSAGEN DER BEWUSST AKTIVEN PASSIVITÄT. EIN ZWANGHAFTES TUN UND MACHEN UM IMMER UND IMMER MEHR ZU HABEN REICHT EBEN NICHT. WO DIESE MENTALITÄT HINFÜHRT SEHEN WIR DOCH GANZ DEUTLICH WENN WIR DOCH MAL ERNSTHAFT DIE AUGEN ÖFFNEN UND UNS IN GESELLSCHAFT, POLITIK, WIRTSCHAFT, SPORT, BILDUNGSSYSTEM, FREIZEIT U.V.M. UMSEHEN. SO WIE WIR GERADE WEITERMACHEN MIT UNS SOWIE UNSERER UMWELT, SO KANN'S, SOLL'S UND DARF'S JA WOHL NICHT WEITERGEHEN.
SO, WAS IST NÖTIG UM EINEN GEWALTLOSEN SYSTEMWECHSEL HERBEIZUFÜHREN?
DU NATÜRLICH!

DU GEIST, DEIN „FREIER WILLE", VIELLEICHT SOGAR AUF „WENIGER IST MEHR", DEIN HERZ ZUM FÜHLEN DASS WIR ALLE ALS MENSCHEN MITEINANDER SIND.
GELERNT UND EINGEIMPFT IST EGO, ICH, MIR, MICH, MEINS UND NACH MIR DIE SINTFLUT. MACHT, GELD, ERFOLG EGAL WIE WAR GESTERN. KOOPERATION IN DER EIGENEN REGIONALITÄT IST HEUT. DEZENTRALISATION, UR-VERTRAUEN STATT MANIPULATIONS-KONTROLLE. GLÜCKLICHSEIN ALS MASS DER DINGE.

In Wirklichkeit der Zusammenheit ist aber das Ich Eins, sozusagen ein Singular-Wir im bzw. des Grossen-Ganzen. Ein Geist, ein Ich, ein Wir, ein und dasselbe Bewusstsein. Verstehen ist alles, denn als normale Person gibt's eben diesen „freien Willen" nicht. Du als Ich, brauchst bloss wirklich zu Verstehen, zu Begreifen wie zu Erfassen, dass du unendlich, ewig, eben göttlich bist. Schau hin, das Schauen geschieht intern, ohne irgendetwas verändern zu müssen, wollen, brauchen. Denn erst wenn Verstanden ist, geschehen Veränderungen quasi vom Selbst.

Wir müssen uns nicht nur im Pixel verlieren, sondern gleichzeitig auch das Big Picture erkennen.

Und Ja, es erscheint mal wieder widersprüchlich mit dieser allgegenwärtigen Zusammenheit, jedoch ist dies nur der Anschein, nicht die Wahrheit.

Denken und Glauben ist so miteinander in Verbindung, dass man ab und an das Eine vom Anderen gar nicht unterscheiden kann. Denken wie Glauben gehört zum Alltags Tun, ja, wir Tun und Machen das Denken sowie unseren Glauben, an was es auch immer sein mag und an was wir glauben, das erleben wir in unserer Welt als real.

Die Informationen welcher wir uns dabei bedienen, sind ebenfalls von uns selbst gemacht, doch haben wir viele Zusammenhänge vergessen und vergessen, dass wir diese vergessen haben.

Sprich, wir sind sehr unbewusst geworden, ob gewollt oder aber ungewollt spielt hierbei nur noch eine kleine Rolle.

Das Persönliche ist eben vom Unpersönlichen nicht zu trennen, doch für Otto Normalo ist nun mal Alles persönlich und sonst nix.

Neugierde, Interesse, Weisheit bzw. ein Wissenwollen ist die Vorraussetzung zum erfolgreich einfachen Lernen von, über und durch sich selbst. In diesem Sinne weiss das Herz um den Kopf.

Was ist die Gemeinsamkeit von sozusagen Kopf und Herz, vom „Pixel" wie vom „Big-Picture", also vom kleinsten Teil wie vom Grossen-Ganzen, von Dir und der Welt? Ganz einfach, DU bzw. WIR selbst sind's, das ICH IST's!

Über jeder Polarität ist das Bewusstsein eben über Dieselbige und man kann's Bewusstsein selbst genauso gut als die Grundlage jeglicher Polaritäten bezeichnen.

Nicht die Worte sind hier wichtig, jedoch immer das eigene Erlebnis.

Verstehen ist Alles, allerdings nicht bloss intellektuell, Live mit Herz.

UND UM WIRKLICH VERSTEHEN ZU KÖNNEN, BEDARF'S ZUALLERERST DES EIGENEN SELBSTVERSTÄNDNISSES.

ICH DENKE, ALSO BIN ICH! ANFANGS IST'S WORT! JA ABER WELCHES UND WESSEN WORT IST GEMEINT? NATÜRLICH MEIN EIGENES, MEINE STIMME DES DENKENS, MEIN EIGENER MONOLOG, HALT MEIN SELBSTGESPRÄCH BZW. NATÜRLICH DEIN EIGENES.
WIR, D.I. ICH WIE DU AUCH, DENKEN IN WORTEN WELCHE SICH ZUM TEIL IN BILDER WANDELN DIE DANN ZU GEFÜHLEN WERDEN UND SO UNSERE EIGENPERSÖNLICHE WELT AUSMACHEN. NUN, ALL DAS PASSIERT NICHT ETWA CHRONOLOGISCH SONDERN ZEITGLEICH UND HEISST AUCH GLAUBEN! DESWEGEN KANN GLAUBEN BERGE VERSETZEN UND ES GESCHIEHT NACH UNSEREM EIGENEN GLAUBEN. UNSERE WELT IST SO WIE WIR GLAUBEN DASS SIE IST!
DIESES, UNSER DENKEN-GLAUBEN KANN VERSTECKT, GEHEIM, UNBEACHTET, JA UNTERBEWUSST SEIN UND UNS SOMIT SELBST IN DIE BREDOUILLE BRINGEN ODER ES WENIGSTENS SO ERSCHEINEN LASSEN.

DESWEGEN AUCH DAS GROSSE „G." FÜR'N GEIST!

KLAR KANN ICH DIESEN GEIST AUCH GOTT NENNEN, ABER IN UNSEREM ZUSAMMENHANG DER ZUSAMMENHEIT SPIELT DAS BLOSS EINE KLEINPERSÖNLICHE ROLLE.
WIR WISSEN ERGO DASS WIR DENKEN, ABER KÖNNEN WIR UNS UNSERE GEDANKEN DENN

AUCH AUSSUCHEN, WIE'S IN DIESEN ERFOLGSGESCHICHTEN EINES POSITIVEN DENKENS, DER NLP ODER ABER IN HYPNOSE GESAGT WIRD?

WIR WACHEN AUF UND DAS DENKEN IST SCHON IN AKTION, VOM TRAUMZUSTAND DIREKT IN DEN WACHZUSTAND. ABER WAS IST'S DAS UNS AUFWECKEN LÄSST, DASS UNSER WACHWERDEN VERURSACHT?
WIR SIND ALLERDINGS NICHT DAS WAS WIR VON ODER ÜBER UNS DENKEN ODER GLAUBEN ZU WISSEN. OFTMALS GLAUBEN WIR UNSERE GEDANKEN ZU SEIN, UNSERER KÖRPER ZU SEIN, UNSERE GEFÜHLE ZU SEIN, SIND ABER JEDOCH DIESER GEIST IN WELCHEN DIES ALLES EINSCHLIESSLICH DER WELT VONSTATTEN GEHT.
UND GENAU DESWEGEN IST DAS SICH SELBST BEOBACHTEN SO GENIAL.

DENKEN UND ZEIT KOEXISTIEREN IN SOWEIT, ALS DAS DENKEN IMMER NUR IM JETZT STATTFINDET. JEGLICHE GEDANKEN WERDEN „JETZT" GEDACHT, AUCH JENE AN EINE VERGANGENHEIT BZW. AN EINE ZUKUNFT. IN DIESEM SINNE ALSO QUASI WIE'S „PANTHA RHEI" — ALLES FLIESST, ALLES IST PROZESS, EBEN DENKPROZESS IM EIGENEN KOPF, HEUT-JETZT-HIER.
DURCHS DENKEN BRINGEN WIR SACHEN, DINGE ETC. IN DIE EXISTENZ, SPRICH SIE TRETEN AUS DEM GROSSEN-GANZEN GEIST HERAUS, SIE EXISTIEREN.
SO SIND INFORMATIONEN FÜR UNS REAL. IM GEIST AN SICH IST JEDOCH ALLES ALS

MÖGLICHKEIT SPRICH IM POTENZIAL ENTHALTEN, SO WIE WELLEN IM MEER, REGEN UND SONNE IM WETTER, ERDE WIE PLANETEN IM ALL, ERLEBEN UND ERFAHREN IM BEWUSSTSEIN.

DER DENKER DENKT, DER TRÄUMER TRÄUMT OHNE SICH SELBST AUSZUSUCHEN WAS. ABER, DENKST DU DICH SELBST ALS DENKER BZW. TRÄUMER BIST DU AUCH ETWAS ERDACHTES UND NICHT DAS WAS WAHRLICH UND WIRKLICH SELBST IST.

SO IST DER NACHTTRAUM SOWIE DER TAGTRAUM NICHT UNÄHNLICH, BEIDE SCHEINEN DOCH SO REAL WENN MAN, FRAU AUCH, MITTEN DRIN IST.

DER KLEINE ABER FEINE UNTERSCHIED VON HABEN UND SEIN KOMMT HIER ZUM TRAGEN INDEM MAN GEIST „NICHT HAT", SONDERN SELBER „IST"!

MIT GOTT, ENERGIE, LICHT, BEWUSSTSEIN, SELBST USW. IST NATÜRLICH DITO ZU VERFAHREN.

HIER IST NICHT ETWA VON GRÖSSENWAHN DIE REDE, SONDERN VON ECHT EIGENER SELBSTERFAHRUNG.

UNSERE WELT IST SO WIE WIR SIE UNS DENKEN ABER GENAU DIESE DENKE KRIEGEN WIR VERMEINTLICH VON EINEM UNABHÄNGIGEN AUSSEN VORGEMACHT.

SO REDEN WIR FAST PERMANENT MIT UNS SELBST, D.H. DIE STIMME IN UNSEREM KOPF IST NICHT BLOSS DIE INNERE STIMME, SONDERN AUCH DIE INTERPRETATION VON LAUTEN, GERÄUSCHEN ETC. SEIEN DIESE NATÜRLICHEN ODER ABER KÜNSTLICHEN URSPRUNGS. WIR

HÖREN ETWAS UND SCHON GEHT DAS MECHANISCHE RÄDERWERK EINER GLAUBHAFTEN BESCHREIBUNG MIT WORTEN LOS. WIR VERSUCHEN ALSO SOFORT EINEN SINN ZU MACHEN BZW. EINEN SINN ZU GEBEN. SELBSTERKENNTNIS BEGINNT DAHER MIT SELBSTBETRACHTUNG, MIT DEM VERSTEHEN EBEN DIESER VOLLAUTOMATISCHEN ZUSAMMENHÄNGE, DENN DER BETRACHTER IST NATÜRLICH MIT DEM BETRACHTETEN EBEN DURCHS BETRACHTEN VERBUNDEN, ZUSAMMEN, ERGO ZUSAMMENHEIT.

WAS IST BEVOR DU DENKST BZW. DIR IRGENDETWAS AUSDENKST? WAS IST GOTT, WAS DEIN ICH, BIS AUF DIE WORTE DIE DU GERADE IN DEINEM KOPF AUSSPRICHST? WAS HAST DU FÜR VORSTELLUNGEN WENN UM SOLCH ABSTRAKTE BEGRIFFE GEHT? WER ODER WAS DENKT ÜBERHAUPT UND WAS IST ETWAS ER —BZW. AUS-GEDACHTES? WO UND WANN GESCHIEHT'S DENKEN ALSO INTERNE SELBSTGESPRÄCH?

SELBSTSTUDIUM, SELBSTBETRACHTUNG, SELBSTBEOBACHTUNG ZEIGT EINEM SELBST DIE EIGENEN MUSTER WIE VERHALTENSWEISEN AUF UND DIES NICHT NUR KÖRPERLICH, SONDERN VOR ALLEM GEISTIG. EIN AUSGEDACHTES ICH IST NICHT DAS WAHRE ICH, EIN GEDACHTER GOTT NICHT „DER GOTT", SO WIE DAS WAHRE TAO NIX MIT DEM ERDACHTEN ZU TUN HAT UND DANN DOCH WIEDER.

EGO COGITO, ERGO SUM — ICH DENKE, ALSO BIN ICH!

WER ODER WAS IST DIESER DENKER, WENN ER SELBST NICHT AUSGEDACHTES IST? DESCARTES ZWEIFEL HALFEN IHM SICH SELBST BESSER ZU VERSTEHEN. DAS DA DENKEN IST, KANN MAN NICHT LEUGNEN. DENKEN EXISTIERT, DOCH WAS, WER UND WO IST DER DENKER? BEWUSSTSEIN, GOTT, ODER EINFACH ICH, WIRD MEIST ALS IRGENDWIE PERSÖNLICH ANGESEHEN UND DAS UNPERSÖNLICHE AUSSER ACHT GELASSEN.

KLINGT DOCH ERSTMAL KOMISCH DIESES UNPERSÖNLICHE, ABER EBEN NUR, WEIL WIR UNS MIT DIESEM KÖRPER VOLL UND GANZ IDENTIFIZIEREN, MIT UNSEREN GEDANKEN, DEN GEFÜHLEN, UNSERER VERGANGENHEIT SOWIE EINER VERMEINTLICHEN ZUKUNFT, HALT UNSEREM GE —WIE ERLERNTEM, SOZUSAGEN UNSEREN CHRONOLOGISCHEN PROGRAMMMUSTERN.

EIN ANDERES WORT FÜRS GROSSE-GANZE IST DAS HEILE, DAS HEILIGE IM SINNE VON HEILSEIN ALS GANZSEIN, VOLLSTÄDIGKEIT, HOLISTIK ODER EBEN WIEDER DAS GESAMT, HEILIGE GANZE, WELCHES ALLERDINGS GENAU WIE'S HEILIGE ICH UNDENKBAR IST. UNDENKBAR FÜR EINE JA SELBSTAUSGEDACHTE PERSON WELCHE WIR ZU SEIN GLAUBEN. ICH ALS PERSON HABE EIN ENTSPRECHENDES WISSEN ANGESAMMELT ÜBER EGAL WAS. PERSON HAT, MENSCH IST, UND GENAU DESWEGEN HEISST'S JA AUCH BEWUSSTSEIN UND NICHT BEWUSSTHABEN. ICH BIN MIR DOCH MEINER PERSON, MEINER PERSÖNLICHKEIT BEWUSST. DIE PERSONA IST WAS GE —BZW. ER

—ODER ABER AUSGEDACHTES UND WAS AUSGEDACHTES IST NIE UND NIMMER SELBST DER DENKER.

DAS TOLLE DRAN IST NÄMLICH, DASS DENKER, GEDANKEN SOWIE'S AUSGEDACHTE AUCH EINE ZUSAMMENHEIT SIND. ALSO BITTE NIX VERKEHRT AUFFASSEN IN DIESEN ZUSAMMENHÄNGEN.

ES GIBT ALLERDINGS BLOSS VERBINDUNG, WO IRGENDWO UNTERSCHIEDLICHES IST, WOBEI WIR WIEDER MAL BEI WÖRTERN SIND, IN DIESEM FALL BEIM INDIVIDUUM, INDIVIDUELL, INDIVIDUAL. DIESE MEINEN SOWOHL EIN „UNGETEILT" ALS AUCH EIN „IN-SICH-SELBST-GETEILT" UND DAS AUCH NOCH GLEICHZEITIG. VERSCHIEDEN, JEDOCH NICHT GETRENNT ODER ZUSAMMENHEIT UND DIES BEDARF DEINES VERSTEHENS SOWIE DEINER 100%IGEN LIEBE BZW. 100%IGER AKZEPTANZ, DEINES 100%IGEN EINVERSTANDENSEINS MIT HEUT, MIT HIER UND JETZT, WAS JA SCHLIESSLICH IDENTISCH IST.

WÜNSCHE ZEIGEN DIR DOCH BLOSS IMMER EINEN MANGEL AN HABEN AUF, UND DIR WIE ANDEREN WAS ZU WÜNSCHEN ZEUGT VON UNVERSTÄNDNIS, DENN NICHT NACH DEINEN WÜNSCHEN PASSIERT'S LEBEN, SONDERN NACH DEINEM GLAUBEN. DIE EIGENEN INNEREN ÜBERZEUGUNGEN, OB NUN GEWUSST ODER NICHT SCHAFFEN DEINE REALITÄT. WIRKLICHKEIT IST SO WIE DU GLAUBST DASS SIE IST, ABER AUCH DIESEN GLAUBEN HAST DU DIR NICHT UNBEDINGT SELBST AUSGESUCHT, DENN DU BIST (V)ERZOGEN.

Verzogen mit fehlerhafter Information, die dir von einem vermeintlichen Aussen eingespielt wird, durch deine Gesellschaft, deine Kultur, durch Politik, Wirtschaft, Medien, Organisationen usw. usf.

Konsum in Wort, Bild, Aktion, egal ob Radio, TV, Internet, Film wie Fernsehen, entmenschlichen dich und du gibst deine Menschlichkeit allzu gerne im Namen des Fortschritts an den schnöden Mammon ab.

Wacht auf!

Selbstdenken ist angesagt statt Manipulationsmedienfrass und Scheisse musst du auch nicht fressen, weil diese Millionen Fliegen (Otto Normalo Gesellschaft) einen stupiden Status Quo aufrechterhalten sollen. Deine, meine, unsere Denke wird total subtil beeinflusst und reglementiert indem man Freiheit verspricht und Knechtschaft praktiziert, medizinische Gesundheit propagiert, doch pharmazeutisch Krankheiten gefördert, Nahrungsmittel zu künstlichen Füllmittel umwandelt, für Energie horrende Preise verlangt und in Schule sowie Uni etc. lehrt wie man seine Mitmenschen übervorteilt belügt und betrügt.

Ich, mir, mich, meins ist's Motto. Willkommen in der Weltwirtschaftspolitik der Elite -und Lobby-Egos.

KRISEN UND KRIEGE scheinen unsern WELTALLTAG zu beherrschen wo man auch hinguckt.
Ist das etwa ein „im Abbild Gottes sein", ist das echte Menschlichkeit, ist das weise, altruistisch, verstehend, liebend, wissend? Nein!

Horrorszenarios, Hiobsbotschaften, Gewalt, Negativität, Angst, Furcht, Ungewissheit, das muss nicht so sein. Was braucht's also zur Veränderung? Dich braucht's. Deinen Geist, deine Denke und nicht etwa wieder einen Kampf gegen, gegen diese Missstände, auch wenn diese hier etwas übertrieben dargestellt werden.

„Weniger ist mehr" — kennen wir doch und ich drück's mal noch extremer aus, wenn Weniger Mehr Ist, ist Nichts ist Alles und vice versa.
Die Philosophie, meine Fühlosopie bzw. das Philosofühlen lässt grüssen, denn hier ist Kopf und Herz gleichermassen gefragt und gefordert.
Kritik liegt mir ferne, es geht ums eigene Verstehen.
Wir alle kennen's doch, dieses „Froh zu Sein bedarf es wenig", dieses wunschlose Glücklichsein, das Gefühl die ganze Welt umarmen zu können, heitere Gelassenheit, Harmonie, Einklang, Akzeptanz, bedingungslose Liebe etc. und Du selbst bist das!

PROFITABLER INFORMATIONSKONSUM WIRD GEMACHT ANSTATT EINE EIGENE INFORMATIONSKREATION IM EIGENEN KOPF ZU BEWERKSTELLIGEN.
MIT EINER WISSENSCHAFTLICH-TECHNISCHEN MATERIALRELIGION ENTMACHTEN WIR UNS SELBST. AUS DEM HOMO SAPIENS IST DER MODERNE MULTI STUPIDUS GEWORDEN WELCHER UNSERE ACH SO ZIVILISIERTE MENSCHHEIT DARSTELLT.

ÜBER GEIST, BEWUSSTSEIN, DAS SELBST ODER ABER'S ICH BERICHTEN SÄMTLICHE WEISHEITSTRADITIONEN UND RELIGIONEN ALS IHRE UREIGENE ESSENZ, WELCHE FÜRS UNSAGBARE WÖRTER WIE GOTT, ALLAH, BRAMAN, MANITOU UND VIELES MEHR GEBRAUCHEN, DOCH GEHT'S IMMER NUR UMS EIGENE BEWUSSTSEIN SELBST. SYMBOLE, PARABELN, GLEICHNISSE, METAPHERN, GESCHICHTEN, SIND BENUTZT UM EIN INTUITIVES VERSTEHEN ZU ERREICHEN, SELBSTVERSTÄNDNIS SELBSTVERSTÄNDL-ICH. DIESES ICH IST SOZUSAGEN BEI ALLEM DER GEMEINSAME NENNER, SEI ES WAS ES WOLLE, ICH DU, WIR SIND'S IMMER UND ÜBERALL.

JEDER VON UNS IST GÖTTLICH, JEDER HAT SEINE EIGENE REALITÄT, SEINEN TRAUM, SEI'S DES TAGES ODER ABER NACHTS UND SO KÖNNEN WIR DURCHAUS VON PARALLELWELTEN SPRECHEN, DENN SIE ALLE EXISTIEREN GLEICHZEITIG, INEINANDER, SYNCHRON IN DIESEM EINEN ICH-GEIST.

Du Ich-Geist bist selbst die Spitze einer symbolisch hierarchischen Pyramide, immer und überall stets der Mittelpunkt um welchen sich die ganze Schöpfung dreht. In Wahrheit dreht sich nämlich wirklich Alles nur um dICH, allerdings ist dieses eine, grosse, heile ICH gemeint. Du bist nicht nur der Bezeuger aller Welten, sondern auch eben ihr Kreator, also der Erzeuger, Schöpfer, ja die Wirklichkeit selbst.

Aber bitte verwechsele dich nicht mit deiner Person welche du glaubst zu sein, diese ist nämlich bloss ein Mentalkonstrukt von dir unendlich ewigem Geist. In dem so modernen Computerjargon würde man's ein Programm nennen. Du, der gestaltlose Gestalter bist selbst für dich im Verborgenen, im Dunklen, du selbst bist dein eigenes Geheimnis, du, einfach wundervoll, grossartig, vollkommen perfekt, heil, heilig und selbst das G, das Grosse-Ganze. Obgleich ja am Anfang das Wort war, bist du als Ich vor jeglichem Beginn.
Sagt nicht Gott von sich selbst in der Bibel „ICHBIN DER ICHBIN"!?
Du kannst Item und Dito Dasselbe von dir behaupten, also denk mal drüber nach.
Dieses „Ich Bin" ist deine eigene Grundlage, aber was machen wir draus oder was lässt man uns draus machen, Name, Adresse, Alter, Geschlecht, Haus,

Boot, Auto... Doch all das haben wir,
sind's jedoch nicht.

180°, Kehrtwende, zurück, Heim, nach
Hause usw. usf. sind Synonyme für den
global-persönlichen Holzweg, welchen
wir als Menschheit eingeschlagen haben.
Das ist sogar der wahre Sinn und Zweck
von echter Religion, nämlich das Wieder-
Verbinden mit Gott alias sich selbst.
Dieser 180° Wandel ist natürlich auch
hier in dieser Schrift erkenntlich, denn
willst du was wirklich verändern, musst
du zu allererst bei und mit dir selbst
beginnen. Von einer bis dato rein
körperlich materiellen Sichtweise zur
holistischen Weisheit ist ein Schritt
welcher im eigenen Kopf beginnt. Halt
nicht immer wieder dem
Lügenmedienkonsum im Alltag frönen
sondern anfangen sich im wahrsten Sinne
des Wortes „eigene Gedanken zu
machen".
180° fängt im eigenen Kopf an, mit dem
bewussten Gedanken-Wort, mit den
dazugehörigen, selbstgemachten Bild-
Vorstellungen sowie dem dazugehörigen
Emotional-Fühlen.

Und ja, ich weiss, dass ich mich des
Öfteren wiederhole, doch es braucht
unwahrscheinlich viel, die alt erlernten
Gewohnheitsmuster bei sich selbst durch
rechtes Beobachten zu erkennen. Dein
Glauben ist hier sozusagen die
selbsterfüllende Prophezeiung und

Nicht dieses vielfach angepriesene Wunschdenken. Es nutzt einen Scheissdreck sich den Wunschzettel an die Kühlschranktür zu bappen und einfach mechanisch runter zu leiern wenn man's sieht. Bestellungen bei einem von sich selbst ausserhalb Universum sind auch bloss Augenwischerei für Unwissende.

Finde in dir selbst an was du wirklich mit Innbrunst glaubst und guck mal nach von wo es kommt bzw. wo, wie und wann du's beigebracht bekamst. Damit aber nicht genug, Hinterfragen musst du nun deine eigenen Glaubenssätze, deine eigene Vergangenheit ist von dir selbst umzugestalten, denn sogar du als Person beginnst in deinem Kopf, als Gedanke, als Erdachtes, als etwas von dir selbst Ausgedachtes.
Stell dir vor...!
Stell dir vor du bist Geist, bist göttlich, bist Bewusstsein selbst, ja, stell dir's wortwörtlich mal vor und empfinde das sozusagen mit Leib und Seele. Wie fühlt es sich an, wenn dir nix passieren kann, wenn du unsterblich bist, wenn Ewigkeit, Unendlichkeit, deine wahre Natur ist. Fantasie ist dazu da um gebracht zu sein, als Kind war das Gang und Gäbe, doch nun, als zur Familie zivilisierter Affenmenschen gehörig, ist das doch alles hirnverbrannte Spinnerei, oder etwa nicht?

Tja mein Freund, da gibt's nur einen Weg um dies rauszufinden und der grosse Google und Konsorten sind da völlig nutzlos.
Du musst erst einmal klar Schiff machen, deinen Gedankenmüll entsorgen, dir mal keine Sorgen machen um was auch immer, sondern in 100%iger Akzeptanz von dem was ist, dich selbst beobachten.

Es scheint echt leicht dem unstetigen Affengeist immer und immer wieder chronisch krankhaft neues Futter zu geben anstatt diesen Affengeist einfach mal in Ruhe zu betrachten, ihn zu studieren ohne gleich ihn gleich zu verändern wollen.

Das Betrachten selbst ist sozusagen aktive Passivität, ist das Tun des Nichtstuns um des eigenen Verstehens Willen. Aber wir mögen generell nicht Nixtun, sondern sind immer mit Selbstbeschäftigungstherapien am Zeittotschlagen. Und genau deswegen gibt's jetzt auch mal Tu –und Machfutter.

Denken, Atmen, Trinken, Essen erscheinen uns las sehr natürlich. Diese sind jedoch auch unterteilt, nämlich in Autonom, also Selbstbestimmt, Eigenwilligkeit sowie in Heteronom, Fremdbestimmtheit oder anders, Freiheit und Abhängigkeit. Zusammenheit ist natürlich auch hier der Fall.

Bei unserer Introspektion, unserer eigenen Innenschau, der Versenkung, der Meditation, dem Gebet, der Selbsterkundung sind wir uns synchron zweierlei bewusst, nämlich, das der Gedankenprozess, das Atmen, ja sogar Trinken wie Essen recht automatische Vorgänge darstellen, ich jedoch gleichzeitig auch die Möglichkeit der Kontrolle ausüben kann. Mit anderen Worten, ich kann meine Gedanken, mein Ein –und Ausatmen, was ich trinke und esse selbst beeinflussen.

Wow, und jetzt? Ist's nun automatisch oder nicht? Jain! Es ist ein Sowohl als Auch und simultan ein Weder Noch!

Vom feinstofflichen Denken zum grobstofflichen Essen ist Nix voneinander getrennt sondern eben auch Alles miteinander verbunden. Temporär sind wir durchaus in der Lage uns selbst zu kontrollieren bzw. uns ganz bewusst-willentlich selbst zu steuern, lenken und regeln. Der Selbstcheck ist's Mittel zum Zweck. Da Gedankenkontrolle zuerst einmal recht schwierig erscheint, fängt man mit dem Atmen an.

Zuerst wird dieser nämlich nur beobachtet wie er von Alleine bzw. von Selbst kommt und geht, Ein und Aus. Als nächstes richtet man (Frau auch) seine Aufmerksamkeit auf die Atempausen, also zwischen dem Ein –und Ausatmen sowie zwischen dem Aus –und Einatmen. Ist das alles recht einfach vollbracht, wendet

MAN SICH DER BEWUSST-WILLENTLICHEN ATEMTECHNIK ZU, WOBEI ES RECHT VIELE GIBT. ATEMTECHNIKEN GIBT'S IM YOGA ALS PRANAYAM ODER IM CHIKUNG (QIGONG) ALS ENERGIE —BZW. KRAFTATMEN. IM SITZEN ODER LIEGEN WIRD HIER EINMAL VÖLLIG AUSGEATMET UM DANN DURCH DIE NASE KRÄFTIG ZUERST BACHRAUM, LUNGE BIS IN DEN KOPFRAUM MIT LUFT ZU FÜLLEN UND KRÄFTIG DURCH DEN MUND AUSZUATMEN. 30-40 WIEDERHOLUNGEN SIND ANGESAGT. DANN DIE LUFT SO WEIT WIE MÖGLICH RAUSDRÜCKEN UND FÜR NE WEILE VÖLLIG AUSGEATMET SEIN. DEM EINATEMIMPULS DANN FOLGE LEISTEN UND LUFTANHALTEN FÜR CA. 15-20 SEKUNDEN. VÖLLIG AUSATMEN UND EINEN NEUEN ZYKLUS BEGINNEN. DAS GANZE SO 3-4 MAL WIEDERHOLEN.

FÜHLEN IST DABEI DAS HAUTTHEMATA, SENSATIONEN WIE EIN LEICHTER KOPF, EIN KRIBBELN USW. SIND DABEI GANZ NORMAL. MACHT MAN DIES MINDESTENS 2 MAL PRO TAG, ENERGETISIERT MAN SICH BEWUSST-WILLENTLICH SELBST. DAS GANZE IST SEHR GUT FÜR DIE EIGENE GESUNDHEIT UND ALS PRÄVENTIVMASSNAHME DER EIGENEN GESUNDHEITSVORSORGE. ZUM RECHTEN TRINKEN SOWIE DEM ZUTRÄGLICHEM ESSEN GIBT'S EINE UNMENGE AN INFO IM INTERNET, DOCH IMMER ZÄHLT DEINE EIGENE ERFAHRUNG AM MEISTEN.

ÜBERS ATMEN KANN MAN EINE MENGE ÜBER SICH SELBST LERNEN UND WISSEN. DAS DENKEN VERLANGT DA SCHON EIN MEHR AN SENSITIVITÄT, GENAU SO WIE DER EIGENE HERZSCHLAG, DAS IMMUNSYSTEM, DER

Blutkreislauf und all das, was wir so als ganz normal Involuntär bezeichnen. In Wirklichkeit sind nämlich Wir Selbst, also Du Selbst wie Ich Selbst recht mächtig aber eben auch recht unwissend, was dann wiederum von Institutionen schamlos ausgenutzt wird, um bloss an dein Bestes zu gelangen, dein Geld. Alles Profiteure sonst Nichts!

Die Essenz der Zusammenheit ist halt nicht nur der neutrale Beobachter, sondern gleichermassen auch die, der gesamte Existenz.

Der Hauch Gottes zur lebendigen Seele der Menschwerdung heisst doch Adam oder im Sanskrit Atman und kommt von Brahman, wobei die Wortverwandtschaft augenscheinlich ist, das individuelle Individuum, Du selbst als das Ich ist gemeint.

Soweit unsere Exkursion zur Atmung welche synonym zum Denken, Trinken wie Essen, halt zum Leben an sich steht. Schliesslich wollen wir doch Verstehen, uns selbst, Gott und die Welt und eben dieses Verstehen beginnt selbstverständl-ich bei und mit einem selbst.

Einige Worte beziehen sich durchaus aufs Atmen bzw. den Atem wie z.B. Geist, Spirit, Psyche, Pneuma, Ruach, Luft u.v.m.

So ist die Wissenschaft vom Atem die Wissenschaft von sich selbst. Science-Faktion von Ein-Aus, Rein-Raus, Oben-Unten, Rechts-Links, Vorne-Hinten und

Wir sind als das Ich stets der ewig, unveränderliche Mittelpunkt.

G wie in Geist, Gott, Gnosis, Gnani hat mit Wissen zu tun, mit echtem Wissen um Einen Selbst.

Meinungen gibt es zigtausendfach zu allen möglichen Themen, wie auch dazu, dass bis Dato unsere Luft, der Boden, das Wasser recht böse verseucht sind, dass Nanoplastik überall zu finden ist, das Nahrung nicht mehr nährt sondern voller Chemikalien ist, dass wenn du gesund Leben willst du eine Unmenge an Vitaminen, Mineralien, Spurenelementen usw. brauchst, dass Vegan das einzig richtige sei, dass die Strahlenbelastung Krebs, Impotenz und viele andere Krankheiten mehr verursacht, dass man die Weltbevölkerung gewollt drastisch reduzieren will, alias Georgia Guidestons Thesen, dass der Klimawandel menschengemacht sei, dass Flüchtlingsvölkerwanderung bewusst verursacht wird, dass Elektromobilität von Staatswegen zwanghaft durchgesetzt wird, dass Krieg notwendig für Frieden ist, dass wir alle verschieden sind, dass wir uns entwickeln, wo doch beim genaueren Hinschauen das Gegenteil der Fall ist.
Du wirst von Staat und Kirche nur belogen und betrogen wegen deines Geldes. Dir wird permanent vorgegaukelt, das Krankheit etwas

NORMALES SEI, DASS ABER DIE GANZE PHARMAINDUSTRIE GEWINNBRINGEND PROFITIERT UND KRANKHEITEN WILL, BLEIBT DIR VERBORGEN.

HUMANITÄRE KRIEGE, PRÄVENTIVKRIEGE ETC. SIND DIE GLEICHE VERARSCHE, DIE LEBENSMITTELINDUSTRIE STECKT MIT DER PHARMABRANCHE SOWIE DEN CHEMIEKONZERNEN UNTER EINER DECKE UND AUCH BLOSS WEGEN DEM GELD. GESUNDHEIT IST ZUR BILLIGEN FARCE MUTIERT. LUFT, GETRÄNKE, NAHRUNG USW. ENTHÄLT DIESER TAGE VIEL ZUVIEL GIFTE UND DOCH LÄSST DEIN VATER STAAT DAS ZU.
STUDIEN DIE DIES BELEGEN WERDEN VERBANNT, ANDERE WERDEN GESCHÖNT, SKEPTIKER DES SOGENANNTEN MAINSTREAM MUNDTOT GEMACHT UND AB UND AN NICHT NUR MUNDTOT, SONDERN RICHTIG ERMORDET. SCHÖNE NEUE SCHEINWELT! WIE EINST IN DÜSTEREN ROMANEN ABER AUCH DER BIBEL & CO WIRD EIN WELTUNTERGANGSSZENARIO BETRIEBEN, WOVON DER EINZELNE JA KEINE AHNUNG HAT. ALLES, JA BLOSS VERSCHWÖRUNGSTHEORIEN. EGAL OB MATERIELLE NATURWISSENSCHAFT ODER MATERIELLE RELIGION, DER ALLERORTS VERTRETNE KAPITALISTISCHE MATERIALISMUS IST HEUT DIE HAUPTURSACHE FÜR EIN GEISTLOSES DASEIN.

DOCH ES IST NIE ZU SPÄT FÜR DIESE 180° WENDE IM EIGENEN, IM GÖTTLICHEN GEIST, D.H. IM DENKEN. WIR WAREN MAL DAS LAND DER DENKER UND DICHTER UND SIND NUN ZU EINEM

Haufen von idiotischen Konsumrobotern samt Hightech evolviert.

Die gegensätzlichen sich sehr oft widersprechenden Daten von Aussen die wir zu Informationen verarbeiten, haben das Ziel der Trennung, der Spaltung, des Auseinanderbringens, zuerst im eigenen Geist, dann unter den Menschen selbst. Wir sind so dämlich und lassen uns fragmentieren, wir lassen uns verblöden und glauben man tut uns Gutes. Und genau deshalb ist nun Selbstverantwortung angesagt, denn deine Welt beginnt im Kopf und nur da kannst du's verändern. Ändere deine jetzt ausgedachte Vergangenheit um eine andere Zukunft zu gestalten, aber...

Glaube also nix und Niemandem, finde echtes Wissen, Weisheit, Liebe, Kooperation, das Gute, Wahre, Schöne, in dir selbst, so wirst du's auch in deiner Welt erblicken und empfinden. Meine Absicht hier beim Schreiben ist jene, dass du nix einfach so blind glaubst, auch mir nicht, sondern anfängst dir selbst zu vertrauen, dem Leben, dem Geist, Gott oder wie immer du's auch benennen magst. Du, deine Person, ist der sozusagen temporäre Teilaspekt des ewig Grossen-Ganzen. Denn auch da gilt die Zusammenheit vermeintlicher Gegenteile, welche jedoch bei genauerer Betrachtung das Ganze ergeben.

ALSO, KOMM WIEDER IN DEINE MITTE!

DIE GOLDENE REGEL SAGT, „LIEBE DEINEN NÄCHSTEN WIE DICH SELBST", „WAS DU NICHT WILLST DASS MAN DIR TU, DAS FÜG AUCH KEINEM ANDEREN ZU", „BEHANDLE DEINE MITMENSCHEN SO WIE DU VON IHNEN BEHANDELT WERDEN MÖCHTEST", „SEHE IN DER NATUR EINFACH DICH SELBST", „DEINE WELT IST EIN SPIEGEL DEINES CHARAKTERS" USW. USF.

WISSEN DIE MÄCHTIGEN DAS NICHT, ODER WARUM GIBT'S GLYPHOSAT, DDT, 5G, CHEMTRAILS, NANOBOTS UND ÜBERHAUPT DIE GANZE UMWELTZERSTÖRUNG EN MASSE? WIESO DIE KRIEGSTREIBEREI GEGENEINANDER UND KEINE KOOPERATION IM MITEINANDER? WESHALB WIRD'S VOLK, DIE MASSE DER MENSCHEN FÜR DUMM VERKAUFT, NICHT AUFGEKLÄRT UND OBENDREIN BLOSS AUSGENUTZT? HABEN WIR AUS UNSER BIS DATO JETZT ERDACHTEN VERGANGENHEIT DENN GAR NICHTS GELERNT, NIX VERSTANDEN? SIND WIR EVENTUELL DOCH NUR TIERE IM KAMPF UMS SIMPLE ÜBERLEBEN? NEIN!

DEIN KOPF IST JETZT GEFRAGT, BZW. DIE EIGENE, INNERE INFORMATIONSTECHNIK.

NICHT NUR AUF AUTOPILOT GESCHALTET BLEIBEN, SONDERN AKTIVES TEILNEHMEN IST ANGESAGT. DIESES LEBEN IST LIVE, HEISST EBEN GERADE IN DIESEM AUGENBLICK WIRKLICH REAL UND DU HAST EINFLUSS, HAST SO VIELE GESTALTUNGSMÖGLICHKEITEN WIE DU IN DER LAGE BIST DIR AUSZUDENKEN, DIR

VORZUSTELLEN. FANTASIE IST MIT DIR, GEBRAUCHE SIE MAL.

STELL DIR VOR WIE ES WÄRE WENN...! OK, STOP, „KEIN WORST CASE SCENARIO PLEASE", SONDERN EINE VOLLKOMMENE, INTAKTE, PERFEKTE WELT, REGIERT DURCH WEISHEIT UND LIEBE MIT UND ZU ALLEM.

WAS, KLINGT ZU UTOPISCH? MITNICHTEN, PROBIER'S MAL IM KOPF DURCH DAS, WAS DU EBEN JETZT GRADE AUCH TUST, NÄMLICH DU SPRICHST DIESE WORTE HIER, KRIEGST BILDLICHE VORSTELLUNGEN SOWIE DIE DAZUGEHÖRIGEN GEFÜHLE ALSO AUCH DEN IMPULS ETWAS ZU TUN, ZU HANDELN.

VERSTEHEN IST ALLES, BEWUSST-WILLENTLICH. NICHT KÄMPFEN „GEGEN", SONDERN EINFACH „FÜR" DAS BESTE MITEINANDER ALS MENSCHHEIT.

WIR BRAUCHEN UNS DIE NATUR NICHT UNTERTAN ZU MACHEN, SONDERN KÖNNEN ERSTMAL ANFANGEN UNSERE EIGENE NATUR ZU ERKUNDEN, ZU ENTDECKEN.

ALS KÖRPERWESEN SIND WIR SELBST NATUR UND SOMIT NATÜRLICH EIN INTEGRATIVER TEIL DESSEN WAS WIR ALS NATUR BEZEICHNEN. ABER ALS GEIST ENTSTEHT NATUR WIE ALLES ANDERE SELBSTVERSTÄNDLICH IN UNS SELBST, IM EI(G)NEN GEIST, IM BEWUSSTSEIN, EBEN IM ICH.

„WER NICHT GEGEN MICH IST, IST FÜR MICH", NUN JA, ICH FÜR MEINEN TEIL BIN KEIN GLOBALIST, KEIN EUROPAEUPHORIKER, KEIN NEUEWELTORDNUNGSFANATIKER, KEIN KONZERNIMPERIALIST, KEIN ELITEN —UND

Kabaleunterstützer, kein moderner Völkerwanderungs –bzw. Massenmigrationsfan, kein Ökofreak eines unersättlich dominanten Wirtschaftswachstum, kein Impfpflichtpropagandist und auch kein Verschwörungstheoretiker, sondern ein einfacher Freigeist.

Zähle selbst 1 + 1 zusammen und guck in deinem Geist wo unsere entwicklungsgeschichtliche Reise wohl hingeht oder besser, in welche Richtung. Es sieht verdammt nach kontrollierter Dezimierung aus!
Und glaube Bitteschön auch das nicht, es soll keine Schwarzmalerei sein.
„Möge die Macht mit dir sein"!
Die Macht ist unsere, die Geistesmacht eines jeden Einzelnen, also lasst sie uns zusammen weise gebrauchen.

Luft, Wasser, Nahrung, Gas, Öl etc. ist Gemeineigentum, d.h. für Alle da und sollte in diesem Sinne gefördert werden und nicht durch eine monopolistische Geschäftdiktatur bestimmt sein. Es geht immer nur um Profit, Übervorteilung sowie den grösstmöglichen Gewinn einzuheimsen. Schau mal wie die Börse funktioniert, was es mit Zinseszins auf sich hat, virtuellem oder E-Geld, Gehirnwäsche und Massenkontrolle. Aber, lass mal Gut sein für ne Weile mit dem Kritikuss.

180°, WENDEN WIR UNS LIEBER DER WAHREN WIRKLICHKEIT ZU, DEM MENSCHLICHEN DENKEN UND SEINER ART & WEISE. GANZER GEIST, HEILIGER GEIST IST UNSER GEIST WELCHER „EINSCHLIESSLICH" IST, EINBEZÜGLICH UND NICHT AUSSCHLIESSLICH.

IN WAHRHEIT, IN WIRKLICHKEIT IST NÄMLICH ALLES GANZ ANDERS ALS WIR'S UNS DENKEN BZW. ZU DENKEN GELEHRT BEKOMMEN HABEN, SO KOMPLETT ANDERS, DASS ES EINEN AUS DEM LATSCHEN HAUT.
DAS WAS WIR WIRKLICH SIND IST UNDENKBAR, DER NICHT DENKBARE DENKER SELBST. WIR SIND ABER NICHT WIR ALS PERSON, WEDER KÖRPER NOCH CHARAKTER, SONDERN EBEN DAS WAS MAN BEWUSSTSEIN SELBST, GOTT, DAS SELBST ODER GANZ EINFACH ICH NENNT. DIESES ICH TEILT SICH SOZUSAGEN ALS INDIVIDUUM IN, MIT UND DURCH SICH SELBST UM SICH SO SELBST ZU ERLEBEN, SICH SELBST ZU ERFAHREN IN SCHLAF UND TRAUM, ICH UND DU, GOTT UND DIE WELT, SUBJEKT UND OBJEKT, INNENWELT UND AUSSENWELT USW.

$$ICH = ICH + ich$$

NUN, DER DENKER DENKT, DER GEIST TRÄUMT DOCH WIE WIR VORHER ERWÄHNTEN, SUCHT MAN (FRAU AUCH) SICH ALS TRÄUMER SEINE TRÄUME NICHT AUS, GENAUSO WIE ALS PERSON SEINE GEDANKEN NICHT.
SOGAR BEWUSSTSEIN BRAUCHT DAS WESSEN ES SICH BEWUSST IST, SELBSTBEWUSSTSEIN IST SOMIT ECHTE INDIVIDUALITÄT WELCHE HEUT, IM HIER UND JETZT ERLEBT IST. FREIHEIT

IST IM VERSTEHEN, IM VERSTÄNDNIS EINER ZUSAMMENHEIT, WELCHE NATÜRLICH KEINE TRENNUNG IST, ABER EBEN DOCH GERADE UND DESWEGEN UNTERSCHIEDLICHKEIT AUFWEIST. DAS WISSENWOLLEN UM EINEN SELBST IST ZUERST DER EGOISTISCHE AUSSCHLAGPUNKT UND MIT ZUNEHMENDER (VERSTEHENS)PRAXIS ENTSTEHT ALS LIVE-ERFAHRUNG OHNE WORTE DAS SEIN SELBST.

WIR REDEN VIEL ÜBER KAUSALITÄT, URSACHE UND WIRKUNG ZEITLICH VONEINANDER VERSCHIEDEN, ALS SUBJEKT UND OBJEKT, RÄUMLICH GETRENNT, ALS EGAL WAS FÜR POLARITÄTEN UND ÜBERSEHEN GANZ GEKONNT DAS AUGENSCHEINLICHE, DIE WAHRHEIT, DIE WIRKLICHKEIT, NÄMLICH DAS ICH! DIESES ICH IST NICHT EIN ENTWEDER/ODER, NICHT WIE IM NEW AGE EIN SOWOHL/ALS AUCH, SONDERN DAS WEDER/NOCH, DA ES EBEN NIX GEDACHTES ABER DENNOCH ERLEBTES IST. DU BIST DAS!

UND SCHON WIEDER LANDEN WIR BEI DER LIEBE, DER BEDINGUNGSLOSEN LIEBE EINER 100%IGEN AKZEPTANZ VON DEM WAS UND WIE'S IST. DENKEN, DANKEN, DINGEN, ALLES RELATIV IN SINNE VON MITEINANDER VERWANDT. WENN'S INNERE SPRECHEN ZUM FILM UND ZU EMOTIONEN WIRD, ERST DANN SAGE ICH, DASS ES GLAUBEN IST. DIE MEISTEN SELBSTGESPROCHENEN WORTE UNSERES INNERES MONOLOGES WERDEN ALLERDINGS ERST KEINE BILDER, GESCHWEIGE DENN

GEFÜHLE, SONDERN BLEIBEN EIN UNBEDEUTENDES ROUTINE- BLABLABLA. WIE IN UNSERER ERDACHTEN NATUR IST ÄHNLICH MIT DEN REIFENDEN FRUCHTSAMEN. NICHT JEDER SAMEN WIRD ZU EINEM BAUM, STRAUCH, TIER ODER MENSCH. HIER, IN DER POTENTIALITÄT LIEGT EINE SCHIERE UNENDLICHKEIT.

GENAU SO SIND DIE MÖGLICHKEITEN IM SOGENANNTEN LEEREN RAUM UNZÄHLBAR VIELE, DA SINNBILDLICH DIESER (T)RAUM VOLLER, JA DIE ENERGIE SELBST IST.

WAS ALSO, WENN DU DIR HIER DIESE SCHWARTE SAMT DEM VERMEINTLICHEN AUTOR SELBST DENKST, JA HIER UND JETZT GRADE EBEN?

KLINGT MAL WIEDER ZU ABGEFAHREN, UNGLAUBWÜRDIG, ABGESPACED UND UTOPISCH, REALITÄTSFREMD USW. USF.?

WAS WENN WIR NICHT SO VERSCHIEDEN SIND, DENN IN DIESEM AUGENBLICK DENKST DU WEGEN DIESER WORTE HIER DOCH AUCH AN MICH, DEINEN SCHREIBERLING, ODER?

WAS WENN DU NUN GANZ ENTSPANNT DEIN GANZEN LEBEN EINFACH NEUTRAL BETRACHTEN KÖNNTEST OHNE...?

(... STEHT FÜR WILLEN, WOLLEN, VERÄNDERN, VERBESSERN, ANDERS MACHEN, WÜNSCHEN UND DERGLEICHEN).

WAS WENN DIENE WELT EINSCHLIESSLICH DU SELBST GANZ UND GAR ANDERS FUNKTIONIEREN WIE DU'S MEINST?

WAS WENN DU BIS DATO KÜNSTLICH IM DUNKEL, GEMEINT IN GEISTIGER UMNACHTUNG ALIAS PLATOS HÖHLENGLEICHNIS, GEHALTEN BIST?

UND JETZT KOMMST DU RAUS (AUS DER HÖHLE) UND SIEHST MIT EIGENEN AUGEN DAS LICHT UND WILLST DENEN IN DER HÖHLE DIES KUNDTUN, ABER SIE GLAUBEN DIR NICHT, HALTEN DICH FÜR VERRÜCKT, FÜR 'NEN SPINNER, EINEN AUFGEBLASENEN IDIOTEN, SOGAR 'NEN VERSCHWÖRUNGSTHEORETIKER UVM.?

WIE KANNST DU DENEN AUF DEINE NATÜRLICHE ART & WEISE DIESE INFORMATIONEN WIRKLICH VERKLICKERN WENN DIR NICHT GEGLAUBT WIRD?
NUN HASTE 'NE IDEE WIE'S MIR SO DAMIT GEHT. DAS HIER UND JETZT GELESENE IST FÜR DEN DENKER GESCHRIEBEN, WELCHER ES SICH GERADE JETZT IN SEINEM GEIST AUSDENKT, NICHT FÜR DEN DIESE SCHRIFT IN HÄNDEN HALTENDEN, AUSGEDACHTEN MENSCHEN EGAL OB VORM COMPUTER ODER VORM PAPIERBLATT.

SEID JAHRZEHNTEN VERFASSE ICH DIESE GEDANKEN IN BUCHFORM FÜR DEN VERSTÄNDIGEN, ZUM BEGREIFEN, ERFASSEN UND GEISTIG ZUM VERSTEHEN, NICHT FÜR EINE MISSIDENTIFIZIERTE PERSONIFIKATION EINES AUSGEDACHTEN EGOS BZW. EINER TEMPORÄREN ERSCHEINUNG.
HARTER TOBAK DIE SACHE MIT DEM UNDENKBAREN! ABER, MACH DIR KEINE SORGEN, DENN ALLES IST GUT.

KAUSALITÄT, ALSO DIE SACHE MIT DER URSACHE UND WIRKUNG WIRD VON DEN ALLERMEISTEN ALS IRGENDWIE CHRONISCHE

Aufeinanderfolge aufgefasst, doch was ist zuerst, der Berg oder das Tal, das Huhn oder das Ei, Subjekt oder Objekt? All das ist Sinnlosigkeit dümmlicher Fragestellungen und geht am Thema vorbei, doch geistige Tiefflieger gibt's in unserer so hoch gelobten Wissenschaft als Rezitiermechanismen recht viele. Berg wie Tal sind immer gleichzeitig, entstehen allerdings erst beim Denken drüber. So wie eben nun mal dieser Text während du ihn hier jetzt liesst.

Du selbst bist voruranfänglich, bist schon immer, bist vor jeglichem Anfang wie nach jeglichem Ende, ewiglich Dasselbe ICH.

Zeit gibt's wirklich, sie verändert sich nur nicht und wenn's dich von den Latschen haut, dann bist du symbolisch barfuss, auf heiligem Grund in dir selbst. Unsere Lehre eines Nacheinander ist nicht richtig, und doch baut sich alles drauf auf. Ist das JETZT wirklich verstanden, weiss man (Frau immer natürlich auch) drum eben durch die schon erwähnte subjektive Verifikation, sprich aus eigener Erfahrung.

ICH, Geist, Denker, Bewusstsein, Gott u.v.m. sind da einfach Synonyme, Platzhalter für das Unbeschreibliche, aber doch von jedem selbst erlebbare Ich. Hochachtung gilt dem, was dich jeden Morgen aufwachen lässt, was dich atmen, denken, fühlen und tun lässt und

Das hat keinen Namen und ist nirgendwo zu finden weil du's selbst bist! Deswegen gibt's kein Weg zur Wahrheit, eben weil Wahrheit Jetzt ist, Wirklichkeit ist genau das, was jetzt geschieht. Wie und wo willst du dich suchen? Verstehen ist wichtig, Selbstverstehen natürlich, denn wenn du dich selbst verstehst macht alles einen Sinn, der dir allerdings beim Suchen verloren geht. Halbwahrheiten über Halbwahrheiten werden in sogenannten Seminaren gelehrt, doch das Du Selbst die Quelle von Allem bist, dass sagt dir keiner. Mit Du ist hier selbstverständlich Jeder gemeint. Wunschdenken, Erfolgspsychologie, ist ein genauso grosses Märchen wie das vom Weihnachtsmann oder vom Osterhasen. Aber auch Märchen sind symbolisch zu verstehen wenn man's denn kann. Was bringt mir denn dieses ganze Gefasel von Bewusstsein, vom wirklichen Sinn und Zweck des Lebens, von Gott und der Welt, kannst du dich ja auch fragen und feststellen, eh alles für'n Arsch! Und Recht haste schon wieder, denn wenn du das wirklich glaubst sagt ein grosses, weises Buch, dann ist's für dich so, ist deine Realität.

Klingt doch nicht etwa zu theoretisch? Mitnichten, denn auch Theorie von Theos, Gott also, und Praxis sind Zusammenheit, sind ergo auch gleichzeitig, sind Jetzt!

Besteht deine Welt aus Nachrichten, aus Bildern, Filmen ausm Internet, oder denkst du schon selber, hast eine eigene Meinung, machst dir eigene Bilder, Vorstellungen und erlebst die dazugehöriges Emotionen in dir?

Es ist wie ein Spagat, zum Einen ist hier die Rede vom Seinlassen, vom Geschehenlassen, vom neutralen Beobachten und dann aber doch wieder vom Selber-Denken, vom Selbst-Informieren, von Eigen-Vorstellungen etc. Sieht man nur die Füsse, erscheinen sie auseinander, doch macht der gesamte Körper mit und der Spagat ist nicht zwei. Nicht II, so wie Advaita im Sanskrit. Nicht II meint halt bloss „Ungeteilt"!

Ungetrennt ist ein anderes Wort, Eins könnte man auch sagen, doch dann spielt einem die persönliche Logik wieder Kapriolen vor.

Du glaubst mir nicht, eh — aber einer Wissenschaft die berechnet, dass eine Hummel nicht fliegen dürfte, oder?

Nun, du sollst mir ja auch nicht glauben, sondern Dir-Selbst, in Dir, in Deinem Innern sind die Antworten auf die Seins — und Sinnfagen der eigenen Existenz und einem Davor sowie Danach.

Zyklische Synchron-Zeit vom Kleinen ins Grosse, aber alles Jetzt. Herzschlag, also unser Puls, das Bum-Bum, der Atem bzw. das Atmen, Ein-Aus, Sekunden, Minuten, Stunden, Tag-Nacht, Wochen, Monate, Saisonen, Jahre, Epochen, Äonen

USW. BIS... UNVORSTELLBAR, ZEITALTER IM EIGENEN KOPFKINO, SO REAL UND DOCH NUR GEDANKEN.

DIE 0 (NULL) EINER MATHEMATIK, EIN KREISLAUF, WIEDERHOLUNG, REPETITION, WANDEL, WECHSEL, IMMER UND IMMER WIEDER... 1 = 2 UND UMGEKEHRT.

MACHEN DIESE AUSSAGEN FÜR DICH MITTLERWEILE EINEN SINN?

ZUFALL, SCHICKSAL, FREIER WILLE, VORBESTIMMT, ZEIT-RAUM (ZEITTRAUM), SINN UND UNSINN, SEIN ODER NICHT SEIN, UND DOCH ZUM SCHLUSS DAS „ICH BIN"... IM DENKEN, FÜHLEN, WISSEN.

PHILOSOPHIE MAL ANDERS, MAL NICHT GESCHICHTLICH SONDERN SPONTAN SELBSTERDACHT, JETZT, HIER, HEUT, JA, GENAU IN DIESEM AUGENBLICK!

WAS EIN SOKRATES DURCH EINEN PLATO SAGTE, WAS KANT, HEGEL UND KONSORTEN MEINTEN, JA SOGAR DER BUDDHA, JESUS, MOHAMMED, KRISHNA UND WIE SIE ALLE HEISSEN MÖGEN SIND DURCH DIESE, VON DIR MOMENTAN SELBSTGESPROCHENEN WORTE IN DEINEM GEIST FÜR DICH ALS VORSTELLUNGEN EXISTENT. SO WIE GLAUBST DAS DIESE PERSÖNLICHKEITEN SIND (WAREN) SO SIND SIE EBEN NUN MAL FÜR DICH.

EINE KRASSE AUSSAGE; DU KANNST SIE ALLESAMT KENNENLERNEN WENN DU DICH-SELBST-KENNEN-LERNST!?

WARUM, NA WEIL SIE ALS MÖGLICHKEIT, ALS POTENTIAL SCHON IMMER IN DIR SELBST SCHLUMMERN.

DAS GESAMTE WISSEN DEINER MENSCHHEIT IST DAMIT IN DIR SELBST SCHON IMMER

VORHANDEN UND DU HAST BEI RECHTEM INTERESSE ZUGANG DAZU.

„ALL YOU NEED IS LOVE = ALLES WAS DU BRAUCHST IST LIEBE", BEDINGUNGSLOSE LIEBE, LIEBE DIE SICH SELBST LIEBT, EIN VERMEINTLICH ANDEREN SOWIE DIE GANZE WELT, MIT ALLEM DRUM UND DRAN. DIESE ART VON LIEBE HAT MAN NICHT, MAN (FRAU AUCH) IST SIE!
DAMIT IST NATÜRLICH NICHT GEMEINT EINEM JEDEN UM DEN HALS ZU FALLEN, SONDERN LETZTENDLICH DIE VERSCHMELZUNG MIT ALLEM. MAN IST ALLES, AUSNAHMSLOS, BEDINGUNGSLOS.
FÜR UNSEREN NORMALVERSTAND SCHEINT'S DAS PURE CHAOS ZU SEIN, DOCH IN DIESEM CHAOTISCHEN SEIN IST EINE HÖHER GELEGENE ORDNUNG. DAS GANZE DASEIN SIEHT DOCH RECHT CHAOTISCH AUS UND DOCH IST DAS GROSSE-GANZE, DIESER HEILIGE-GEIST TOTAL VON SEINER EIGENEN ORDNUNG DURCHWEBT IN WELCHER ALLES VON SELBST IN DYNAMISCHER HARMONIE IST. WIR SIND DAS!

DAS HERZ IST'S LIEBES-SYMBOL, NICHT DIESE PUMPE, SONDERN DAS ECHTE ZENTRUM VON ALLEM, DAS ICH, LIEBE SELBST, WEISHEIT SELBST, BEWUSSTSEIN SELBST, GOTT SELBST, DAS SEIN SELBST, DAS SELBST SELBST. WIRKLICHE ESOTERIK PASSIERT „IN" DIR WENN DU DIESE SOOFT ERWÄHNTE 100%IGE AKZEPTANZ AN DEN TAG LEGST. AKZEPTIEREN HEISST AUCH ANNEHMEN, ZULASSEN, DAS ZU FÜHLEN BZW. ZU EMPFINDEN WAS GRAD IST. DIES HAT NIX MIT NEWAGE-ESO-BLABLA

GEMEIN, DENN HIER GEHT'S IM WAHRSTEN SINNE DES WORTES AUSNAHMSLOS UM DICH SELBST. DU BIST SELBST DIE UNVERÄNDERLICHE AXE, DIE NABE UM DIE SICH JENES METAPHORISCH EXISTENTIELLE LEBENSRAD DREHT. DU, DAS NICHTS UND ALLES GLEICHERMASSEN.

VERSTEHE DIE BEDINGUNGSLOSE LIEBE, DIE TOTALE AKZEPTANZ UND SEI FREI!

ICH SAGTE VORHER ETWAS ÜBER EINE BEWUSST-WILLENTLICH HERBEIGEFÜHRTE VERGANGENHEITSVERÄNDERUNG, DOCH WAS HAT'S DAMIT AUF SICH. ES SIND EMOTIONAL HOCH AUFGELADENE ERINNERUNGS-GEDANKEN DIE EINEN TRAUMATISIEREN, GEDANKEN ANS FRÜHER. ABER GEDANKE IST GEDANKE UND ZWAR IMMER JETZT UND IN DIESEM WISSEN KANNST DU DEINE EIGENE GESCHICHTE EINFACH AUCH WIEDER HOCHEMOTIONAL UMDENKEN. KLINGT RECHT SIMPEL, ABER MACH'S MAL UND LASS DICH ÜBERRASCHEN. DA DEINE VERGANGENHEIT SOWIE DEINE ZUKUNFT IN DEINEM KOPF JETZT STATTFINDET, LASS MAL DEINER FANTASIE FREIEN LAUF UND GESTALTE ALLE BEIDE SO WIE DU SIE DENN MAGST UM.

DAS GEHEIMNIS IST ABER DOCH IN DEINER MOMENTAN KOMPLETTEN ANNAHME DEINER WELT OHNE WENN UND ABER.

WOHER KOMME ICH UND WOHIN GEHE ICH — NATÜRLICH KOMME ICH AUS MIR SELBST UND ICH GEHE WIEDER IN MICH SELBST, ICH BIN'S SELBST. ICH BIN DAS WAS IST, UND DA ALLES AUS MIR SELBST HERAUS EXISTIERT, BIN ICH NUN MAL AUCH DIE GESAMTE EXISTENZ. DAS IST

MEINE WIRKLICHKEIT, DIE WAHRHEIT DIE SO KONTRÄR ZU MEINEM LOGISCHEN LERNPROGRAMM ZU SEIN SCHEINT.
DIE GANZE WELT INKLUSIVE GOTT, GIBT'S BLOSS WEIL'S MICH GIBT, WEIL ICH BIN.

GLAUB'S ODER GLAUB'S NICHT, ABER FANG AN SELBST ZU DENKEN, FANG AN SELBST ZU WISSEN UND DICH ALS GEIST ZU VERSTEHEN.

VERSTEHEN IST ALLES.
VIEL FREUDE AM SELBSTVERSTÄNDNIS.
GEIST = GEDANKEN + GEFÜHLE

ES IST MAL WIEDER SOWEIT DEINER EIGENEN STIMME IM KOPF ZU LAUSCHEN UND DIESEN WORTEN UND GEDANKENGÄNGEN SELBST ZU FOLGEN. DU SPRICHST GRAD MIT UND ZU DIR SELBST, MACHST DIR DADURCH BILDER IM KOPF ZU WELCHEN BESTIMMTE GEFÜHLE GEHÖREN.
DAS IST DEIN GANZ PERSÖNLICH NORMALES SELBSTGESPRÄCH, SO WIE DU'S ALLTÄGLICH FÜHRST ABER DOCH ANDERS.
DAS IST DAS WAS JETZT GERADE IST WÄHREND DU LIEST UND AUFPASST, DASS DU LIEST. WENN DIR NÄMLICH EINIGE WÖRTER, SÄTZE USW. ALS RECHT WICHTIG ERSCHEINEN, SPIELST DU KOPFKINO UND BIST DURCH DEINE VORSTELLUNGEN MITTEN IM GEFÜHLS(ER)LEBEN DEINES EIGENEN GEISTES. UM GENAU UM DIESEN, DEINEN FREIEN GEIST, GEHT MIR'S HIER!
DU ALS DAS ICH (DENN SO NENNST DU DICH DOCH SELBST) BIST NÄMLICH ALLGEGENWÄRTIG, WILL HEISSEN, IN DIESEM

AUGENBLICK, MOMENTAN, JETZT UND DAS OB'S DIR NUN BEWUSST IST ODER NICHT. DEIN ICH IST DIE WAHRE WIRKLICHKEIT UND DIESES ICH KANN MAN (FRAU AUCH) NICHT DENKEN, MAN KANN'S ALLERDINGS EMPFINDEN, DRUM WISSEN, ES VERSTEHEN.

MEINE REDE HIER IN DEINEM KOPF MEINT, DASS DU ALS'S ICH SOGAR VOR ALLEM BIST, JA SOGAR ALLES (B)IST, DENN DURCHS ICH BIST DU VON NICHTS GETRENNT, MIT ALLEM UND JEDEM AN WAS BZW. AN WEN AUCH IMMER DU GRADE DENKST, VERBUNDEN. KLAR, UNTERSCHIEDEN ABER NICHT GETRENNT, WIE MAN DIR'S BIS DATO LEHRT.

DIESE NEUE SICHTWEISE, DIESE NEUE LOGIK MACHT DICH SOMIT GOTTGLEICH, DENN STEHT NICHT GESCHRIEBEN „IHR SEID GÖTTER"?! KLINGT ERST EINMAL WIE DER PURE GRÖSSENWAHN, WIE BLASPHEMIE, ABERGLAUBE, ABER WAHRHEIT IST EINFACH NUR WAHR UND FOLGST DU DIESER ICH-WISSENSCHAFT VON HERZEN LOGISCH, KANNST DU'S SELBST LIVE ERLEBEN.

„ICH DENKE, ALSO BIN ICH", DOCH ICH BIN AUCH WENN ICH NICHT DENKE, DA ICH JA MEINE GEDANKEN BETRACHTEN, MEINEN GEDANKENPROZESS BEOBACHTEN KANN. MIT DEM KOPFKINO WIE MIT DEN EIGENEN GEFÜHLEN IST'S GENAUSO, DENN ICH KANN MIR, MIT ETWAS ÜBUNG MEINER EMOTIONEN BEWUSST SEIN.

MEINE GEDANKEN, MEINE VORSTELLUNGEN SOWIE MEINE GEFÜHLE HABE ICH IN DIESEM SINNE, UND DIESE KOMBINATION BRINGT MEINE GANZ EIGENE WELT IN ERSCHEINUNG UND ZWAR SO, WIE ICH GLAUBE DASS SIE IST.

Glauben bei mir ist sozusagen das gleichzeitig ultra hoch erregte Zusammenwirken von Gedanken mit Gefühlen sowie den inneren Bildern, welche sozusagen eine tiefe innere Überzeugung auslösen. Glaube hat damit durchaus seine zwei Seiten, nämlich die positive Euphorie als auch das negative Trauma.

Placebo, Nocebo, das Glauben macht's, denn Glauben ist ursächlich und wirklich in Einem. Kausalität, also die Lehre von Ursache und Wirkung als chronologisch nacheinander ablaufend ist auch ein Glaube, in diesem Fall ein allgemein akzeptierter Aberglaube welcher zu unserer kleingeistigen Logik mutiert ist. Und unsere höchst eigenpersönliche Logik wird auf Teufel komm raus bis aufs Blut verteidigt, anstatt dieses Konzept mal ehrlich zu hinterfragen.

Zeit IST, ist aber nicht ein Nacheinander sondern ein allumfassendes Miteinander, Synchronizität, Gleichzeitigkeit, Heut, Hier, Jetzt. Zeit ist das, was immer bloss Jetzt ist und nur immer Jetzt sein kann, egal ob ich an eine Vergangenheit oder Zukunft denke, all das geschieht JETZT! Es ist ganz gleich an was, an wen, bzw. woran ich denke, ich denke stets in diesem Jetzt und das impliziert natürlich auch meine Erinnerungen an ein Früher sowie die Ideen an ein Später. Zeiträume wie (T)Raumzeiten passieren Jetzt im Kopf bzw. im Geist, denn sogar mein gedachter Kopf

IST NICHT MEIN WIRKLICHER, MEIN ERDACHTER GEIST NICHT DER WIRKLICHE. SO IST DIE GANZE GESCHICHTE VOM URKNALL, DIE EVOLUTION, DIE SCHÖPFUNG IMMER UND EWIGLICH EIN JETZT-GEDANKE MIT ALL SEINEN KONSEQUENZEN, DIE NATÜRLICH EIN KOMPLETT NEUES, EIN ANDERES WELTBILD POSTULIEREN.

EINE NEUE DENKE IST DAS WAS ICH HIERMIT MEINE. UND FÜRS NEUE WIRD'S ALTE NATÜRLICH AUFGEGEBEN WERDEN MÜSSEN, DOCH ERSCHEINT DIES UNS GANZ BESONDERS SCHWER. ICH WEISS'S. JE MEHR DU DICH MIT DEM NACHDENKEN, DER KONTEMPLATION ÜBER DIE DENK —UND GLAUBENSTHEMATIK BEFASST, DESTO MEHR BRINGST DU DICH SELBST IN DIE BREDOUILLE, IN EIN SEHR REAL ERSCHEINENDES, EIGENES DILEMMA, DENN DEINE GÖTTLICHKEIT IST WOHL NOCH NICHT MIT DEINEM GLAUBEN VEREINBAR. ABER, DON'T WORRY, DENN ES KOMMT EVENTUELL NOCH SCHLIMMER ALS DU GRAD DENKEN TUST, NÄMLICH SO, DASS ES DICH AUS DEN LATSCHEN HAUT DAMIT DU ENDLICH AUF „HEILIGEM BODEN" STEHST WAS SYNONYM FÜR DEINEN „HEILIGEN GEIST" IST. DENN DIESER HEILE, HEILIGE, VOLLKOMMENE, PERFEKTE, JA ABSOLUTE GEIST BIST DU SELBST MIT ALLEM DRUM UND DRAN.
DU-SELBST BIST DER UNDENKBARE DENKER SELBST, DAS, WAS MAN WAHRHEIT, WIRKLICHKEIT, BEWUSSTSEIN NENNT.
SO WIE'S NUR EIN GANZES ICH GIBT, SO IST'S NATÜRLICH AUCH MIT DIESEM GEIST.

UNTERSCHIEDEN ABER NICHT GETRENNT, ECHT INDIVIDUELL ALSO, HEISST NICHT UND DOCH GLEICHZEITIG IN SICH SELBST GETEILT.

DIE FRAGEN, WAS UND WER BIN ICH, WOHER KOMME ICH UND WOHIN GEHE ICH, WERDEN DURCH EIGENE ERFAHRUNG BEANTWORTET, DURCH EIN WISSEN AUS 1STER HAND, NÄMLICH DAS ICH AUS MIR SELBST KOMME UND DA AUCH WIEDER HINGEHE UND ICH DIESES SELBST SELBST BIN!

ICH = ICH + ICH, EINE ART DREIFALTIGKEIT WIE BEKANNTLICH AUS DEM CHRISTENTUM, WO DER HEILIGE GEIST DEN VATER PLUS DEN SOHN EINBEZIEHT. MAN KÖNNTE AUCH SAGEN, 1 = 2 ODER DAS ABSOLUTE IST RELATIV, DAS EINS IN DER VIELFALT, GEIST IST SEELE UND KÖRPER USW. USF.

ES GIBT NIX GETRENNTES, NIX GETEILTES, BLOSS SOZUSAGEN MENTALUNTERSCHIEDE, DENKUNTERSCHIEDE ABER IM HEIL IST DIE VOLLKOMMENHEIT DES GANZEN.

HEIL SOLLTE HIER ABER NICHT NUR MIT PSYCHOSOMATISCHER GESUNDHEIT VERWECHSELT WERDEN. HEIL, HEILIG IST DAS GANZE, EBEN DER HEILIGE GEIST WELCHER WIR SELBST SIND.

SO WIE WIR BLOSS EINEN GERINGEN TEIL DES GESAMTEN SPEKTRUMS SINNLICH WAHRNEHMEN, EGAL OB'S HÖREN, SEHEN, RIECHEN, SCHMECKEN, TASTEN IST, ES GIBT WEITAUS MEHR AN WAHRNEHMUNGSMÖGLICHKEITEN ALS JENE DIE WIR ERLERNT BZW. AUSGEBILDET HABEN. IN UNS SCHLUMMERN INTUITION, INSPIRATION SOWIE DER INSTINKT, DOCH WERDEN SIE NORMAL DURCH INTELLEKTUELLES BERECHNEN

NICHT MEHR BENÖTIGT. ALS KIND WAR DAS JEDOCH ANDERS.

UND NUN SCHON WIEDER DIESER HAMMER MEINES KINDSEINS WELCHES NATÜRLICH AUCH GERADE GEDACHT IST. MEIN KÖRPER HAT SICH VERÄNDERT, DAS GESCHIEHT IMMER NOCH UND TROTZDEM IST DA ICH, OHNE VERÄNDERUNG, SOZUSAGEN DER FREIE BETRACHTER VOM KÖRPER, DEN GEFÜHLEN, MEINEN VORSTELLUNGEN, IDEEN, KONZEPTEN UND WIE ICH'S INNERE DENK-SPRECHEN AUCH NENNEN MAG. ICH SAGTE JA BEREITS, DASS DIESE JETZT KONSEQUENZEN HAT, DIE EINEM VÖLLIG GEGEN DEN STRICH GEHEN, DIE TOTAL UNLOGISCH, JA VERRÜCKT ERSCHEINEN, BIS, JA BIS ICH MICH WIRKLICH MAL DARAUF EINLASSE, EBEN WIE JENES GEDACHTE KIND. NEUGIERIG, OFFEN, WISSENSBEGIERIG, OHNE ANGST, VOLLER ENTDECKUNGSFREUDE, WAHRLICH INTERESSIERT EBEN, MAN KÖNNTE FAST WISSENSCHAFTLICH SAGEN, WENN DIESE NICHT SO MATERIELL VERSUMPFT WÄRE.

DESWEGEN SOLLEN WIR WOHL WIEDER WERDEN WIE DIE KINDER, OHNE BESSERWISSEREI WIE KLUGSCHEISSEREI SONDERN SELBST „RAUSFINDEN" WAS STIMMT, ERGO SELBSTVERIFIKATION.

ALLES WAS MAN ZU WIRKLICHEN WISSEN BRAUCHT IST SCHON IMMER IN EINEM SELBST. DESWEGEN GIBT ES KEINEN WEG ZUR WAHRHEIT, DU BIST SIE, KEINE METHODE UND AUCH KEIN MITTEL (NICHT EINMAL DROGEN). MAN VERSUCHT DIR DENNOCH DEIN EIGENES INNERES ZU VERKAUFEN, ERLEUCHTUNGSKURSE, WUNSCHERFÜLLUNGSSEMINARE, SATSANGS,

Beratungen u.dg. liegen dieser Tage stark im Trend. Fasten, Schamanismus, Eso-Therapien, Schulungen im Egoüberwinden oder sogar der Egotod wird für bare Münze angeboten. Alle wollen natürlich nur Dein Bestes und das ist nun mal Dein Geld. Der Spiri-Markt floriert grandios, denn da gibt's für Jeden etwas, halt bis aufs Selbstdenken, Selbstmachen denn sie wollen Alle, das Du ihnen glaubst.

Nun, ich will dass Du Dir selbst glaubst, dass Du um Dich selbst weist.

Es geht nämlich Hier und Jetzt, d.i. Immer und Überall bloss um DICH! Also, Wach Auf!

Datenverwertung ist längst alltagstauglich geworden, ja wir sprechen schon von „Googlen" um Informationen zu bekommen. Welcome to the age of Intern-Et, also dem „Internen-Ausser-Irdischen", dem Internet, denn hier findest Du alles, so heisst es. Ja Ja, sogar den Sinn des Lebens kann man da finden.

Wer's glaubt wird selig — und wer weiss ist erlebt die Glückseligkeit live now! Vorhin meinte ich, dass der sogenannte Spirituelle Markt boomt, Yoga (wenigstens den Hatha-Fitnessbereich), TaiChi, QiGong, und dergleichen sind in voller Blüte, genauso wie Buddhismus und andere exotische Lehren. Schliesslich ist man (Frau auch) doch auf dem Pfad der bzw. zur Erleuchtung.

Und richtig, in Gruppen geht das sowieso viel leichter und macht dazu doch noch irgendwie mehr Spass.

Ja, willkommen zu unserer Spass-Gesellschaft-Kultur, es ruft der Herdentrieb und wird so gerne erhört.

„In-Formationen" sind's, keine Ausformationen, in unserem Innern geht die Post ab, denn sogar das Aussen ist da drin. Doch mit solchen Behauptungen kommen wir ganz und gar nicht klar. Was schreibt denn dieser Typ bloss für'n Mist, überhebliche Ungereimtheiten, zuviel meditiert! Echt?

Nun, deswegen das Nachdenken und keine Nachrichten und dieses Nachdenken muss man eben selber tun oder aber sich temporär im genauen Gegenteil üben, nämlich dem Lassen, dem Seinlassen und das was ist voll und ganz akzeptieren, zu 100%.

Ich = 100%, diese 100%ige Akzeptanz nenne ich Liebe, bedingungslos, nicht wertend, annehmend ohne zu erwarten, und dies fängt bei einem selbst an. AIG, Alles Ist Gut wenn man's wirklich versteht.

Wir sind nicht bloss die getrennt von Anderen sowie der Umwelt erscheinende Person, nicht nur Psychosomatik, nicht nur existent, sondern das Ganze, eben dieser Heile Geist.

Dies gilt's selbst zu erleben, selbst zu erfahren und durch eine ehrliche Selbstbetrachtung seiner Mentalfunktionen, sprich der eigenen

LOGIK (DENKKUNST) KOMMT MAN DA HIN, WO
MAN EH IMMER SCHON IST, ICH.

UND BITTE, NIMM EINIGE ÜBERTREIBUNGEN
NICHT ZU ERNST DENN DAS LIEGT IN DER NATUR
DER SACHE, ALSO ZEIG MAL WAS DU SO DRAUF
HAST MIT DEM HUMOR, DER FÄHIGKEIT ÜBER
SICH SELBST AUCH ZU LÄCHELN.
MAN SAGT, DASS DAS LEBEN EIN SPIEL SEI,
ALSO SPIELE MIT, DENN DIR KANN NICHTS
GESCHEHEN, DU BIST EWIG, UNSTERBLICH, JA
IN MEINEM SINNE SOGAR UNGEBOREN.
GEDANKEN WIE GEFÜHLE SIND DOCH SEHR
MENSCHLICH, DAS ICH JEDOCH IST GÖTTLICH
UND DU EIN GOTT ODER EINE GÖTTIN IM
WERDEN. IM WERDEN DESHALB, WEIL WENN'S
KLICK MACHT DU MIT ABSOLUTER SICHERHEIT
WEISST, DASS DU'S IMMER SCHON BIST.
AB UND AN ERSCHEINEN „UNSERE" WORTE IN
DEINEM KOPF RECHT HARSCH ODER KLINGEN
NACH KRITIK, TRETEN SOGAR IN DEN SO
LEGENDÄREN INTELLEKTUELLEN ARSCH MIT
OHREN, DOCH ALL DAS SOLLTE DIR NUN NIX
MEHR AUSMACHEN. ZIEH EINFACH MAL DIE
MUNDWINKEL WIEDER IN RICHTUNG OHREN
UND AIG.
SACHEN DIE NICHT STIMMIG SIND WIE Z.B.
UNSERE DERZEITIGE NATURWISSENSCHAFT, DIE
RELIGIONEN, STAAT, KIRCHE,
KLIMASCHWINDEL, CO_2-STEUER, E-MOBILITÄT,
ERNEUERBARE ENERGIEN, MACHT —UND
ROHSTOFFKRIEGE, LOBBYISMUS, POLITIK, UND
VON WEGEN DEM VOLKE DIENEN, 5G, ZENSUR,
BERICHTERSTATTUNG,
(MANIPULATIONS)MEDIEN,
WIRTSCHAFTSWACHSTUM, KONSUM, BÖRSE,

Kapital, Macht, Imperialismus, bloss ich-mich-mir-meins, sowie noch unzählige andere Missstände werden in dieser Schrift ja gar nicht beleuchtet, denn... Glaub' nicht Alles!
Halte einen vernünftig, bewusst-willentlichen Monolog mit dir selbst, d.h. wähle deine Worte, deine Bilder, deine Emotionen nach der „Goldenen Regel" auch im Alltag aus.
Stell Dir vor, Du träumst das grad, fühlt sich doch alles recht echt an, oder? Was ist Deiner Meinung nach der Unterschied zwischen dem Tag —und dem Nachttraum?
Klar träumst Du natürlich jetzt gerade nicht, aber so denken die Meisten. Erlebst Du des Nachts nicht auch Alles als real, als echt während es ist?
Warum wachst Du früh auf? Nein nein, ich meine nicht wegen Arbeit mit Wecker und so, sondern einfach dass Aufwachen selbst, machst Du das, das Einschlafen auch?
Machst Du Deine Gedanken und Gefühle selbst? Atmest Du selbst oder geschieht's Dir? Hast Du Dir diese, Deine Existenz, Dein Leben irgendwie ausgesucht?
Oh Ja, Fragen über Fragen und warum befasst man sich mit so etwas überhaupt? Tja, Nixmachen geht nicht? (Wenigstens nicht lange, aber wenn, dann heisst's Medi & Co)
Und Jetzt? Weitermachen, aber nicht wegen des Weitermachens, nicht wegen Macht, Gewinn, Profit, Ergebnissen, nicht

WEGEN DEM KLEINEN EGO-ICH, SONDERN WEIL GEIST BEWEGT.

MAN (FRAU AUCH) KANN SICH DURCHAUS VOM GEIST BEWEGEN LASSEN, PASSIVE AKTIVITÄT, DANN IST NÄMLICH WAS IST, DAS WAS IST, SCHLUSS, AUS, BASTA. MAL SO GÄNZLICH OHNE GLAUBEN WISSEN. ERKENNEN IST NICHT NUR EIN INTELLEKTUELLER VORGANG, DENN WENN ADAM IN DER BIBEL SEINE FRAU ERKENNT, DANN VERMÄHLEN SIE SICH, WERDEN QUASI EINS. UND NUN BITTE REFLEKTIERE MAL ÜBERS DIESES GERÄUSCH IM KOPF MIT UND DURCH DEINE EIGENE STIMME, „SELBSTERKENNTNIS".

NA WAS DENKST DU JETZT, WAS HASTE BZW. KRIEGSTE FÜR VORSTELLUNGEN UND GEFÜHLE BEI SOLCHER ÜBUNG? ERSCHEINT DIR NÄMLICH EIN WORT ALS WICHTIG ODER ABER RECHT INTERESSANT, DANN GEHT DER INTERNE APPARAT LOS. JE NACHDEM WO UND WIE DU AUFGEWACHSEN BIST GIBT'S WOHL ANDERE BILDER, GEFÜHLE, LOGIK UND DERGLEICHEN, ABER DER PROZESS AN SICH IST STETS DER GLEICHE. DAS IST PROGRAMM, DENN WENN DU'S UNTER DEINE GEISTIGE LUPE NIMMST, ALSO BEIM NEUTRALEN BETRACHTEN, STELLST DU VIELLEICHT FEST, DAS DEINE REAKTIONEN AUF DIESE DIR VON AUSSEN KOMMENDEN STIMULI NICHT UNBEDINGT DEINEM EINFLUSS UNTERLIEGEN UND EHER DEN CHARAKTER EINES AUTOMATISMUS HABEN.

ABER AUCH HIER GILT NATÜRLICH, NUR DIE EIGENE ERFAHRUNG ZÄHLT!

Jeder möchte doch gerne ein Jemand sein, die Welt verändern und zu Ruhm, Macht, Ansehen und Wohlstand gelangen. Darin sehen wir praktisch in unserer Zivilisation unsere Lebensaufgabe. Wir wollen glücklich werden ist unser Credo. Und unter diesem Motto schaffen wir tagein tagaus. Unser Sinn ist aufs Tun um zu Haben gerichtet, auf Fortschritt, höher, schneller, weiter, denn je mehr, desto glücklicher ist man doch oder glaubt es wenigstens zu sein.

Das Sein selbst oder aber das Selbstsein passt da nicht so in unsere Vorstellung eines redlichen Lebens.

Irgendwann ist bei vielen eine Krise, der sogenannte Wendepunkt, egal ob Krankheit, Verlust, Burnout oä., irgendwann ist soweit, stellt man sich die Fragen nach dem Sinn, nach dem Sinn des eigenen Daseins.

Alternativen müssen her, denn so kann's und soll's ja wohl nicht weitergehen. Was hab' ich denn die ganze Zeit unwissendlich verkehrt gemacht, warum grade ich und, und, und?!

Bedingungslose Liebe ist's Rezept, das vollkommene Einverständnis, eine völlige Anerkennung dessen was tatsächlich, faktisch ist. Aber damit tun wir uns recht schwer, denn das hiesse ja im Umkehrschluss dass nichts verkehrt läuft, Alles seine Richtigkeit hat. Puh, ganz schön starker Tobak. Weiss gar nicht ob ich mich damit anfreunden kann. Was werden die Anderen wohl von mir

HALTEN, ÜBER MICH DENKEN, JA MICH VIELLEICHT SOGAR FÜR VERRÜCKT ERKLÄREN?! UND SCHON SIND WIR WIEDER BEI DER ALLTAGSDENKE, BEIM NONSTOPBLABLA, BEIM MIT UNS SELBER BABBELN ABER IN ECHT NIX SAGEN. ANGST, UNSER GRÖSSTER FEIND IM EIGENEN LAND, GEMEINT DIE GEDANKENLANDSCHAFT DER KARTE, WELCHE BEKANNTLICH JA NICHT DAS RICHTIGE TERRAIN IST.

VIELE VERRICHTEN EINEN KÖRPERKULT, WILL HEISSEN DASS SIE 'NE MENGE UNTERNEHMEN UM FIT UND GESUND ZU WERDEN BZW. ZU BLEIBEN. INSTITUTIONEN, PHARMA & CO, JA SOGAR ALTERNATIVE PREISEN SOGENANNTE LEISTUNGEN, GEGEN GELD NATÜRLICH, AN UND DEN PREISEN SIND NACH OBEN KEINE GRENZEN GESETZT. SCHLIESSLICH IST'S MAN SICH DOCH WERT! WENN'S KEINE MEDIZIN IM SINNE VON MEDIkAMENTEn IST, SO GIBT'S DOCH ALTERNATIV-GESUNDE NAHRUNGSERGÄNZUGSCHEMIE, DENN NICHT NUR WIR, SONDERN AUCH EINE ÄRZTESCHAFT WILL DOCH SCHLIESSLICH DAS UNSER KÖRPER UNS SO LANGE WIE MÖGLICH ERHALTEN BLEIBT, DENN DAS BRINGT DIE KOHLE. ES WERDEN MITTEL UND WEGE GEFUNDEN WIRKLICH HILFREICHE UND KOSTENGÜNSTIGE PRÄPARATE EINFACH PER GESETZ ZU UNTERBINDEN, WIE z.B. MMS, PDAMA28, BORAX, HANF UM NUR EINIGE ZU NENNEN. DOCH DAS ÜBEL GEHT VIEL WEITER, ALKOHOL WIE BIER, WEIN, SCHNAPS SIND AKZEPTIERTE DROGEN, ABER WEHE DU MAGST WAS WIE MARIHUANA RAUCHEN, FLIEGENPILZ NEHMEN ODER ANDERE, UND ICH MEINE HIER BEWUSSTSEINSERWEITERNDE

Drogen probieren, da schlägt das Gestz mit unerbittlicher Härte zu. Warum ist das so? Na weil man nicht mag, dass Du selber denkst oder Erfahrungen machst welche das gesamte System dann infragestellen.

Schliesslich kümmert sich der Staat doch um seine Bürger, oder? Sollte das der Staat denn nicht, sollte diese angeblich gewählte Organisation nicht in Sinne seines Volkes nonprofitabel leiten und führen?

Du hast einen Personalausweis, bist quasi damit ein Angestellter, ein Arbeiter des Staates geworden. Und klar, man muss ja seine Zwangsbeiträge leisten und razfaz ist mehr wie die Hälfte Deines so geliebten T€uros weg.

Deine ReGIERung kann nie genug davon bekommen und erfindet immer mehr (CO2)Steuerabgaben. Der Klimaschwindel ist 'n gutes Beispiel für die Allgemeinverarsche, aber Du musst Dir eben Deine eigene Meinung bilden und meine Hinweise natürlich nicht blind glauben. In Deiner Welt geschieht so viel bloss Geglaubtes. Das ganze ist'n „Catch 22" wies im Englischen heisst, denn der heutige Gott heisst Geld und das regiert ja bekanntlich die Welt. Doch frage Dich mal wer denn dieses Geld reGIERT.

Bald gibt's nur noch virtuelle Knete, sozusagen kontrollierte manipulative Zahlenspiele einiger Bänker, denn auch das ist nur zu Deinem Besten.

Tja, vom evolvierten Affenmenschen zum cyborgartigen KI-Mischwesen, oder anders, Entmenschlichung pur, aber wir scheinen das zu wollen, da wir (fast) alle mitmachen. Geld hat keinen Wert, erst dein Glauben dran verleiht ihm dies und verwandelt Dich gleichzeitig in einen Money-Junkie. Junk ist jedoch Müll, welchen wir uns so fleissig durch nicht selbstständiges Denken erworben haben, welcher jedoch „entsorgt" gehört. Gemeint, schmeiss Deinen eigenen Geistesmüll doch mal weg und sei mal offen für was Neues, sei mal ein echter Selbsterforscher!

Nachdenken, also die bewusst-willentliche Kontemplation vom eigenen Dasein bringt erst einmal einige Tatsachen auf den eigenen Schirm, welche man faktisch recht leicht selbst überprüfen kann. Aber, dies geschieht im eigenen „stillen Kämmerlein", keiner. Nix und Niemand kann's für Dich.

Dieser unser derzeitiger Körper ist entstanden und wird vergehen, warum also trotz diesen Fakten eine alleinige Identifikation mit dem rein materiell Körperlichen ist die Frage. Gesund sterben höre ich von einigen in der Nähe, aber wieso denn sterben wenn Du ewig leben kannst?

Du als's ICH bIST genau DAS, bist selbst undenkbar. Da Du selbst die Wahrheit, die Wirklichkeit, Geist BIST, wirst Du Dich nie und nimmer in Deiner Ganzheit objektiv sehen können, erleben aber schon.

ES WAR EINMAL..., SO FANGEN IM DEUTSCHEN VIELE MÄRCHEN AN, UND WENN SIE NICHT GESTORBEN SIND, DANN LEBEN SIE NOCH HEUTE..., UND HÖREN DIE MEISTEN AUF. MÄRCHEN VERWEISEN ABER AUF EINEN WEIT TIEFEREN SINNGEHALT, WELCHER ERKANNT SEIN WILL, WENN MAN KANN.

DENN AUCH DIESES ES WAR EINMAL DENKST DU JETZT. DU, ENERGIE DIE SICH PERMANENT VON SELBST ÄNDERT, DER ABER NIX ZUGEFÜHRT WIE AUCH NIX ABGEZOGEN WERDEN KANN. WISSENSCHAFT IN THERMODYNAMIK. SOWEIT FÜR ERNEUERBARE ENERGIE, WER OHREN HAT ZU HÖREN, DER VERSTEHE. ÜBUNG MACHT JA BEKANNTLICH DEN MEISTER, UND GENAU DESWEGEN HIER DIE VIELEN WIEDERHOLUNGEN. AUF EINMAL IST DANN ALLES KLAR, MAN VERSTEHT WIRKLICH DIE WIRKLICHKEIT, DAS AHA LÄSST GRÜSSEN. UM IRGENDETWAS ZU SAGEN, ALSO UM MIT SICH SELBST ZU REDEN BEDARF'S SCHON DER ERSTEN FRAGMENTATION, NÄMLICH ICH MIT MIR. WENN ICH ALSO FORMELHAFT VON ICH = ICH + ICH SCHREIBE BZW. SPRECHE, SO IST DAS IN ECHT NATÜRLICH NICHT GETRENNT, ES IST EINE EINHEIT, WEDER ZWEI NOCH DREI, WEDER/NOCH.

GEIST ALS GANZHEIT HAT BZW. FINDET IN WORTEN ZWAR EINE BESCHREIBUNG, IST DIESE JEDOCH NICHT IN REALITÄT. IN DIESEM SINNE FRAGMENTIEREN WIR UNS SELBST, UM UNS QUASI TEILWEISE WIEDER SELBST ZU ERLEBEN. WIR VERLIEREN UNS IN PIXELN STATT DAS GROSSE-GANZE ZU ERKENNEN. SYMBOLISCH, WIR BLEIBEN BEIM ICH ODER ICH UND HABEN'S

ICH VERGESSEN UND NOCH ZUSÄTZLICH VERGESSEN, DASS WIR VERGESSEN HABEN. PUH.

NA DANN VIEL FREUDE BEIM... LIVING LIFE LIVE ODER WIE ICH SAGE, BEIM RICHTIGEN LEBEN. UND FRAG DICH MAL WIEDER, OB SICH'S WIRKLICH LOHNT 'NE AUSGEDACHTE WELT ZU RETTEN?

ACH SO, ICH VERGESSE NATÜRLICH IMMER GERNE, DASS DIESE, DEINE WELT NATÜRLICH NIX ERDACHTES SEIN KANN, ALLES ECHT, ALLES REAL, SO ZUMINDEST WIRD'S DOCH GEGLAUBT. BITTE, HINTERFRAGEN!!!

WIESO WOLLEN WIR EIGENTLICH IMMER NUR SICHERHEIT, WIESO DIESEN KÖRPER PAR TOUT AM LEBEN ERHALTEN, WO DOCH DIE AUTOMATISCHE VERÄNDERUNG AUGENSCHEINLICH IST? OH, JETZT WIRD'S BRENZLIG, DENN SOBALD'S UM EINEN SELBST GEHT HÖRT DOCH DER SPASS WOHL AUF, GELLE?

DIE ANDEREN SOLLEN DOCH ANFANGEN, DAS IST DIE AUFGABE DER REGIERUNG, ALLES HALT, NUR NICHT ICH!

WAS WILL ICH, WAS IST MEIN ZIEL? NICHTS UND DER WEG, DAS GEHEN SELBST.

H2O, 'NE ANDERE SICHT AUF WASSER, AUS DEM JA ALLES LABEN ENTSTEHT. H, AUSGESPROCHEN HA, KANN EXHALIERT ODER ABER AUCH INHALIERT WERDEN. H IST SOZUSAGEN IN SICH SELBST UNTERSCHIEDEN, DENN DAS OBEN UND UNTEN WIRD DURCH DIE HORIZONTALE MITTELLINIE VERBUNDEN. JA, GRENZEN TRENNEN NICHT NUR, SONDERN VERBINDEN GLEICHZEITIG. H2, UNTERSCHIEDENER WASSERSTOFF, FAST WIE

EINE VR-BRILLE DIE EIN 3D-IMAGE ERSICHTLICH MACHT. DAS O KÖNNTE DEN EWIGEN KREISLAUF SYMBOLISIEREN. H2O, WASSER, DIE SEE (SEHEN), DAS MEER USW. IST DOCH ABER EINS, EGAL WELCHE NAMEN WIR IHM GEBEN, EGAL OB EISBERGE DRIN SCHWIMMEN, EGAL IN WELCHEM TEMPORÄREN AGGREGATZUSTAND, WASSER IST WASSER, SO WIE METAPHORISCH DAS ICH. FLÜSSIG, FEST, GASFÖRMIG IST DOCH ALLES NUR H2O, WIE IN DER BIBEL WO GOTT MIT DER TEILUNG VOM WASSER DIE WELT BEGINNT.

WAS WILL ICH, NIX, DESWEGEN GIBT'S DIESE TEXTE GRATIS UND FRANKO. DER INTERESSIERTE WIRD SIE FINDEN, ALS BUCH, IM INTERNET, ODER BEIM PERSÖNLICHEN DIALOG. ICH BIN SOZUSAGEN GEISTESFORSCHER, GEISTESWISSENSCHAFTLER, AUTODIDAKT, LEBENSKÜNSTLER, ANTIGURU UND GEBE DATA SPRICH INFORMATION FREIWILLIG EINFACH SO HER. OH NEIN, ICH BIN WEDER POPULÄR NOCH EIN MEINUNGSBILDENDER TRENDSETTER, ICH BIN EINFACH NUR ICHSELBST!

VON JEMAND ZU NIEMAND, DENN ICH BIN KEINER EXPLIZIT. SEIN, DAS GANZE, FREIER GEIST, BEWUSSTSEIN, GÖTTLICH USW. USF. SIND NUR HINWEISE, ALSO LASS DEN VERMEINTLICHEN GRÖSSENWAHN DEINE SELBSTERFORSCHUNG NICHT BEEINTRÄCHTIGEN. DAS ALLES HIER IST BLOSS FÜR DICH GEMACHT BZW. VERFASST, FÜR DICH, DEN GEIST DER GERADE EBEN SEINE EIGENE STIMME VERNIMMT SOWIE DIESE WORTE IN DIESEM AUGENBLICK SELBST FABRIZIERT.

Wir sind nämlich nicht getrennt, nicht verschieden, sondern in Wirklichkeit zusammen.

Ja wie ist denn das nun schon wieder gemeint?

Nun ganz einfach, denn in Wahrheit gibt's bloss ein Ich, einen einzigen Heil(ig)en Geist, eine Ganzheit etc.pp. Für diese neue Art & Weise des Denkens, wird jedoch die alte Denkweise geopfert werden müssen, was natürlich ebenfalls ein Jetzt-Gedanke ist. Panta rhei sagen die Griechen und meinen damit „Alles fliesst", Alles ist in Bewegung, in Veränderung, im Wechsel und Wandel und schau mal bei Dir und dem Unfeld ob's stimmt.

Du hast Dich doch auch verändert, vom Kleinkind zum Jetzt-Menschen. Veränderung kann man nicht stoppen, nicht mit Anti-Aging Produkten, nicht mit Pharma-Drogen und auch nicht mit 'ner Positiv-Denke.

Ob Du's nun willst oder nicht, es geschieht trotzdem, weil das der Lauf der Dinge ist, Du Selbst als Ich aber kein Ding, keine Sache bist. Unbedingt, bedingungslos ist was gänzlich anderes. Lass Dich also von Aussen nicht brainwashen, lass keine Gehirnwäsche zu, denn Politik wie Wissenschaft erzählen Dir immer die gleiche Litanei, immer und immer wieder kriegst Du deren Meinung solange vorgebetet, bis Du's endlich glaubst. Und es ist sehr schwierig einen manipulierten Verstand

ZUM ECHTEN (SELBST)VERSTEHEN ZU MOTIVIEREN. GENAU DESWEGEN IST DIESER TEXT HIER NUR FÜR WAHRLICH INTERESSIERTE, FÜR DIE ECHTEN FREIGEISTER, DIE SELBSTERFORSCHER, DIE WIRKLICH WISSENWOLLENDEN, ALSO DA DU'S NUN LIEST, FÜR DICH!

HEIL

EIN WORT ZUM HEIL UND GESUND, DENN HEIL IST NICHT GLEICH GESUND UND KRANK. HEILSEIN IST GANZSEIN, IST VOLLKOMMENHEIT, IST GLÜCKSELIGKEIT, IN DER RELIGION ERLÖSUNG. MEINE SCHREIBWEISE IST ETWAS UNORTHODOX, NÄMLICH HEILICH, HEILIICHKEIT. DAS ICH, NICHT EIN GEDACHTES ICH ODER ABER ICH IST HEILIG IM SINNE VON ABSOLUTER GANZHEIT.

NIX UND NIEMAND KANN DICH HEIL MACHEN BZW. HEILEN, DENN DAS IST EH SCHON IMMER DEINE WAHRE NATUR, DEIN SELBST, DASS WAS DU NICHT HAST, SONDERN IMMER SCHON SELBST BIST.

MAN KANN VERSUCHEN EINEN KÖRPER SOWIE EINE PSYCHE ZU GESUNDEN, JEDOCH IST HEILEN ETWAS GÄNZLICH ANDERES. IM ALLGEMEINEN VERWECHSELT WIR HEIL MIT GESUND. DIE POLARITÄT VON GESUND IST KRANK UND BEIDES IST IMMER GLEICHZEITIG. ÄHNLICH DEM HELL UND DUNKEL, TAG UND NACHT, MANN UND FRAU ETC. PP. HEILSEIN BEDARF KEINER MITTEL, METHODEN WIE TECHNIKEN, IST UNABHÄNGIG VON

JEGLICHER ARZNEI, UND IST GANZ EINFACH BLOSS ZUM VERSTEHEN, MEHR WIE EINE (SELBST)ERKENNTNIS ALS IRGEND ETWAS VON AUSSEN STATTFINDENDES.

WIR WOLLEN GESUNDHEIT UND BLENDEN DIE ANDERE HÄLFTE DER GESAMTEN MEDAILLE, NÄMLICH DIE KRANKHEIT ALLZU GERNE AUS, ABER POLARITÄTEN BEDINGEN SICH DOCH STETS GEGENSEITIG. BERG UND TAL, HOCH MIT TIEF, OBEN/UNTEN UM NUR DAS PRINZIP ZU VERANSCHAULICHEN.

DAS ICH, INDIVIDUALISIERT SICH SELBST IN ICH UND ICH UND ALLES NUR ZUM ZWECKE DER SELBSTERFAHRUNG, ZUM SELBSTERLEBEN. DOCH WIR ALS ICH HABEN DIE WAHRHEIT, DIE WIRKLICHKEIT VERGESSEN BZW. VERLOREN UND IRREN NUR NOCH ALS PERSONEN, ALS CHARAKTERE UMHER, UND GLAUBEN AN EINE VON UNS VERSCHIEDENE WELT „DA DRAUSSEN" BZW. AN EINE MIT UNSEREN GEDANKEN UND GEFÜHLEN NICHT IM ZUSAMMENHANG SEIENDE NATUR.

WAS WÄRE JEDOCH, WENN DEM NICHT, ALSO IN KEINSTER WEISE SO WÄRE, WENN ALLES IRGENDWIE ANDERS FUNKTIONIEREN WÜRDE ALS WIR'S VON WISSENSCHAFT UND RELIGION, VON STAAT WIE KIRCHE, VOM WIRTSCHAFT UND MEDIEN BEIGEBRACHT BEKOMMEN?

WAS WÄRE WENN WIR SELBST DIE PRIMÄRE URSACHE VON ALLEM WÄREN?

„AM ANFANG IST DAS WORT UND DAS WORT WIRD...", DOCH WAS IST DENN DA VORM ANFANG?

GANZ EINFACH, ICH BIN BZW IST VORM ANFANG, DENN OHNE MICH GIBT'S NIX!

Selbsterfahrung ausm eigenen Leben, eben nicht blosses Existieren, sondern echtes Sein liegt dieser subjektiven Erkenntnis, diesem Wissen zugrunde, ja ist sozusagen selbst der eigene Urgrund, das FundaMENT auf dem sich Alles errichten lässt.

Mit der Fragestellung zu dieser Primärursächlichkeit ist selbstverständlich dieses ICH gemeint, was man sich jedoch nicht ausdenken kann, eben weil's Voruranfänglich IST. Das was ich über mich selbst denke, dass bin ich natürlich nicht. ICH ist demnach nix Erdachtes, sondern sozusagen die reine Essenz von dem was ist. In bestimmten Gruppierungen wird gedacht bzw. unterrichtet, das wir hier auf dieser Erde sind um zu erschaffen, ein Erschaffen mit positivem Gedankengut. Lass deine Träume doch wahr werden usw. usf.

Man (Frau auch) WACH AUF! Selbsterkenntnis, wirkliches Wissen, ist angesagt und keine Pop-Esospinnerei. Die Newagebewegung ist auch so'n Humbug da im Grund genommen psychosomatisch, d.i. materialistisch orientiert. Nix und Niemand wir diesen, seinen sich ständig verändernden Körper behalten. Energie und wir sind das, verändert sich nun mal von GanzAllEin, aber Verstehen musst du's.

Die Griechen meinen „zu Göttern müsst ihr werden" und die Bibel, „steht nicht geschrieben, ihr seid Götter..."!

BEIDES IST NICHT UNRICHTIG, ABER EBEN DOCH DER GANZHEIT ENTBEHREND. DU KANNST NICHT WERDEN WAS DU EH IMMER SCHON BIST! UND DU BIST NICHT DEINE PSYCHOSOMATIK, DIE HAST DU, ABER BIST SIE NICHT.

WAS DU ALLERDINGS BIST, DAS DARFST DU GERNE FÜR DICH SELBST HERAUSFINDEN, WEIL KEINER, NIX UND NIEMAND DIES FÜR EINEN VERMEINTLICH ANDEREN KANN. INDIVIDUALITÄT, IDENTIFIKATION IST GANZ ALLEIN DEIN UNTERNEHMEN.

SO LIESST DU HIER DIESE WORTE, SPRICHST SIE IM GEIST, DU GLAUBST IN DEINEM KOPF AUS UND KANNST DAS NICHT GLAUBEN, DIESEM AUSGEMACHTEN BLÖDSINN. KOMPLETT UNLOGISCH ERSCHEINT'S DIR ZUWEILEN, DANN ABER IRGENDWIE DOCH NICHT.

JA, SELBSTVERSTÄNDLICH IST DAS SICH SELBST VERSTEHEN DAS, WORUM'S PRIMÄR-ULTIMATIV IN DIESEM DEINEM LEBEN GEHT. SO KANNST DU FLEISSIG ÜBER GESUNDHEIT NACHDENKEN, ABER BIST DU DANN BZW. WIRST DU'S AUCH DANN?

OH JA, DER INNERE MONOLOG (WEIL MIT SICH SELBST) FINDET TAGEIN TAGAUS VOLLAUTOMATISCH STATT, DOCH NUR BEI ECHTEM INTERESSE EINES GEDANKENS KRIEGST DU AUCH DIE DAZUGEHÖRIGEN BILDER SOWIE GEFÜHLE, DAS NENNE ICH GLAUBE. DIE EIGENE, INNERE DREIFALTIGKEIT, EBEN ERWÄHNTES ICH-ICH-ICH.

ERSTERES KANNST DU NICHT WERDEN, DA DU'S FAKTISCH BIST. EWIGKEIT, UNSTERBLICHKEIT, BEDINGUNGSLOSE LIEBE, SOWIE ATTRIBUTE DIE WIR NORMALERWEISE GOTT ZUSPRECHEN SIND

DIESES ICH. ABER MACH MAL EINE KLEINE GEDANKENPAUSE, DENN ES IST ECHT NIX AUSGEDACHTES, ETWAS NICHT DENKBARES UND DOCH WEISST DU IN DIESEM MOMENT, DAS ES DICH GIBT UND DAS, OHNE DRÜBER NACHDENKEN ZU MÜSSEN.

ICH IST HEIL, GANZ, VOLLKOMMEN ETC. UND WARUM? NA DARUM! SUBJEKTIVE VERIFIKATION, HEISST, DU KANNST'S NUR SELBST ERLEBEN. DU WEISST'S BEREITS INNERLICH, WEIL DU'S SPÜRST, MERKST, JA EMPFINDEST UND FÜHLST. UND GENAU DESWEGEN NENNE ICH MEINE PHILOSOPHIE FÜHLOSOPHIE BZW. PHILOSOFÜHLEN. KEIN SOKRATES, PLATON, KANT UND HEGEL, KEIN SATSANG-GURU ODER EINE PRIESTERSCHAFT, KEIN VOM HIMMEL GEFALLENER ODER AUCH AUFGESTIEGENER MEISTER KÖNNTE'S FÜR DICH. BITTE VERSUCH MAL GESUNDHEIT EINFACH NUR ALS EINEN TEIL, EINEN ASPEKT VON HEIL ZU ERFASSEN UND ZU BEGREIFEN. DER ARZT HEILT NICHT UND SCHON GAR NICHT INDEM ER DIR EINE CHEMIEKEULE VERSCHREIBT. GESUNDUNG IST GANZ ALLEIN DEINE SACHE.

SCHON MAL DIESEN PLACEBO-EFFEKT SELBST UNTERSUCHT BZW. DEN NOCEBO? DEIN EIGENER GLAUBE MACHT'S NÄMLICH. GESUNDUNG IST WOHL MÖGLICH, HÄNGT ALLERDINGS VON EINER MENGE VON DIVERSEN FAKTOREN AB UND IST EH NUR TEMPORÄR. WIR WOLLEN ALLE GESUND SEIN UND LASSEN DABEI DIE VON SELBST GESCHEHENDE VERÄNDERUNG KOMPLETT AUSSER ACHT. MAN SAGT — ENERGY FLOWS WHERE ATTENTION GOES, AUF DEUTSCH ETWA —

ENERGIE FLIESST DAHIN WOHIN WIR ACHTSAMKEIT LENKEN. DER KLEINE ABER FEINE DENKFEHLER LIEGT DARIN, DASS ACHTSAMKEIT SELBST JA AUCH SCHON ENERGIE IST. DENKEN IST AUCH ENERGIE, WEIL EINFACH ALLES ENERGIE IST UND DIE VERÄNDERT SICH VON GANZ-ALL-EIN.

JEDER NEUE GEDANKE, JEDES NEUE GEFÜHL IST HIER UND JETZT DEIN AKTUELLES UND AKTUELL IST NUN MAL DAS WAS JETZT GRADE IST, AUCH OHNE DEINE (MISS)INTERPERTATIONEN.

IN DIESEM SINNE MEINT VERÄNDERUNG SO WAS WIE, DAS BEIM DENKEN EINES GEGENWÄRTIGEN GEDANKEN DER VORANGEGANGENE NICHT MEHR AKTUELL IST, DA DIESER SOZUSAGEN VOM NEUEN ÜBERLAGERT IST UND SOMIT FÜR UNS IN DIESEM AUGENBLICK NICHT DA IST, SPRICH NICHT EXISTIERT. MIT DEM HERZSCHLAG, DEM ATEM, BEIM ESSEN UND TRINKEN SOWIE BEIM HANDELN, TUN UND MACHEN DITO. IN DIESEM ZUSAMMENHANG IST GESUNDHEIT NUR MENTAL AKTUELL, WENN ICH SIE DENKE UND KRANKHEIT EBENSO. GESUND WIE KRANK SIND QUASI VORSTELLUNGEN, SIND PSYCHOSOMATISCHE KONZEPTE, BAR JEGLICH WIRKLICHER WIRKLICHKEIT, DA SIE „NUR" BODY AND MIND BETREFFEN, WIR ABER AN SICH WEITAUS MEHR, JA EIGENTLICH ALLES SIND. UND WIR ALS ICH SIND GEIST, ENERGIE, LICHT, LIEBE UND DAS GANZE OHNE EINEN HAUCH VON POP-ESOGESCHWAFEL.

DIE EIGENE NUR-KÖRPER-INDENTIFIKATION IST'S EIGENTLICHE PROBLEM, DENN WIR HABEN GELERNT DIESER HAUTSACK ZU SEIN. WIR TRENNEN WAS NICHT TRENNBAR IST UND

WUNDERN UNS DANN ÜBER UNSER VERSAGEN, ÜBER UNSERE ANGST DAS LEBEN ZU VERLIEREN, ÜBERS KRANKWERDEN UND ÜBERS NICHTSEIN, SPRICH DEN LEIBLICHEN TOD.

DAS GANZE IST GRÖSSER ALS DIE SUMME SEINER TEILE, IST EIN RECHT WEISER SPRUCH, DEN ZU BESTÄTIGEN ICH DICH HIERMIT AUFRUFE. WIR BZW. DAS ICH IST VON NIX GETRENNT, IST NICHT SEPARAT EXISTENT, DA JA ALLE EXISTENZ IN, DURCH SOWIE AUS IHM ENTSTEHEN UND WIEDER VERGEHEN.

AUF MEINE FRAGE NACH DEM „WER BIN ICH, WAS BIN ICH, WAS IST DER SINN DES LEBENS USW." KOMMT MIR DIE ANTWORT SPONTAN. NÄMLICH, ICH KOMME AUS MIR SELBST UND GEHE IN MICH SELBST UM MICH EINFACH SELBST ZU ERFAHREN BZW. ZU ERLEBEN. UND JA ICH WEISS, ES KLINGT FÜR OTTO NORMALVERBRAUCHER WIE IDIOTIE.

MEIN LEBEN IST GAR NICHT WIRKLICH „MEIN LEBEN", DENN ES IST WIE FRÜHER IN DER WERBUNG, WEDER MEINS, NOCH DEINS, SONDERN SEIN IST FÜR ALLE DA. ES GIBT BLOSS EINS, SO WIE'S AUCH NUR EIN ICH GIBT.

WIRKLICHKEIT UND REALITÄT WIR SOOFT GLEICHGESETZT WIE HEIL UND GESUNDHEIT, DABEI SIND DIESE DOCH BEIM GENAUEREN UNTERSUCHEN RECHT UNTERSCHIEDLICH. MIT GOTT UND DER WELT HIER ITEM.

KLAR, GOTT ENTHÄLT DIE WELT, HEIL INKORPORIERT GESUND SOWIE ICH MICH.

FÜR EINE GESUNDWERDUNG GIBT'S VERSCHIEDENE MITTEL, METHODEN, TECHNIKEN UND MAN SAGT DA NICHT UMSONST, DASS FÜR JEDES LEIDEN EIN KRAUT

WÄCHST. ZUM HEIL GIBT'S KEIN MITTEL & CO, DA HEIL GENAU DAS IST WAS JETZT IST. EINE GESUNDHEITSINDUSTRIE, PHARMALOBBYS, ÄRZTESCHAFT, HEILPRAKTIKER SIND ABER HAUPTSÄCHLICH BLOSS AN DEINEM KÖRPER INTERESSIERT, DENN DADURCH KRIEGEN SIE WAS SIE WOLLEN, DEIN GELD. ÜBERLEBEN HAT JEDOCH NIX KÖRPERLICHES AN SICH, SONDERN IST DIE ERKENNTNIS DES SOZUSAGEN „EWIGEN LEBENS" PER SE.

MAN KANN NÄMLICH DURCHAUS KRANK ABER DENNOCH ZUFRIEDEN SEIN, DURCHAUS LEIDEN ABER TROTZDEM GLÜCKSELIG SEIN, DURCHAUS SCHMERZEN EMPFINDEN UND DOCH GLEICHZEITIG VOLLKOMMEN FREI DAVON SEIN. MAN KANN, WENN MAN WEISS WER UND WAS MAN WIRKLICH IST. UND DAS IST DER ZWECK DIESER WORTE, EINE ANIMATION ZUM SELBSTSTUDIUM, ZUM WAHREN WISSEN UM EINEN SELBST. UND DER KOMPASS WEISST NACH INNEN!

QUACKSALBER, KURPFUSCHER, HEILER UND GESUNDMACHER, DAS GESCHÄFT MIT PSEUDO-HEIL FLORIERT SUPER IN UNSEREM MATERIALISTISCHEN WELTBILD. ABER, BIST DU GLÜCKLICH UND ZUFRIEDEN? ODER HAST DU NUR ETWAS ZEITLICHES GLÜCK, WEIL DU MAL WIEDER ETWAS NEUES HAST? EGAL OB'S HAUS, AUTO, FREUND/IN, JOB, ESSEN, TRINKEN, EINE ANDERE (POSITIVE) DENKE, IST DASS WAHRES GLÜCK?

EIN UNTERSCHIED, - DON'T WORRY, BE HAPPY ODER HABEN UND SEIN WIE'S MAL AUSGEDRÜCKT WIRD.

Was willst du wirklich, wird meist von den Pseudo-Esos gefragt, aber musst du denn überhaupt Wollen? Gibt's diesen, deinen freien Willen denn wirklich oder ist nur eine Art Konstruktprogramm? Guck mal hin, schau dir mal dein eigenes Kopfkino an, sei dir mal bewusst und dann natürlich sein dir deines eigenen Bewusstseins bewusst, denn sonst geht's ab in die Ego-Denk-Falle.

Das, was in der Psychologie als Ego bezeichnet wird, ist eben in dieser Wissenschaft recht negativ gemeint, obgleich's ja bloss Ich heisst. So haben wir's hierbei mit eben nur einer einseitigen Sichtweise zu tun, die uns leider nur eine Hälfte der Medaille vorgaukelt.

Symbolisch bzw. metaphorisch gesehen teilt sICH Bewusstsein selbst in sozusagen Subjekt und Objekt zum Zwecke der Selbsterfahrung. In diesem Beispiel teilt sICH's ICH in Ich und ich, wobei letzteres hier bei mir für die körperbezogene Person steht und's Ich eben fürs Ego. Weder Ich noch ich haben allerdings eine Ahnung vom ICH. Unsere Evolution ist also vom ich übers Ich zum ICH, was natürlich auch gleichzeitig unsere Revolution darstellt.

Das ganze Spektakel ist völlig geistiger Natur, heisst nicht nur intellektuell. Aber Obacht, denn ich verwende hier Worte für etwas was wahrlich ohne Worte ist, denn dein Bewusstsein ist auch da wenn und bevor dein Selbstgespräch beginnt. Sich dieses permanenten

Monologes im eigenen Kopf bewusst zu sein und sich's dieses, des eigenen Bewusstseins bewusst zu sein ist die unbeschreibliche Erfahrung welche unter vielen Namen und in vielen Schriften erwähnt wird.

Erkenntnis, universelles —oder kosmisches Bewusstsein, Unio-Mystika, Erleutung, Erwachen, Selbstrealisation, u v m. doch ist es nicht zu erreichen, denn kein Weg führt dahin.

Und genau deswegen heisst's auch — Der Weg ist's Ziel!

Den Weg wie's Ziel kann man auch Liebe nennen, d.h. die 100%ige Akzeptanz der eigenen gegenwärtigen Situation, das völlige Einverstandensein mit dem was ist. Das ist wirklich bedingungslose Liebe (und kein Pop-Esogeschwätz).

Ich mag hier nicht hart klingen, richten oder verurteilen sondern hinweisen auf... auf dich Selbst.

Was wäre wenn, wenn du nicht das bist was du eben grad zu glauben scheinst, was wenn du nicht bloss Körper oder Psyche wärst sondern echt freier Geist?

Geist als ICH, unsterblICH weil ungeboren, unzeitlICH weil ewig, nicht räumlICH da nicht lokal, nicht objektive weil das absolute Subjekt selbst.

Und apropos Subjekt, das Subjektive von dem hier die Rede ist nicht denkbar im Gegensatz zu Gesundheit. Dieses absolute Subjekt ist Heil und von dieser Subjektivität geht Alles aus, ist Alles irgendwie existenztiell.

Leben ist vielleicht ganz anders als in unseren Vorstellungen und Wirklichkeit ist schlicht und einfach diese augenblickliche Selbsterfahrung als was immer in vermeintlich UNSEREM DASEIN in Erscheinung tritt.

Wir als dieses ICH sind absolut und immer HEIL, als Ich oder ich jedoch in der Polarität von gesund und krank.

Eine stoische Ruhe bewahren, auch wenn's mal zwickt und beisst und sich nicht nur ausschliesslich ums Körperliche kümmern ist eine Möglichkeit.

Mach dir selbst Gedanken aber wisse eben auch um deine eigene Essenz.

Zur Gesundung kannst du alle Hilfe in Anspruch nehmen, aber Heil bIST du immer schon SELBST.

Ein echtes Selbststudium gibt dir wirklich Aufschluss über dICH, Gott und die Welt, wozu ich dir hiermit SELBST-VERSTEHEN wünsche.

WirklICH - Wissen
- oder die Art und Weise eigenen Geistes

Wissen, was ist das eigentlich?
Wir reden gern von WISSENSCHAFT, aber was ist das was WISSEN schafft?
Nun, was denkst du übers Wissen, was glaubst du was wirklich Wissen ist, eine Ansammlung von Informationen aus

Büchern, Zeitungen, Radio, TV, Internet etc.?
Mitnichten, denn das was dir eingetrichtert, meist von irgendwie aussen ist's garantiert nicht! Doch lass uns die Sache langsam angehen, sozusagen echt wissenschaftlich.
Richtige Naturwissenschaftler beobachten, betrachten, sprich einfach zugucken dem, was den Forscher wahrlich interessiert. Man (Frau auch) richtet sein Augenmerk wie überhaupt seine 5Sinne auf das Objekt oder die Phänomene der Untersuchung bzw. des zu Untersuchenden.
Man schaut, lauscht usw. einfach auf das was passiert, auf das was geschieht, vollkommen offen, neutral und notiert bzw. nimmt wahr (auch im Geist) die Gegebenheiten seines Erforschens. ExperiMENTieren (von mens, mentalis = Vernunft, Verstand, Denkart etc.), also durch Erfahrung beweisen schliesst allerdings den Expermentator in seinen Versuch mit ein. Sprich, hier geht's um eine Art „subjektive Verifikation", also die mittlerweile doch so oft verunglimpfte Selbsterfahrung.

Geisteswissenschaft bedient sich des Werkzeuges der Logik, einer Denkkunst von Wenn/Dann und beinhaltet sozusagen logisch-geistige Schlussfolgerungen.

Doch mit unserer eigenen Logik hapert es schon, da obwohl sie uns natürlich logisch erscheint, nur bruchstückhaft, fraktal, eben bloss teilweise logisch ist. Die eigene, indoktrinierte bzw. erlernte Art einer persönlichen Logik ist nämlich sehr oft exklusive, d.h. ausschliessend und somit auch nur zum Teil richtig und recht. Ein jeder hat (s)einen eigenen inneren Monolog, also seine mit ihm selbst sprechende Stimme und deswegen für sich auch recht. Und genau deswegen die erwähnte subjektive Verifikation.

Es geht also um einen gemeinsamen Nenner der schlussendlich wir selber sind.

Widmet man sich nun der Wissenschaft der Selbsterforschung, kommt man durch lesen von alten Texten wie Veden, Buddhistische, Christliche, Yogische usw. zur Feststellung dass es sich hierbei ja auch um wissenschaftliche, nämlich um geisteswissenschaftliche Beschreibungen handelt, deren Thematik die Funktion des eigenen Bewusstseins beleuchtet.

Echtes Wissen ist also etwas selbst Erlebtes, selbst Erfahrenes und hat nix mit jemandem „glauben" zu tun.

Man sagt doch, Glauben heisst nicht Wissen und doch spielt der Glaube im Alltagsleben eine weit grössere Rolle als wir ihm beimessen. Es ist nämlich das was geglaubt wird was das eigene Weltbild gestaltet und nicht wie meist verkehrt gelehrt, dass was man wünscht.

Mein Motto „Nur die eigene Erfahrung zählt", damit ist dann erst einmal vieles vom spekulativen Tisch.

Der einzige „Gemeinsame Nenner" bei allen Versuchen bzw. Experimenten bist nämlich DU SELBST! Ohne dICH geht's nun mal nicht und das kannste drehen und wenden wie du willst, es ist wirklich wahr!

Tohuwabohu, Chaos, Leere, Nichts sind Ausdrücke für das, was im Tiefschlaf ist, also das bevor es irgendetwas gibt, sogar vorm Ich-Bewusstsein.

Ordnung, Kosmos, Fülle, Alles sind Ausdrücke eben dieses Nix, sowie der Traum und Wachzustand bei uns.

Wie Oben so Unten, wie Innen so Aussen sind in diesem Sinne sogenannte kosmischen Gesetze. Bewusstsein an sich ist deshalb schon das erste Selbstteilungsprinzip, die erste Individuation. Bei einer Selbstuntersuchung bzw. einem Selbststudium 24/7 findet man das halt selbst raus. Ordnung ist Wort und Zahl, deswegen tue ich hier dies „ERZÄHLEN".

Viele alte Kulturen geben ihren Entstehungsgeschichten, in ihren Mythen mit Göttern wie anderen Wesen einen Ausdruck bzw. eine Überlieferung, welche sogar in den Pyramiden, den Tempeln und anderen sakralen Kultstätten zu spüren ist. Hieroglyphen, Zeichen, Masse usw. zeugen heute von einem Wissen, was der Mensch durchaus

IN SICH SELBST TRÄGT, ES ALLERDINGS MEIST NICHT WEISS.

AUS EIGENERFAHRUNG GESAGT, CREATIO EX NIHILO, SCHÖPFUNG AUS DEM NICHTS, KOSMOS AUS CHAOS, TRÄUMEN AUSM TIEFSCHLAF ETC., ABER WER ODER WAS LÄSST EINEN DANN AUFWACHEN UND DANN KOMMT DIE FRAGE NACH DEM WARUM DENN ÜBERHAUPT?

EIN KLEINER ABKLATSCH WIE IN DER WERBEBRANCHE MIT „WENIGER IST MEHR" ALS EXTREM DANN MIT, NICHTS IST ALLES! SELBSTDENKEN, NACHDENKEN, ÜBERLEGEN, SICH EIN EIGENES BILD MACHEN STATT BLINDER GLAUBE, INSPIRATION UND INTUITION GEHÖREN GENAUSO ZUM WAHRNEHMEN WIE EINE STILLE, WIE RUHE UND DIE SOGENANNTE KREATIVE PAUSE.

DAS DENKEN UMS WISSEN UND DAS WISSEN UMS DENKEN SIND ZWEIERLEI UND BEIDE SIND PULSIEREND. DENKEN IST UNS SO VERTRAUT, DAS ES NICHT HINTERFRAGT WIRD, WE SIMPLY TAKE IT FOR GRANTED. 95% DER DENKE IST IMMER UND IMMER WIEDER BLOSSE REPETITION, DIESELBEN WIEDERHOLUNGEN IN EINER (FAST) ENDLOSSCHLEIFE. CHRONISCH-ZWANGHAFTES DENKEN HABEN WIR ERLERNT UND DIE RUHE AUSSER ACHT GELASSEN, WO DOCH IN DER RUHE DIE KRAFT LIEGT, DIE KRAFT VOM WIRKLICHEN WISSEN. GEWECKT WERDEN, DAS AUFWACHEN IST WIE DIE TRÄUMEREI EIN NATÜRLICH VON SELBST ABLAUFENDER PROZESS, WELCHER SICH AUCH STETS WIEDERHOLEN ZU SCHEINT. ICH REDE EBEN VOM ALLMORGENDLICHEN WACHWERDEN,

NOCH NICHT VON DIESEM ERWACHEN BZW. VON ERLEUCHTUNG, BEWUSSTSEIN & CO.

IN DIESER PROZEDUR ENTSTEHT DAS ICH ZUSAMMEN MIT DER WELT. ZUSAMMEN, WOHL UNTERSCHIEDEN JEDOCH ABER NICHT GETRENNT WIE ICH MEINE.

ABER WIE IST DENN DIESE, MEINE WELT, WIE EMPFINDE ICH MICH UND SIE?

HIER KANN ICH NUN ANFANGEN ZU DENKEN UND ZWAR SELBER ZU DENKEN. ICH BIN OBGLEICH ICH MEINEN EIGENEN GEDANKENPROZESS BETRACHTEN KANN DURCHAUS IN DER LAGE MIR DOCH EIGENE GEDANKEN ZU MACHEN.

ICH KANN DENKEN, VOR —UND NACHDENKEN, JA SOGAR ÜBERDENKEN (ÜBERLEGEN). JA ABER..., WAS IST DENN DIESES ICH WAS DA DENKEN KANN GENAUER? KANN ICH DARÜBER REFLEKTIEREN? WIE KANN ICH UM MICH SELBST WISSEN?

FÜHLEN WIE IN FÜHLOSOPHIE IST ANGESAGT, DENN ICH WEISS JA SCHLIESSLICH DASS ICH BIN!

WAS, WER UND WIE, WARUM, WESHALB, WESWEGEN, UND ICH WEISS DAS JETZT, OHNE ZU ÜBERLEGEN, KANN'S ABER WENN'S MIR FREUDE BEREITET. AUF JEDEN FALL IST SÄMTLICHES WAS NACH DEM ICH BIN KOMMT, ERDACHT UND SOMIT NUR EIN ZEITRAUM EINES GEDANKENS. WISSEN IST EINFACH WAHR, UNSER GLAUBE IST SPEKULATIV.

ALLES WAS ICH GLAUBE IST NUR MEHR TEMPORÄR, SPRICH EINE VERGEHENDE, SICH WANDELNDE ERSCHEINUNG.

WAHRES WISSEN HAT KEINE WORTE, ES IST NÄMLICH DAS, WAS VOR JEGLICHEM INNEREN

MONOLOG BZW. SELBSTGESPRÄCH IST, WÄHREND GLAUBE WORTE, BILDER SOWIE GEFÜHLE BEINHALTET.

MAN VERLANGT VON UNS GLAUBEN ANSTATT MAN UNS ECHT WISSEN ZU LEHREN BEREIT IST. WEISST DU NÄMLICH FÜR DICH SELBST, KANNST DU AUCH NICHT MEHR HINTERS LICHT GEFÜHRT, SPRICH VERARSCHT WERDEN.

UNSERE WELT FUNKTIONIERT LEIDER NUR NACH DEM GLAUBENSPRINZIP, DESWEGEN GELD, MACHT, KORRUPTION, KRIEG, POLITIK, GIER UND ALL DIE ANDEREN SCHATTENSEITEN EINES SO LIEBGEWONNENEN EGOISMUS. IST SCHON TOLL DIE GEHIRNWÄSCHE IN DEN ALLTAGSMEDIEN ÜBER KLIMALÜGE, 5G, CO2, E-MOBILITÄT, ENERGIEWENDE, MIGRATIONSPOLITIK, WIRTSCHAFTSWACHTUM, KONTROLLE, ÜBERWACHUNG, ZENSUR ETC. UND ALLES IM NAMEN EINES HOCHSTILISIERTEN GELDGOTTES DER HIGHTEC-ÖKONOMIE. ES GEHT SCHON LANGE NICHT MEHR UM DEN MENSCH AN SICH, UMS VOLK SONDERN BLOSS NOCH UM DEREN ÜBERBESTEUERUNG. CHEMTRAILS, ALUMINIUM AUCH IM ESSEN UND NONFOODPRODUKTEN PLUS DANN MILITÄRBASIERTE MIKROWELLEN UND, UND, UND. ZÄHL SELBST FÜR DICH 1 + 1 ZUSAMMEN UND LASS DICH ÜBERRASCHEN. MACH DIE AUGEN DOCH MAL AUF UND SIEH WAS DIR VERKAUFT WIRD. UND NOCHMALS NEIN, DU MUSST DAGEGEN NICHT ANKÄMPFEN DENN ES REICHT DEN SCH... EINFACH NICHT ZU UNTERSTÜTZEN. EBEN, WENIGER IST MEHR. DU GLAUBST JEDOCH DU SEIEST EIN OPFER, KANNST DICH NICHT WEHREN, BIST MACHTLOS UND SOGAR RATLOS. FALSCH! WO EIN WILLE

IST IST AUCH EIN WEG. DENK FÜR DICH SELBST, ÜBERLEGE WO DIE REISE HINGEHEN SOLL, WIRD UND KANN UND ZIEH DEINE EIGENEN KONSEQUENZEN.

MAN (FRAU AUCH) SAGT DOCH IM NORMALEN SPRACHGEBRAUCH DASS WISSEN MACHT IST, DOCH IN UNSERER GESELLSCHAFT ÄUSSERT SICH'S IMMER MEHR ALS OHNMACHT UND DAS ETABLIERTE HERRSCHAFTSSYSTEM HÄLT DIE LEUTE GANZ BEWUSST OHNMÄCHTIG, DENN AUCH DIE DA HABEN ANGST, ANGST VOR DEINEM WIRKLICHEN WISSEN. DARUM: AUFWACHEN!

ICH MAG ABER HIER IN DIESEN ZEILEN NICHT MEHR AUF SOZUSAGEN „GETÜRKTE NEGATIVITÄTEN" VERWEISEN, DENN DAFÜR IST DIESES WERK NICHT GEMACHT.

DER GOLDENE MITTELWEG DES EIGENEN WISSENDEN HERZENS IST ANGESAGT UND NICHT MEHR DIE EXTREME VON KOPF-BERECHNUNG SOWIE BACH-EMOTION. INS GEWISSEN REDE ICH HIERMIT UND ZWAR DIR DURCH DEINE EIGENE STIMME ZU WELCHER DU DIR AUCH EINEN FILM IM KOPF BASTELST UND DICH DANN SELBST FÜHLST. WIE, DAS HÄNGT WIE GESAGT VON DIR SELBST AB, DU KANNST ENTSCHEIDEN OB DU DICH HAUPTSÄCHLICH MIT DATA VON AUSSEN INFORMIEREN MAGST ODER DIR IN, AUS SOWIE DURCH DICH SELBST INFORMIERST. IM EIGENEN ZENTRUM, NICHT DIE PUMPE IST GEMEINT, LIEGT DEINE WAHRHEIT, DEIN WISSEN UND GEWISSEN UND EIN JEDER DER SICH DAMIT BEFASST SPÜRT'S, MERKT'S, WEISS'S.

Jetzt bis Dato machst du eine ganze Menge an Selbsterfahrung, schau aber bitte mal ob du auch GLÜCKLICH BIST. Glücklich -und ZufriesenSein ist ein Gewissenskriterium, nicht bloss mal wieder Glück haben.

Energie verändert sICH selbst permanent ohne jedoch was anderes zu Sein, so wie Gold als Schmuck wie z.B. Armreifen, Ringe, Halsketten aber auch als Goldbarren, Münzen sowie Nuggets in Erscheinung tritt, dito mit Allem was wir denken und glauben. Das was sICH nICHt verändert IST allerdings nICHt denkbar. Aus diesem Grund bist du natürlich nicht das, was du über dich selbst glaubst oder aber denkst, denn du bist's „DAVOR", das WÄHREND als auch's DANACH in JETZIGER Synchronissität. Diese Art von Wissen versuche ich hier metaphorisch mit dem sogenannten HerzWissen zu umschreiben, denn bei uns ist die Birne permanent am Labern und der Bauch ständig am Emotionalisieren. Sich was Denken und sich zu Fühlen ist unser Tagesablauf. Mal den lieben Gott 'nen guten Mann sein zu Lassen, das haben wir durch unsere chronisch-zwanghafte Denke nie gelernt.

Denk-Pause, die Stille wahren Wissens, die Ruhe der Kraft ist nun mal aufm Programm, doch geht's nur bei echtem SelbstinterESSE.
In diesem Zusammenhang leiste ich sozusagen Aufklärungsarbeit und lebe

MEINE BERUFUNG EBEN IM AUFKLÄREN SOWIE IM TEXTEN VON WORTEN ZUR SELBSTERFORSCHUNG. ALS AUTOR VERFASSE ICH DIVERSE TEXTE ALS BÜCHER, E-BOOKS, ARTIKEL USW. AUF VERSCHIEDENEN PLATTFORMEN, HALTE WENN GEWÜNSCHT VORTRÄGE ODER GEBE AUF 1 ZU 1 BASIS BERATUNGEN. TJA, LEBEN IST EBEN NICHT NUR MIR, SONDERN AUCH MEINS.

ÜBER DIESE FÜHLOSOPHIE DES ALL 1 SEINS DISKUTIERE ICH ALLERDINGS NICHT, DA MEINE LOGIK VON JEDEM ECHT INTERESSIERTEN SOFORT NACHVOLLZOGEN WERDEN KANN. SO HABE ICH NIX MIT DER ESO-SZENE, DER NEWAGE-BEWEGUNG, INSTITUTIONALISIERTER RELIGION SOWIE DER MATERIALISTISCHEN PSEUDO-WISSENSCHAFTEN ZU TUN. ICH BIN SOZUSAGEN FREIGEIST.

DENKE ALSO RUHIG MAL ÜBERS DENKEN, NACHDENKEN BZW. ÜBERDENKEN HEISST'S AUCH, ABER DU KANNST NICHT ÜBER DIE STILLE, DIE RUHE, DIE PAUSE DENKEN, GENAUSO WENIG WIE ÜBERS MEDITATIVE NICHTDENKEN.

JETZT HAT WOHL DEIN GEIST ERST MAL SO RICHTIG FUTTER ZU VERDAUEN, VIEL FREUDE DABEI.

PS — MEINE SOGENANNTEN SCHRIFT —BZW. GRAMMATIKFEHLER SEIEN MIR VERGEBEN.

AUFKLÄRUNG

WAS IST EIGENTLICH MIT AUFKLÄREN HIER BEI MIR GEMEINT?

Meine Art & Weise des Aufklärens ist die eigene Denktätigkeit, die eigenpersönliche Logik, sozusagen SelbstDenkKunst zu fördern indem ich hier in meinen Texten InFormationen durch den Leser bzw. seine eigene Stimme beim Lesen zukommen lasse.

So schreibe ich seit Jahr und Tag Bücher, nun Artikel, welche sich mit der Thematik Bewusstsein, Logik, Ich, Selbsterkenntnis, Philosophie, Wissenschaft, Religion, ja Gott und die Welt befassen.

Zum SelbstDenken mag ich wohl hiermit mein Scherflein beitragen wozu ich meine Ausdrucksweise als auch meinen unorthodoxen Schreibstil mit nicht ganz alltäglichen Auskünften sowie Daten-Infos versehe, die jeder selbst faktisch überprüfen kann.

Die Worte sind hier nicht alle der allgemeingültigen Schreibweise untergeordnet, sondern so gestaltet, dass diese ihren eigentlichen Sinn und Zweck wiedergeben. Dennoch, um Vergebung für Fehler ist gebetet.

So wollen wir's mit viel Verstehen als auch mit grossem Humor beginnen lassen. Es geht also in erster Linie ums wirklICHes Wissen, ums Wissen um Einen Selbst. Diese Wissen ist so alt wie's „ICH SELBST"! Von mir selbst weiss ich nämlich mit absoluter Gewissheit, dass ich bin, nICHt mehr aber auch nICHt weniger und das ohne drüber nachzudenken, denn ich FÜHL's, ich

EMPFINDE, ICH WEISS, ICH BIN MIR VOLL UND GANZ BEWUSST, SOZUSAGEN MIT DEM HERZEN WISSEND. AUSM „COGITO ERGO SUM" WIRD'S „COGNITO ERGO SUM"!

IN UNSERER GESELLSCHAFTLICHEN HEUTE ZIVILISATION HAT DAS RATIONALE ABER CHRONISCH ZWANGHAFTE KOPFDENKEN ÜBERHAND GENOMMEN UND WIR DENKEN BZW. SPRECHEN DEN GANZEN LIEBEN LANGEN TAG MIT UNS SELBST. JA SOGAR BEIM ZUHÖREN IST DER EIGENE INNERE MONOLOG MEIST STETS PRÄSENT.

WIR ZOLLEN DIESEM AUTOMATISCHEN PHÄNOMEN ALLERDINGS KEINEN DEUT AN BEACHTUNG MEHR, EBEN WEIL'S FÜR UNS GANG UND GEBE GEWORDEN IST.

DAS ES DA NOCH WAS ANDERES NEBEN DEM PERMANENTEN SELBSTGESPRÄCH ZU GEBEN SCHEINT, DESSEN SIND WIR UNS ERST GAR NICHT BEWUSST.

KLAR, WIR SCHLAFEN, TRÄUMEN UND WACHEN, DAS ERFAHREN WIR JEDEN TAG AUFS NEUE, DOCH GIBT'S DA EBEN HALT NOCH MEHR ZUM BEOBACHTEN WENN MAN (FRAU AUCH) SICH SELBST MAL RICHTIG UNTERSUCHT BZW. EINER SELBSTERFORSCHUNG FRÖNT.

SCHLIESSLICH IST DOCH WISSENSCHAFT, DAS WAS WISSEN SCHAFFT UND DAS BIST NUN MAL IMMER NUR DU SELBST, DU ALS DAS ICH.

DAS ICH IST WEIT MEHR ALS MAN DENKT ODER ABER GLAUBT, ES IST NÄMLICH IN WAHRHEIT ALLES UND NICHTS GLEICHZEITIG. ICH WEISS, DAS KLINGT TOTAL ABGEFAHREN, DOCH LASSEN WIR UNS ÜBERRASCHEN.

DENKEN, GLAUBE, VORSTELLUNGEN BZW. IMAGINATIONEN, GEFÜHLE BZW. EMOTIONEN,

HANDLUNGEN ODER AKTIONEN SIND NICHT VONEINANDER GETRENNT, SONDERN DURCH dICH VERBUNDEN, JA DIE GANZE WELT IST NIX VON DIR GETRENNTES. WIR SIND NICHT IN DIESEM HAUTSACK EINGESCHLOSSEN, OBGLEICH MAN UNS DAS IMMER UND IMMER WIEDER BEIBRINGT. DU, ICH SIND IN WIRKLICHKEIT DAS GANZE UND KEINE BLOSS MATERIELL EVOLVIERTEN AFFENMENSCHEN. DER KÖRPERLICHE ASPEKT IST EBEN NUR EIN ASPEKT VOM GANZEN, SEELE WIE GEIST ZUSAMMEN MIT KÖRPER ERGEBEN DIE EIGENE DREIEINHEIT ALS BEWUSSTSEIN SELBST.

IN DER ALCHEMIE SPRICHT MAN VON SOLVE ET COAGULA, ANALYSIEREN UND SYNTHETISIEREN, DEM TRENNEN UND VEREINEN.

JETZT BEZIEHEN WIR MAL DIESE AUSSAGEN AUF UNS SELBST. VERSTEHEN IST ALLES SAGE ICH IMMER UND IN DIESEM SINNE WOLLEN WIR DOCH WISSEN.

WIR SUCHEN IN DER WISSENSCHAFT NACH DER „EINHEITLICHEN FELDTHEORIE, DER WELTFORMEL" UND SIE LAUTET ICH, DENN OHNE mICH, KEINE WISSENSCHAFT, KEINE THEORIE BZW. FORMEL, KEIN NICHTS.

BEVOR'S IRGENDETWAS GIBT BIN ICH, DIESEN FAKT KANNST DU JEDERZEIT SELBST ÜBERPRÜFEN.

AUFKLÄREN, ERHELLEN, ANS LICHT BRINGEN, ERKENNEN, BEWUSSTMACHEN USW. USF., ALLES KLAR?!

NUN, DANN WOLLEN WIR DOCH MAL DIESE BERÜHMTE KATZE AUS DEM SACK LASSEN UND BRAUCHEN DIESEN (HAUT)SACK DAFÜR BLOSS ZU ÖFFNEN. KÖRPER-GEIST-SEELE DREIEINHEITSVERSTÄNDNIS ENTWICKELN, EBEN

ALS BEWUSSTSEIN SELBST UND AB GEHT DIE POST INS DOCH ALLTÄGLICH UNBEKANNTE. LAPIS PHILOSOPHORUM BZW DER STEIN DER WEISEN IST DAS ICH. EWIGLICH DASSELBE UND DOCH ALS ICH DER WANDLUNG UND VERÄNDERUNG UNTERWORFEN. SOZUSAGEN DIE TRANSMUTATION VON SICH SELBST, VON BLEI ZU GLOD, VOM EGO ZUM EGOLD UND UM MEINEM VERMEINTLICHEN GRÖSSENWAHN DIE KRONE AUFZUSETZEN, VOM EGO ZU EGOTT, WAS JA IM ENDEFFEKT DOCH JA EH ALLES DASSELBE IST.

SOWEIT FÜR DEN PERSÖNLICHEN CRASHKURS IN ALCHEMISTISCHER PHILOSOPHIE. UND NEIN, DIE ZEIT DER ELITEN, DER PHARAONEN UND PRIESTER, DER GURUS, RITUALE, DER EINWEIHUNGEN UND ÄHNLICHEM PROZEDERE, IST GRAD JETZT BYE-BYE.

GENAU DESWEGEN MEINE AUFKLÄRUNG, DIE ZEIT IST WOHL REIF DAFÜR. ICH, ICH, ICH IM SINNE VON DU SELBST BIST'S, WARST'S UND WIRD'S IMMER SEIN.

DIESES UNSTERBLICH SEELISCHE IST GENAU DAS ICH, DAS EGO ERGO EGOLD, DER STEIN DER WEISEN DEN EIN JEDER NICHT NUR HAT SONDERN SCHON IMMER SELBER IST.

DIE DREI ZUTATEN SIND DIESELBEN WIE IN DER RELIGION, AUS VATER, SOHN UND HEILIGEM GEIST WIRD HIER SULFUR, MERKUR UND SALZ ODER ABER GANZ ENTSCHLEIERT KÖRPER, GEIST UND SEELE.

ZU ALLEN ZEITEN IN ALLEN KULTUREN GIBT'S WIRKLICH ESOTERISCHE GEISTESWISSENSCHAFT, ECHTE RELIGIOSITÄT OHNE KIRCHE UND THEOLOGIEN SAMT IHRER AUGENWISCHEREIEN. RICHTIGE PHILOSOPHIE

ALS SELBSTERKUNDUNG UM ZU WISSEN BENUTZT NUN MAL DAS WAS IST, DEN EIGENEN GEIST UM DAS ZU ERFORSCHEN, WAS ALS SEELE BEZEICHNET WIRD, DAS UNENDLICHE, DAS EWIGE, DAS GOTTGLEICHE. DIE PRAKTIKEN ZUM VERSTEHEN VON FREIHEIT, GLEICHHEIT, BRÜDERLICHKEIT, VON ECHTEM WISSEN UND REINER LIEBE WERDEN ALLERDINGS AUCH HEUTE NOCH NICHT GUTGEHEISSEN, DENN WO BLEIBT DANN DIE MACHT, DAS GELD, JA ÜBERHAUPT EIN REGIEREN, WENN MAN DOCH WAHRLICH DASSELBE IST?!

MENSCH, ERKENNE DICH SELBST, DAZU MUSST DU DICH ABER ERST MAL WIEDER GANZMACHEN, DENN UM DEINE GANZHEIT GEHT'S DOCH SCHLIESSLICH. GANZSEIN IST HEILSEIN, IST DAS WAR WIR WIRKLICH SIND BEVOR DAS ERZIEHERISCHE MANIPULATIONSPROGRAMM ANFÄNGT UND WIR AN UNSERE EIGENE UNVOLLKOMMENHEIT ZU GLAUBEN BEGINNEN.

GEIST IST DENKEN, WIR ABER HABEN DIES VERLERNT, GEMEINT IST HIER DAS RICHTIGE, DAS KREATIVE DENKEN. WIR BALLERN UNSEREN GEIST MIT MEHR ODER WENIGER GEISTLOSEN DATEN BZW. INFORMATIONEN ZU, HAUPTSACHE WIR GEBEN DEM AFFEN FUTTER.

WIR GLAUBEN SO SEHR AN UNSERE SELBSTGEBASTELTEN WELTBILDER UND HALTEN DIESE FÜR ABSOLUT WAHR, WESWEGEN WIR UNS UNSERER SELBST GAR NICHT MEHR BEWUSST SIND.

AUFKLÄRUNG BESTEHT DARIN DIE EIGENE WIEDERHERSTELLUNG DIESES SELBSTBEWUSSTSEINS ZU ERMÖGLICHEN DENN ALLES WAS DAZU VONNÖTEN IST

BESITZEN WIR BEREITS IN UNS SELBST, JA SOGAR DIE ANIMATION SICH MIT UNS SELBST ZU BEFASSEN, WOZU ICH HIERMIT MEIN SCHERFLEIN BEITRAGE.

LIEBE SO WIE ICH SIE VERSTEHE, ALSO DIESE BEDINGUNGSLOSE LIEBE IST DAS 100%IGE AKZEPTIEREN VON DEM WAS JETZT IST UND ZWAR OHNE EIN WENN UND ABER.

ERKENNT MAN IM EIGENEN, CHAOTISCHEN LEBEN DOCH SOZUSAGEN DIE HÖHERE ORDNUNG, SO ERKENNT MAN AUCH DIESE SELBSTENTFALTUNG ALS WUNDERBAR AN UND KANN SICH DER PERSÖNLICHEN EXISTENZ SO RICHTIG VON HERZEN HINGEBEN.

DAS PROBLEM IN UNSERER GESELLSCHAFT IST DIE NUR PHYSISCH AUSGERICHTETE ERZIEHUNG SOWIE DER AKTUELLE WISSENSCHAFTSSTANDPUNKT SICH VON GEIST UND SEELE ZU ENTLEDIGEN UM ABSICHTLICH ZU VERDUMMEN.

UND JA, DAS IST SO GEWOLLT, DENN WÄRST DU DIR DEINER SELBST BEWUSST, DANN KANN DICH KEINER MEHR.

SELBSTERFAHRUNG, ALSO EIN EIGENES SELBSTERLEBEN SOLLTE DOCH AN DER TAGESORDNUNG SEIN, VOR ALLEM IM GEISTIG-SEELISCHEM. WENN ICH HIER SAGE, WIR SIND GÖTTLICH, DANN IST DAS GENAUSO GEMEINT. WIR SIND EBEN KEINE AFFENMENSCHEN WIE MAN UNS TÄGLICH EINIMPFT UND APROPOS EINIMPFEN, DASS IST AUCH NICHT GEISTREICH, DENN ES IST MASSENKONTROLLE DIE EIN NATÜRLICHES ERWACHEN VERHINDERT. FAST DIE GESAMT POPULÄRE SCHULMEDIZIN HAT AN LEBEN WIRKLICH NICHTS MEHR ZU BIETEN DENN SIE BAFASST SICH MIT DER UNTERSUCHUNG

VON TOTEN DINGEN, SOWIE IN DER POP-CHEMIE AUCH DAS LEBEN ENTNOMMEN WORDEN IST. PHILOSOPHIE, ALCHEMIE, GNOSIS, HERMETIK, MYSTIK ODER ABER ECHTE ESOTERIK IST GANZ ANDERS, DENN DA IST WIRKLICH NOCH LEBEN DRIN UND DRUM HERUM ABER VOR ALLEN DINGEN IST DIES SELBSTERLEBT SOWIE SELBST GELEBT UND ZWAR LIVE. WIR SIND UND WERDEN BLOSS LINKSHIRNHÄLFTIG ERZOGEN SODASS WIR UNSER GESAMTPOTENTIAL ERST GAR NICHT WAHRNEHMEN KÖNNEN. EINE TOT INTELLEKTUELLE NATURWISSENSCHAFT IST ZUR NEUEN RELIGION STILISIERT WORDEN UND DIE MEISTEN GLAUBEN DARAN SO WIE SIE AN EINEN KIRCHLICH VERHEISSENEN LIEBEN GOTT GLAUBEN ABER EINEN SCHEISSDRECK SELBER ZU WISSEN VERMÖGEN. DAS IST UNSERE ALLTAGSGEHIRNWÄSCHE WELCHE UNS VON DER EIGENEN WAHRHEIT ABZUHALTEN IM STANDE IST DURCH DAS WIEDERHOLEN IMMER DER GLEICHEN TOTEN DOGMAS.
DOCH ZEIT IST ZYKLISCH UND EINE VERÄNDERUNG IST IRGENDWIE FÜHLBAR, DENN SO KANN, WIRD, SOLL UND DARF ES NICHT WEITERGEHEN.
DAS SOGENANNTE ESTABLISHMENT MIT IHREN PERVERTIERTEN WAHRHEITEN IST LANGSAM IN EINER POSITION, IN WELCHER DAS BIS DATO FÜR DUMM VERKAUFTE VOLK SICH DER EINSEITIG MATERIELLEN INDIVIDUAL-KONTROLLE BEWUSST WIRD UND DAS SCHEINT IRGENDWIE GEFÄHRLICH ZU SEIN.
FREIE MEDIEN, FREIE ENERGIE, FREIE MEINUNGSÄUSSERUNG, EIN FREIDENKERTUM IST DENEN EIN GEWALTIGER DORN IM AUGE

IHRES KONTROLLWAHNS. DIE WISSEN NÄMLICH GANZ GENAU, DASS WENN WIR UNS UNSERER WAHREN GÖTTLICHKEIT, UNSERER WIRKLICHEN GEISTIGKEIT BEWUSST SIND, IHRE MONETÄRINSTITUTIONEN KOMPLETT WERTLOS GEWORDEN SIND.

LEBEN FUNKTIONIERT AUCH OHNE GELD, DOCH DIE ELITEN SCHAFFEN STATT DEM MAMMON BLOSS DAS BARGELD AB ZWECKS KONTROLLE. DIE ALTERNATIVEN WERDEN SOFORT IM KEIM ERSTICKT, MANIPULIERT, VERHÖHNT, VERPÖNT UND UNGLAUBWÜRDIG GEMACHT SOWIE EINFACH AUSGEROTTET. DOCH DIE ZEIT WIRD'S ZEIGEN UND VIELE SACHEN WERDEN ANS LICHT KOMMEN.

DOCH SEI WACHSAM, DENN ES WIRD NE GANZE MENGE VORGEGAUKELTER, SPRICH GEWOLLTE FALSCHINFORMATIONEN AUF DEINEN BEWUSSTSEINSBILDSCHIRM ÜBERTRAGEN.

SEI ALSO MIT DIR SELBST SOWIE DER NATUR IM REINEN, SO KANNST DU IN DEINEM INNERN INTUITIV RECHT UNTERSCHEIDEN. DAS GEWISSEN HAT EIN JEDER, DOCH WIRD'S LEIDER WENIG GEBRAUCHT DENN DAS HERZ DAFÜR IST SO GUT WIE VERSCHLOSSEN UND ECHTES INTERESSE FEHLT, DENN MAN (FRAU AUCH) REDET SICH INTELLEKTUELL EIN, EIN FREIES LEBEN ZU FÜHREN. DAS SCHLIMME AN UNSERER GESELLSCHAFT IST, DASS DAS ESTABLISHMENT BZW. DIESE MACHT —UND KONTROLLELITE ES BIS DATO FERTIGGEBRACHT HAT, DEM VOLK SYSTEMATISCH EINZUREDEN DAS FREIHEIT, BRÜDERLICHKEIT UND EGALITÄT DAS SEI, WAS ZUR ZEIT ALS DEMOKRATIE GE —WIE ERLEBT IST. NIX IST WEITER WEG VON DER WAHRHEIT, DOCH

WER KÜMMERT SICH SCHON UM DIESE, SELBSTERLEBTE WAHRHEIT. FAKT IST, DASS DIE MEISTEN MENSCHEN GAR KEINE IM ECHTEN SINNE SIND, DENN SIE GLAUBEN ANSTATT GÖTTLICHE WESEN ZU SEIN, DASS SIE EVOLVIERTE AFFENMENSCHEN SIND DIE DANN AUCH NOCH ZU CYBORGS MUTIEREN DÜRFEN. WELCH TOLLE AUSSICHTEN. AUFWACHEN BITTE!!!

„NUR DIE EIGENE ERFAHRUNG ZÄHLT" IST DOCH UNSER MOTTO UND ZWAR LIVE. DAS SELBSTERLEBEN DEM WAS GERADE IST, NICHT NUR DIE DATA DIE ICH VON AUSSEN ÜBER RADIO, TV, INTERNET ETC. EINGESPIELT BEKOMME SONDERN AUCH UND VOR ALLEN DINGEN MEINE HÖCHSTPERSÖNLICHE INFORMATION IN MEINEM INNERN. INSTINKT, INTUITION, INSPIRATION, MEIN EIGENES SUBJEKTIVES SELBSTEMPFINDEN, QUASI AUSM EIGENEN HERZEN IST MEINE SUBJEKTIVE VERIFIKATION UND KRITERIEPUNKT OB ETWAS STIMMIG IST ODER EBEN NICHT. MEIN EIGENES GEWISSEN WEISS'S DOCH AM BESTEN. GEBRAUCHE ICH MEINE GÖTTLICHEN FÄHIGKEITEN NÄMLICH NICHT KOMMT DAS MEINER ENTMÄCHTIGUNG ALS WIRKLICHER MENSCH GLEICH ODER WIE ICH'S AUCH NENNE, DER ENTMENSCHLICHUNG, DIE ÜBERALL VON STAAT WIE KIRCHE, WISSENSCHAFT WIE POLITIK DOGMATISCH UND AGENDAMÄSSIG BETRIEBEN WIRD.

WAHRE MENSCHEN DIE SELBSTDENKEN SIND GEFÄHRLICH UND WERDEN DIREKT ODER INDIREKT DISKREDITIERT ODER SOGAR SCHLIMMER.

Ich schreibe dies Alles hier mit eben der Anregung zur Selbstverantwortung, zum selber Denken wie selber Tun, zur Selbsterkenntnis und selbst gelebten Fühlosophie.

Über dem ICH-Ich-ich steht das SELBST von dem aus doch Alles von Selbst geschieht, ob wir's nun Gott oder sonst wie nennen bleibt egal denn diese unsere eigene Quelle ist JETZT in uns selbst zugegen. So ist mein Anliegen diese Quelle in sich selbst wieder zu suchen und natürlich zu finden.

Ich habe diesen Körper, bin jedoch Geitig-Seelisches WESEN, ich kann's auch L"ICH"TWESEN nennen. Licht ist Energie, auf Deutsch halt Kraft und die ist permanent in uns als der eigene heile und heilige Geist. Wir sind wirklich die unsterbliche Seele und bei der Selbstbeobachtung kann man's eben für sICH SELBST feststellen und braucht keinen anderen Input oder irgendwem zu glauben, denn man WEISS dann aus eigener Erfahrung, man FÜHLT's, man EMPFINDET's direkt, in, durch und mit sICH SELBST.

Der Fühlosoph weiss um die eigene Natur sowie die Natur selbst und hat den vermeintlichen Dualismus durchschaut. Doch der Daulismus bringt in ihm das Oben und das Unten Zusammen, das Innen und das Aussen, sein Kopf und sein Herz werden zum ÜberHaupt.

Innerlich betrachtet geht es um die Art & Weise des Werdens was man schon immer

Selbst IST, eben eine Realisation, eine Erinnerung ans eigene GeistSein. Wir sind eben keine Körper und haben etwas Geist, sondern genau umgekehrt, sind Geist und haben Körper, sind sozusagen L"ICH"T in verdichteter Gestalt, obgleich uns dies durch unsere Zeitepoche als utopisch verlorenes Wissen erscheint.

Aber nichtsdestotrotz fühlt man sich mit dem normal Erlernten, seiner Alltagsroutine irgendwie doch auf verlorenem, ja sinnlosem Posten. Party, Spass, Konsum, Kohle, Sex, Drugs and Rock'n Roll ist halt doch nicht Lebenssinn, welchen man doch schliesslich selbst herausfinden kann, soll bzw. muss. Und ganz egal wo du da beitrittst, dieses Unterfangen ist höchst eigenpersönliches Werk. Die Natur, nicht nur die vermeintlich Äussere kann dich führen wenn du sensitiv schaust und lauscht um zu verstehen das Wunderbare Ein in Allem.

Die Seele, was auch immer das sein mag, kann durch genügend Kunstfertigkeit in diesem Leben von der Erde gen Himmel und retour. Die Auferstehung in diesem Sinne ist kein Mythos, sondern Sinn und Zweck der Existenz, was zu verstehen jeden selbst überlassen sei. Tja, es gibt halt wirklich weit mehr zwischen Himmel und Erde wie unsere Schulweisheit uns gelehrt hat, doch ohne Interesse ist's vergebene Liebesmüh.

Im Individuum Selbst liegt die Weisheit, das Wissen über Alles verborgen und wir

HABEN WENN ÜBERHAUPT DIE SELBSTGESTELLTE AUFGABE DIES WIEDERZUENTDECKEN. ENTDECKE ICH ETWAS, SO NEHME ICH METAPHORISCH EBEN DIE DECKE, DEN SCHLEIER, DIE HÜLLE WEG UM WAHRLICH ZU WISSEN UND ZU ERLEBEN. SO RICHTIG SCHWER IST DAS NICHT, DENN ICH BRAU JA BLOSS MEINE AUFMERKSAMKEIT FÜR EINE WEILE AUF MICH SELBST ZU LENKEN, SPRICH MICH SELBST ZU BEOBACHTEN, ZU BETRACHTEN. DAS WAS ICH IN MEINEM SOGENANNTEN NORMALZUSTAND ALS ICH, MIR UND MEINS WAHRNEHME, DAS IST DOCH KURZFRISTIG VERSCHWUNDEN WENN ICH TRAUMLOS SCHLAFE. ZWAR HABE ICH EINE WAGE ERINNERUNG AN DIESE ZEIT BZW. DIESEN ZUSTAND, ABER ICH KANN IHN NICHT SO GANZ BEWUSST HERBEIFÜHREN. DOCH JEDES MAL AUFS NEUE, WERDE ICH EBEN IMMER WIEDER WACH, UND DIES GANZ VON SELBST BZW. VON ALLEIN. DIESE ALLEINE BIN ICH NATÜRLICH AUCH, JEDOCH BENENNE ICH'S NUN SO, DENN IN WIRKLICHKEIT IST DAS NUN MAL NAMENLOS. DAS IST Z.B. GEMEINT WENN ICH SAGE; „UNTERSCHIEDEN ABER NICHT GETRENNT", DENN WACHEN, TRÄUMEN, SCHLAFEN SIND NICHT GETRENNT VONEINANDER, NICHT GETRENNT VON MIR SELBST, SO WIE DAS, WAS MAN ALS KÖRPER, SEELE, GEIST BEZEICHNET. DAS SELBST ERFAHRENE WISSEN PASSIERT IN DEM, WAS ICH GERNE ALS BEWUSSTSEIN BEZEICHNE, DENN ICH BIN MIR DESSEN DOCH GANZ SELBST BEWUSST ODER ABER AUCH SELBSTBEWUSST. IN DIESEM SINNE MEINE ICH ALLERDINGS NICHT IRGENDEIN

PSYCHOLOGISCHES SELBSTBEWUSSTSEIN ALS PERSON.

BEIM AUFWACHEN ENTSTEHT AUTOMATISCH DAS ICH PLUS SIMULTAN (M)EINE WELT INKLUSIVE ALLEM DRUM UND DRAN. ICH KENNE NATÜRLICH ZYKLEN, IM KLEINEN DEN HERZSCHLAG, DANN DEN ATEM, RUHE/BEWEGUNG, TAG/NACHT, JAHRESZEITEN/SAISONEN, JAHRE, ÄRA, EPOCHEN, DIVERSE ZEITALTER USW. WIEDERGEBURT (IM GEIST) ETC. PP. SELBSTERFAHRUNG IST'S BEIM GENAUEREN HINSCHAUEN, SO WIE AUCH DAS BEWUSSTE WAHRNEHMEN VOM EIGENEN KÖRPER, DEN PERSÖNLICHEN EMOTIONEN ALS AUCH SEINEN GEDANKEN. DAS ALLES HABE ICH DA ICH MIR DESSEN JA BEWUSST BIN. ABER WAS IST DAS, WAS ICH DANN BIN? UND GENAU HIER FÄNGT'S ERLEBEN ECHT AN, MIT DEM GANZEN SEIN SELBST. SO KENN ICH DIESES PHÄNOMEN VON PSYCHOSOMATIK, ALSO DAS DIE DENK-PSYCHE EINEN EINFLUSS AUFS KÖRPER-FÜHLEN HAT, JEDOCH BIN ICH AUCH IN DER LAGE ALL DIES ZU SEHEN WENN ICH ENTSPANNT BIN. DAS FEINSTE IM SINNE VON VIELLEICHT FEINSTOFFLICH, OHNE ZU ESOTERISCH ZU KLINGEN IST EBEN DIESES BEWUSSTSEIN ÜBER MEINE EIGENE STIMME IM KOPF SAMT DEM DAZUGEHÖRIGEN KINOPROGRAMM. ABER, BEIM SELBSTGESPRÄCH SCHEINT'S WEIT MEHR WORTE ALS BILDER ZU GEBEN. TROTZDEM BIN ICH IN DER LAGE, DIE WORTE, DIE BILDER SOWIE DIE GEFÜHLE NEUTRAL ZU ERLEBEN, SIE ZU BETRACHTEN OHNE SIE ERST EINMAL

VERÄNDERN ZU WOLLEN. DAS NENNE ICH ABSICHTSLOSE MEDI.

WENN'S KÖPER-ICH TEMPORÄR NICHT MEHR DA IST, DAS GEISTES-ICH VOLLKOMMEN RUHIG IST, KANN DAS SEELEN-ICH ZUM HIMMEL STEIGEN UND DANACH WIEDER RETOURNIEREN MIT..., JA HALT MIT GANZ ANDEREM ERLEBEN. DOCH GLAUB MIR NIX, DENN NUR DU SELBST KANNST FÜR DICH ERLEBEN, ERFAHREN. UND GENAU DAS IST DIE CRUX, WIR LASSEN UNS VON ALLEN MÖGLICHEN EIN X FÜR'N U VORMACHEN, BLOSS UM UNS NICHT MIT UNS SELBST ZU BEFASSEN UND WIRKLICH, WAHRLICH ZU WISSEN UND ZU VERSTEHEN.

DIE ALTEN WEISHEITSLEHREN, ALSO NUN MAL DIE ECHTE ESOTERIK WEIS DASS SCHON IMMER, DOCH MACHT EBEN KEINER MEHR DIESEN STEIN DER PHILOSOPHEN, EINFACH WEIL'S SOZUSAGEN MIT ARBEIT VERBUNDEN IST UND WIR GEWOHNT SIND NE PILLE ODER ETWAS ANDERES EINZUWERFEN DAMIT WIR ZUM WISSEN KOMMEN. DENN AUCH HIER HEISST DIE LOSUNG, „OHNE FLEISS KEINEN PREIS" UND DER WÄRE DANN DIE EIGENE GEWISSHEIT DES SELBSTERFAHRENEN EWIGEN LEBENS! EINES LEBENS OHNE ANGST VORM VERMEINTLICHEN TOD, KRANKHEIT, ARMUT UND DERGLEICHEN.

NA WIE IST ES, NEUGIERIG GEWORDEN? DAS WAS DICH JEDEN MORGEN AUFWACHEN LÄSST, DEM ZOLLE RESPEKT.

UND NUN VIEL SPASS UND FREUDE AM LEBEN IN BEDINGUNGSLOSER LIEBE, BEWUSSTSEIN ALS DER FREIGEIST DER DU SCHON IMMER SELBST BIST.

Selbst, Allein, Automatisch

Man sagt „von selbst — von allein — automatisch" etc., doch was ist denn überhaupt gemeint?
Worte wie „zufällig, freiwillig, unwillkürlich, selbsttätig, selbstbewegend" usw. kommen einem dabei auch in den Sinn.
Um Antworten, also sinngemäß Ant-Wort, Anti-Wort, Gegen-Wort, Wider-Spruch, uvm. geht's hier, denn wer ist Das der Fragen stellt bzw. was fragt?
Widersprüchlich scheint's anfangs, doch es wird sich bald lösen, denn ein Wider-Spruch lässt sich nur mit Fühlen machen. Das Fragende ist nämlich immer ein Ich, ein Ego welches sich selbst durchs Sammeln von Wissen bzw. durch seinen Glauben ans Wissen selbst bestärkt. So funktioniert unser gesamte Denkapparat, Kopfkino vom Feinsten.
In den Wörtern Selbst, Allein, automatisch, freiwillig (also frei von einem Willen sein) gibt es kein Ego-Ich. Die Antwort aufs Ich IST Das Selbst!
Verstehen = Verstand + Gemüt, Weisheit ist gleich Denken plus Fühlen als harmonisches Ganzes und doch IST dieses Ganze, die Ganzheit eben grösser wie die Summe seiner Teile.
Hier, im derzeitig materiell evolutionsgedanklichem Wissenschaftsleben, verfangen wir uns immer mehr in eine sogenannte

Teilhaftigkeit und verlieren damit vollkommen das große Ganze. Spezialisierung im Namen der doch sehr zweifelhaften Weltwirtschaft ist angesagt und so existiert ein jeder als Spezialist mit Scheuklappen und hat nur etwas Ahnung von seinem Fachgebiet aber sonst nix.

Betrachten wir mal unseren eigenen Denkprozess, so stellen wir fest, das dieser auch von selbst, von allein, automatisch geschieht, wir aber immer noch glauben selbst zu Denken. Nun ja, dito mit dem alltäglichen Aufwachen wie dem Einschlafen und Träumen.

Aber, ich bin doch in Kotrolle, so glaube ich tatsächlich um meinen eigenen Einfluss in und auf mein Leben, meine Existenz bzw. mein Sein und tue dies natürlich durch mein Denken, Vorstellen und Handeln. Ich bzw. das was man so geläufig Ego nennt ist hierbei die Zentrale, das Nonplusultra, die Conicio sine qua non, quasi Egoist. Soweit für die Kopfdenkerei, die ja zu allgemeinen Gewohnheit geworden ist. Der Kopf und das Denken sind ja bei uns zur Hauptsache eben Kopfsache erhoben. HerzDenken, echtes Fühlen, nicht bloss emotionale Interpretationen sind weitgehend fremd für unsere Sinne im Alltag. Die blasse Ahnung, dass es vielleicht noch MEHR gibt als bislang bekannt, die kennt fast jeder, denn dazu bedarf's bloss einer geringen Krise um Zweifel am Sinn und Zweck des eigenen

Daseins zu wecken. Wieso ich? Warum passiert das mir? Die Kopfkinopalette ist echt gross, aber die Farbe der Transparenz ist da nicht vorhanden.

SelbstBewusstSein, SelbstErforschung, SelbstErleben —und Erfahren ist Live, Heut, Hier, Jetzt und das Mittel zum Heil(ig)en Zweck ist die eigne Achtsamkeit bzw. ein AufmerksamSein der sogenannten „Inneren Zusammenhänge". SelbstBetrachtung bzw. Selbstbeobachtung ohne irgendwelche Veränderungswünsche ist der Pfad zur Weisheit. Doch wer macht das schon, sICH Selbst zu beobachten. Wir glauben doch alle wir wüssten was und wer wir sind, oder? Glauben in disem Fall kann ruhig mit Denken gleichgesetzt werden. Doch was ist vorm, während wie nach dem Akt des Denkens? BewusstSein bzw. SelbstBewusstSein. Und weil das so ist, kann ich auch nicht Bewusstsein werden, denn ICH BIN's schon. Zu mir SELBST gibt's keinen Weg weil ICHSELBST der Weg BIN. Klingt familär, irgendwie bekannt, ja vielleicht sogar vertraut? Nun, der Klang macht's allerdings nicht, sondern deine eigene Erfahrung des hier so komisch beschriebenen. Das ganze Leben, die eigene Existenz ist eine geniale Inszenierung vom SELBST, von ICH BIN, so gänzlich frei vom Wollen bzw. Willen.

Wörter haben meist zwei oder mehr Interpretationsmöglichkeiten weiche

SOGAR DIAMETRAL GEGENSÄTZLICH SEIN KÖNNEN UND DIESE VIELEN GEGENSÄTZE BILDEN EIN (FAST) GANZES, SO UNGEFÄHR WIE BEI DER WEISHEIT, WELCHE EINE ZUSAMMENFASSUNG VON VIELEM BZW. ALLEM WISSEN DARSTELLT. MIT DEM WAS MAN SO LOGIK NENNT, DITO, DENN DIE EIGENPERSÖNLICHE LOGIK IST EBEN NUN MAL NICHT ALLUMFASSEND.

ICH EXISTIERE, SO DENKE ICH DOCH, ABER WAS IST VORM DENKEN, WOHER KOMMT DIESE EXISTENZ BZW. DAS HERAUSTRETEN AUS..., AUS WAS?
EXISTIEREN IST GLEICH DENKEN, SO WIE DER ONKEL DESCARTES MIT DEM KURZEN „COGITO ERGO SUM", DOCH KOMMT NUN EIN N DAZU, NÄMLICH COGNITO ERGO SUM, DIESES „N" MEINT'S WISSEN UMS DENKEN. WISSEN „UM" EGAL WAS, IST SICH DESSEN VOLL UND GANZ BEWUSST ZU SEIN, AUCH WENN UNSERE EXISTENZ WIE DER SOGENANNTE PLACEBO-EFFEKT SCHEINT, DENN MEIN, DEIN, UNSER GLAUBE IST UNSERE REALITÄT, NICHT UNSER WUNSCHDENKEN. UND DOCH PASSIERT SOWOHL GLAUBEN ALS AUCH WUNSCHDENKE EBENFALLS VON SELBST. ICH BIN DA LEDIGLICH DER BETRACHTER DESSEN, FREI DAVON ABER HALT NICHT GETRENNT.
UNTER DEM PLACEBO-EFFEKT VERSTEHT MAN DIE WIRKUNG EINER SCHEINMEDIKAMENTALEN (AUTO)SUGGESTION, ALSO DEIN GLAUBE ALS VERWIRKLICHUNG EBEN IN DIESER WIRKUNGSEBENE DES SEINE. IN DIESEM ZUSAMMENHANG IST'S GLAUBEN, SPRICH'S DENKEN URSÄCHLICH. UND NUN SCHAUEN

WIR NUN MAL, WIE MIT UNSEREM SO FREIEN WILLEN AUSSIEHT, IST DER DENN WIRKLICH SO FREI, ODER KOMMEN UND GEHEN DEINE GEDANKEN EBENFALLS WIE AUTOMATISCH? DENN WENN DAS WAHRLICH SO IST, „ENTSPANN DICH AND ENJOY THE RIDE"! DAS IST'S WAS GEMEINT IST MIT DIESEM „ES GIBT NIX ZU TUN", DENN DU KANNST EH NICHT WERDEN WAS DU EH SCHON IMMER BIST!

DAS WAS VOR UNSEREM DENKEN, WÄHREND WIE DANACH IST, NENNEN WIR RELIGIÖS GOTT, SELBSTERFORSCHEND DAS SELBST, WISSENSCHAFTLICH NUN BEWUSSTSEIN, DOCH IST'S WIRKLICH OHNE NAMEN, UNDENKBAR UND DOCH DIE EINZIG WAHRE WIRKLICHKEIT BZW. DIE EINZIG WIRKLICHE WAHRHEIT. UND DU BIST DAS! DU BIST DIESES GEMEINTE SELBST, SO GANZ SELBSTVERSTÄNDLICH.

TJA, OHNE EINEN NEGATIVEN NACHGESCHMACK (ERWÄHNTE DOPPEL –ODER MULTIBEDEUTUNGEN) MEINE ICH HIER DURCHAUS EINE ART VON „SELBSTINQUISITION", ALSO EINE WEISE DER SELBSTBEFRAGUNG BZW. SELBSTUNTERSUCHUNG.

ICH DENKE, DAS HEISST ABER NOCH LANGE NICHT, DAS ICH DER DENKER BIN. WIE GESAGT, EIN GEDACHTER DENKER, GOTT ODER AUCH GEIST IST WIE BEIM TAO NUN MAL NICHT DAS WAHRE. ERDACHTES BZW. AUSGEDACHTES IST HALT BLOSS AUSGEDACHT ODER ERDACHT, DU SELBST BIST ALLERDINGS NICHT DENK –ERFIND –ODER VORSTELLBAR.

DENKST DU NÄMLICH AN DICH SELBST, KOMMT EINE GANZE INNERLICHE SPRECHLITANEI IM KOPF, ZUSTANDE WELCHE ALLES, NUR EBEN

NICHT DU SELBST BIST. SO GESEHEN BEINHALTET TAG, Tag und Nacht, ICH, Ich und ich und ich kann drüber Denken was ich will, denn auch dies grad hier passiert von Alleine. Aber, allein Sein meint hier und jetzt nicht die gedachte Einsamkeit obgleich das ja auch wieder eine Interpretationsmöglichkeit darstellt.

Kontemplation, Meditation ist zum Verstehen ein guter Anfang. Meditative Selbstbetrachtung bzw. Selbsterforschung vermittelt Wissen und nicht das Hören, Lesen oder eben sonst ein Guru.
Wenn du dich nicht dafür interessierst und das musst du nicht, passiert nix, denn auch bei deiner null Bock Einstellung BIST Du's SELBST.
Das ist SELBSTVERSTÄNDLICH, wozu ich dir hiermit gute Unterhaltung gönne.

Spontan

Sontan-Ged8, Live.
SelbstDenken ohne Nachzudenken!
Spontan, Spontaneität — direkt, unbekümmert, von Innen heraus, ohne Nachdenken, intuitiv etc. pp.
Spontanes Wissen ist hier bei mir HERZWISSEN und kein bloss kopfiges Grübeln über... was's auch immer sein mag.
In diesem Sinne sind meine Gedanken eben JETZT auch spontan.

Und apropos Gedanken bzw. das Denken selbst oder aber auch die Informationen welche wir bekommen oder uns halt selber machen; in Echt ist's einfache die eigene Datenverarbeitung in uns selbst, ergo InFormation. Die benötigten Daten bekommen wir zu ca. 95% vom sogenannten Aussen durch die Medien, wie Zeitung, Radio, TV, Internet & Co. (Diese 95% stellen hier eine rein fiktive Zahl dar, welche sozusagen den Bärenanteil, das Meiste, Ausschliesslich usw. meint.)

In diesem Zusammenhang nutzen oder aber auch benutzen wir eine höchst eigenpersönliche Logik um uns ein irgendwie suggeriertes Weltbild zu basteln. Es gibt aber leider sehr viel verschiedene Weltbilder, die wenn man (Frau auch) deren ausgedachter Logik folgt auch etwas Rechtzuhaben scheinen, natürlich bloss von deren Sichtwinkel ausgehend.

Was jedoch, wenn die eigene Datenverarbeitungsmaschinerie mit ihrer Informationsproduktion in Konflikt mit anderen Meinungen steht, wenn unser Hirn so vollständig die Oberhand gewonnen hat, dass das „fühlende Herz, das Herzwissen" ignoriert wird? Mit Tieren gehen wir sehr schlecht um, wir massakrieren sie, fressen sie, halten sie unwürdig, denn anscheinend ist das Tier zum Produkt geworden. Der Mensch so lernen wir ist allerdings ja auch bloss ein Tier, schau mal bei Wikipedia

NACH, WIR SIND AFFENMENSCHEN, NUR EBEN IN DER „FOODCHAIN" AN DER SPITZE UND BEHERRSCHEN DIE WELT, DIE NATUR, HABEN TECHNOLOGIEN, WAFFEN, EINEN NEOKORTEX UND SIND SCHLIMMER WIE JEDES WILDE TIER. DER MENSCH IST HALT AUCH NUR EIN TIER HEISST'S.

WIR, ALS EINE SPEZIES DER TROCKENNASENAFFEN BEKRIEGEN UNS GEGENSEITIG AUS NIEDEREN BEWEGGRÜNDEN. RELIGION, POLITIK, ENERGIE, GELD, MACHT ODER EINFACH DAS EGO IST DAS ERLERNTE VERHALTENSPROGRAMM MIT DESTRUKTIVER WIRKUNG.

ICH, MIR, MEINS UND NACH MIR DIE SINTFLUT, HAUPTSACHE ICH ODER AUCH MEINE GRUPPE ÜBERLEBT. UND SO ERSCHAFFEN WIR FREIFAHRTSCHEINE ZUR KRIEGSTREIBEREI, AUSBEUTUNG, UNTERDRÜCKUNG USW. USF. UND WORTE WIE FREIHEIT, GLEICHHEIT, BRÜDERLICHKEIT SIND BLOSS NOCH LEERE WORTHÜLSEN. GLAUBT MAN DEN NACHRICHTEN, NACH DEN WIR UNS JA RICHTEN SOLLEN, GIBT'S KEIN MITEINANDER MEHR SONDERN NUR NOCH EIN GEGENEINANDER.

TJA, WEIT HABEN WIR'S WOHL NICHT GEBRACHT MIT UNSERER KÖRPERLICH-MECHANISCH-MATERIALISTISCHEN WELTANSCHAUUNG IN AKTION UND WENN WIR NICHT AUFPASSEN BZW. ACHTGEBEN LÖSCHEN WIR UNS SELBST IRGENDWIE SCHON AUS. SOLL JA ANDEREN (HOCH)KULTUREN ÄHNLICH ERGANGEN SEIN. SO WHAT!?

WIE UND WOHER GLAUBEN WIR ZU WISSEN, WAS WIR ZU WISSEN GLAUBEN? VON WO KRIEGEN WIR DIE INFO UND DATEN DIE UNSER

Wissen ausmachen? Was ist denn wahrlich und wirkliches Wissen überhaupt? Ist Wissen wirklich Macht, in der Ruhe wirklich Kraft? Glauben wir vielleicht ne ganze Menge, aber Wissen vielleicht nicht gar so viel?

Wir bekommen doch Geschichten wie über die Steinzeit, die Industrialisierung, das Informationszeitalter in dem wir uns ja angeblich zur Zeit befinden u.v.m. Woher stammt das alles und wie kommt's das ich's glaube?

Klar doch, Eltern, Bekannte, Verwandte, Kindergarten, Schule, Beruf, Job überall bekomme ich Input, zusätzlich auch noch durch Weiterbildung sowie's Interesse an diversen Themata, Hobby, Freunde, Stammtisch, Club, Partei oder sonst irgendeine Organisation. Wir sind umgeben von (Miss)Informationen, die ganze Zeit, jeden Tag, 24/7, ohne Unterlass.

Und bei uns selbst äussert sich dieses Phänomen als eine chronisch-zwanghafte Stimme im eigenen Kopf, die ununterbrochen am Reden, am Babbeln bzw. am Quatschen ist. Diese, unsere Kopfstimme ist zur Gewohnheit geworden, denn sie plappert uns ständig was vor, gibt uns stets andere Informationen, hat immer was zu Sagen und kann einfach nicht die Klappe halten, d.h. sie schweigt nie. Über Dies und Das, Dieses wie Jenes, sogar während des Zuhörens von anderen ist sie aktiv und weiss angeblich meist schon vorher, was

GESAGT WIRD BZW. IST SOFORT MIT DER EIGENEN MEINUNG PARAT, EIN WELTMEISTER IM SICHSELBSTBESCHÄFTIGEN, EGAL MIT WAS, HAUPTSACHE BESCHÄFTIGUNG UND WENN'S IRGEND GEHT, NONSTOP!

VON EINIGEN WIRD DIESES INNERE ERTÖNEN VON WORTEN MIT DEM EGO GLEICHGESETZT, WELCHEN DANN SCHEINBAR EINE EIGENE EXISTENZ IM KOPF AUFBAUT UND DURCH DIE PLAPPEREI SICH SELBST UNABDINGBAR MACHT BZW. MACHEN MÖCHTE. UND GENAU HIER BEGINNT DAS SELBSTVERSTEHEN, NÄMLICH DAS EIGENE BEWUSSTSEIN EBEN UM DIESES PERMANENTE MIT UND ZU SICH SELBER SPRECHEN. IM KOPF GIBT'S LEIDER KEINEN EIN/AUS-SCHALTER FÜR DIESES PHÄNOMEN, ALSO AM BESTEN IST DA DIE TOTALE AKZEPTANZ, EIN BETRACHTEN DIESER VERBALTECHNISCHEN ERSCHEINUNG OHNE IRGENDETWAS DAGEGEN ZU TUN, ALS EBEN DAS NEUTRALE BEOBACHTEN.

IRGENDWANN KEHRT RUHE INS EIGENE DACHSTÜBCHEN EIN UND GENAU DARAUS ERGIBT SICH DER TITEL DIESES ARTIKELS, NÄMLICH DIE SPONTANEITÄT SELBST. IST DER KOPF MAL STILL, WEISS DAS HERZ, DAS GEWISSEN, DIE INTUITION ETC.

IN BZW. AUS DIESER STILLE, DEM NICHTS, DER SELBSTBEWUSST ERLEBTEN DENKPAUSE ENTSTEHEN DANN GEDANKEN, VORSTELLUNGEN, GEFÜHLE QUASI VON SELBST, VON ALLEINE, AUTOMATISCH, EBEN OHNE EIN GRÜBELN, VOR –ODER NACHDENKEN.

DIESE ART VOM DENKEN IST JEDOCH NICHT SO GELÄUFIG UND WIR HABEN DIE DENKKUNST,

ALSO ECHTE LOGIK NIE BEIGEBRACHT BEKOMMEN. HIERZU MÜSSEN AUTODIDAKTISCH VORGEHEN UND UNS ERST EINMAL EHRLICH FÜR UNS SELBST INTERESSIEREN, OHNE EINE MEINUNG VON ANDEREN, SONDERN SOZUSAGEN AUS EIGENER QUELLE.

WIR GLAUBEN FAST ALLE INFORMATIONEN ÜBER UNSERE 5 SINNE ZU ERHALTEN, DOCH DIE SINNE WIE INSTINKT, INSPIRATION UND INTUITION WERDEN WEDER GESCHULT NOCH BERÜCKSICHTIGT. WIR SIND SO MATERIALISTISCH-KÖRPERORIENTIERT ERZOGEN, DASS UNS GEIST UND SEELE MITTLERWEILE WIE FREMDWÖRTER VORKOMMEN. UNSERE EXISTENZ BAUT SICH Z. Z. BLOSS DURCH EINE ÜBERALL GELEHRTE KÖRPERLICHKEIT SOWIE DIE DAZUGEHÖRIGE KÖRPERKULTUR AUF.

UND APROPOS KULTUR, ICH GEBE HIER NATÜRLICH WIE IMMER BEI UR, MEINE „UR-EIGENEN UNGEFRAGTEN RATSCHLÄGE" ZUM SELBSTVERWIRKLICHEN MIT. SO RICHTEN SICH DIESE ARTIKEL AN DEN GEIST DER MENSCHEN, WELCHE WISSEN WOLLEN UND SICH ECHT MIT DEN SINN —WIE SEINSFRAGEN BESCHÄFTIGEN. UND OBGLEICH ES HIER AB UND AN DEN ANSCHEIN VON HAGELNDER KRITIK HAT, LIEGT MIR EINE KRITISCHE SELBSTUNTERSUCHUNG AM HERZEN. KRITISCHES SELBSTHINTERFRAGEN IST'S A & O ZUM WAHREN WISSEN UND UM DAS GEHT'S SCHLIESSLICH IN MEINEN ESSAYS.

ET VOILA, NUN WEITER MIT DER SPONTANTHEMATIK.

DER ANFANG VON SPONTANEITÄTEN WIRD DEMNACH ERST THEORETISCH, D.I. DURCHS (SELBST)BEOBACHTEN UND DANN SO GANZ NATÜRLICH DURCH DIE PRAXIS IM SINNE VON (SELBST)TUN UND MACHEN (SELBST)ERLERNT. MEDI, GEBET, KONTEMPLATION, SINNIEREN, VERSENKUNG USW. SIND WOHL BEKANNTE, JEDOCH OFT MISSVERSTANDENE METHODEN DER GEISTES-WISSENSCHAFTEN, WELCHE ALLESAMT DURCH DIE EIGENE, „SUBJEKTIVE VERIFIKATION" IHRE GÜLTIGKEIT ERST ERLANGEN. ERLEBEN BZW. ERFAHREN KANN NÄMLICH NIX UND NIEMAND FÜR JEMANDEN, DESWEGEN AUCH SELBST-BEWUSST-SEIN. DA WIR UNS JA NUN MIT RICHTIGER WISSENSCHAFT BEFASSEN IST DIE LIVEERFAHRUNG DER SOGENANNTEN 1STEN PERSON VORRANGIG IM VERGLEICH ZUR SCHULWISSENSCHAFTLICHEN EXPERIMENTEN DER NEUTRALEN OBJEKTIVITÄT, DIE SOGAR WENN'S FUNKTIONIEREN WÜRDE, GÄNZLICH AUF DEN EXPERIMENTATOR ZU VERZICHTEN BREIT WÄRE. DAS WAS DA PASSIERT SEHEN WIR IN DER KI-FORSCHUNG, DEN ALGORITHMEN DER SCIAL-MEDIA, DER CHIPBRANCHE, NANOTECHNOLOGIE, PHARMACHEMIE USW. DIE SÄMTLICH AUFS KONTROLLIEREN AUFBAUEN. WIR HINGEGEN WIDMEN UNS EINER „AUTOINTROSPEKTION", DER SELBSTBETRACHTUNG. DIES GEBET HAT ALLERDINGS NICHT MIT EINEM BITTEN UM ZU TUN, SONDERN GESCHIEHT IN VÖLLIGER ABSICHTSLOSIGKEIT. UFF, LEICHTER GESAGT ALS GETAN, ABER WIR WISSEN DOCH, ES IST NOCH KEIN MEISTER VOM HIMMEL

GEFALLEN, GUT DING WILL WEILE HABEN UND SCHLIESSLICH, ÜBUNG MACHT DEN MEISTER. BEVOR WAHRE ESOterik INSTITUTIONALISIERT WIRD, IST'S IMMER EINE GEISTIGE ANGELEGENHEIT, SO WIE'S RELIGIÖSSEIN NIX MIT SONNTAGS IN DIE KIRCHE GEHEN ZU TUN HAT, ODER NACH MEKKA REISEN, NIX EXKLUSIVES SPRICH AUSSCHLIESSENDES IST, SONDERN DIE TOTALE INTEGRATION VON KÖRPER UND GEIST IN DER EIGENEN SEELE. WIR SEHEN JA SCHON, DASS ES SEHR VIELE UNTERSCHIEDLICHE WORTE BZW. BEZEICHNUNGEN FÜR EIN UND DASSELBE GIBT, DOCH GEHT'S WEDER UMS TITULIEREN, BENENNEN, GLAUBEN ODER SONST ETWAS, ES GEHT UMS ERFAHREN BZW. UMS ERLEBEN LIVE VON DEM WAS EBEN KEIN WORT HAT ALS SPONTAN SELBST WAHRGENOMMENE WIRKLICHKEIT.

WAS WIRKLICH IST, BIST DU SELBST ALS UNPERÖNLICH-PERSÖNLICHES BEWUSSTSEIN, DOCH IST DAS AUCH NUR EIN BESCHREIBUNGSVERSUCH VOM UNBESCHREIBLICHEN. GOTT, ICH, (HÖHERES)SELBST, BEWUSSTSEIN, GEIST, SEELE UND WIE WIR'S AUCH IMMER NENNEN KANN NICHT GEDACHT WERDEN, IST UNDENKBAR ABER DOCH ERLEBBAR, ERFAHRBAR VON JEDEM SELBST. WIE IN DER ALCHEMIE DAS EGO ZUM EGOLD WIRD, WIE IN DER RELIGIÖSEN MYSTIK DAS EGO ZUM EGOTT WIRD, SO IST MIT DER EIGENEN SELBSTERKENNTNIS ALS SELBSTBEWUSSTSEIN. MAN KANN DRAUF HINARBEITEN, DOCH LETZTENDLICH IST DER

Akt des Erkennens etwas Spontanes, was Automatisches, ohne unser kleines missidentifiziertes Körperich. Vergessen wir mal für'n Moment, weil wir nicht dran Denken, unsere Leiblichkeit und begeben uns in die Gefilde der Seele. Auch dazu gibt's ne Menge Info im Internet. Texte, Videos, Hörbücher etc., also das ganze Zeugs von anderen, bis eben auf die eigene Erfahrung. Wem oder auch was glaubst du davon, was macht da für dich Sinn?

Richtig, NICHTS, denn du willst doch nun endlich Selbst-Wissen!

Wir benutzen alle irgendwie das Internet als Ratgeber, als Beantworter, als Wissensvermittler, als Nachrichtendienst, als Social-Media, als Zeitvertreib und doch kriegen wir dabei bloss andere Meinungen und niemals unsere ureigene.

Wir bilden uns ein da was gehört und gesehen zu haben und glauben dann etwas zu wissen. Grosser Fehler, das stimmt nämlich gar nicht. Wahres Wissen ist eigenes Wissen und kommt aus der eigenen Quelle, unserem eigenen Herzen und kann überhaupt gar nicht durch andere vermittelt werden.

Ich, dieser Kritikx übt ja auch Kritik im Sinne von „nötig zur EntScheidung sein" und sagt auch noch, dass besser KD als KI, d.h. besser ist Kritisches Denken als Künstliche Intelligenz! Aber, spontanes selbstkritisches Denken wird fast eh nicht verstanden, denn bei uns ist billigst

Konsum, Arbeit, Fussball wie Urlaub bzw. Freizeitgestaltung angesagt und ach ja, der Staat wird's schon richten, haha. (Hoffe dir nun nicht mit den Bemerkungen wir Job, Sport usw. aufn Schlips getreten zu haben — Humor bitte). Und weil mir's Kritisieren eben im Blut liegt, gleich noch ne kleine Zugabe die eben grad spontan einfällt. Es geht ums sogenannte Helfer-Syndrom bzw. ein Helfersymptom, denn heutzutage weiss ja anscheinend jeder was der andere braucht, sei's medizinischer, alternativer, psychosomatischer Art. Die Coaches und Heilpraktiker, Shamanen, Satsangmeister spriessen grad so aus der eingebildeten Gesundheitsszene. Alle wissen natürlich über Ursache und Wirkung bescheid und geben ihr eigenpersönliches zum Besten, seien dies Mittel, Methoden, Techniken, denn der Scharlatanerie sind keine Grenzen gesetzt. Tja, ist schon toll, dass die meisten Psychopaten sich selbst durch ihre vermeintlichen Therapien nur selbst behandeln tun und von Geist und Seele meilenweit weg sind. Hypnose, Kartenlegen, Steinchen, Pendeln, Nahrungsergänzung, Vegan, Fasten, Sport u. v. m. finden einen strken Anklang in Zeiten der Unwissenheit in welchen sich alles nur ums Körperliche zu drehen scheint. Schau mal genauer hin was der ganze Spuk bis aufn € denn bringt, dieser Hype mit'm Klimawandel einbezogen. Alles nur dazu da um uns die bald bloss noch virtuellen Währungen von Staatswegen

ZU ENTREISSEN. ABER WIE GESAGT, ZU MEINER MEINUNG GIBT SELBSTVERSTÄNDLICH UNZÄHLIG ANDERE, DIE DAS WWW BEREITHÄLT. JA, DIESES „WENIGER IST MEHR" SOLLTEN DIE FÜHRUNGSELITEN MAL BEHERZIGEN, AN DER ZEIT IST'S! UND DOCH BIST DU HIER GEFRAGT BEIM SPONTANEN NICHTKONFORMSEIN, MACH ALSO NICHT ALLES MIT, DENN AUCH FÜR'N OTTO NORMALVERBRAUCHER GILT DIESER - WENIGER IST MEHR - SATZ.

SICH AUF SEINE EIGENE ESSENZ ZU BESINNEN HILFT BEI ALLEN ANSTEHENDEN PROBLEMEN, SO GO FOR IT.

WIRKLICHE INFORMATIONEN MACHT MAN SELBST, IM PERSÖNLICH INNEREN DURCH SELBSTDENKEN UND NICHT STUPIDES NACHPLAPPERN VON INFO-DATEN SOZUSAGEN AUS 2TER HAND.

BIST DI LEICHTGLÄUBIG, BIST DU EIN LEICHTES OPFER DER PROPAGANDAFABRIKEN, DER WERBUNG, DER PR-AGENTUREN, VON HOLLYWOOD & CO, JA VOM INTERNET MIT ALL DEN MEDIENMANIPULATIONEN SOWIE VON STAAT UND KIRCHE.

FREIHEIT IST ERST EINMAL DAS FREISEIN VON SEINER EIGENEN ROUTINEDENKE, DEM AFFENGEIST WIE ICH'S AUCH NENNE.

LASS IHN, DEN DENK-AFF, EINFACH IN RUHE UND DIE ÜBERRASCHUNG WIRD NICHT LANGE AUF SICH WARTEN LASSEN. AAHH...

WIR HIER IN UNSERER ZIVILISATION HABEN DEM DENKEN, DAMIT IST NUN DIESE LINKSHIRNHÄLFTIGKEIT GEMEINT, DEN VORRANG VOR ALLEM ANDEREN GEGEBEN UND SIND DARAUF AUCH NOCH SEHR STOLZ. UNSER TECHNISCHER FORTSCHRITT IST JA NICHT ZU

VERACHTEN UND SO SIND WIR FLEISSIG FORTGESCHRITTEN VON UNS SELBST, VOM MENSCHSEIN, FORT VOM GÖTTLICHEN GEISTWESEN, FORT VOM SEELISCHEN. KLAR, WIR HABEN VIEL ABER SIND WENIG, SIND WIE SCHON DES ÖFTEREN ERWÄHNT ZU EINER ART ZUFÄLLIGEM ANIMAL- MECHANISMUS VERKOMMEN. DER NÄCHSTE SCHRITT IN RICHTUNG KI-CYBORG OHNE GEFÜHL ABER MIT TOLLEM, AUSTAUSCHBAREM KUNST-BODY IST SCHON IN DER RETORTE. DIE FILMINDUSTRIE ZEIGT WAS BALD MÖGLICH SEIN KANN HEUTE SCHON, INKLUSIVE MARSKOLONIALISIERUNG ETC. ABER WAS SOLL'S, PROGRESS LÄSST SICH NUN MAL NICHT AUFHALTEN. ES SCHEINT IN UNSERER KULTUR WOHL ÜBLICH ZU SEIN AUF DEM HÖHEPUNKT DES INTELLEKTUELLEN FORTSCHRITTDENKENS, DIE BRÜDERLICHKEIT ALLER MITMENSCHEN ZU VERACHTEN UM DANN NACH EINER ART DER SELBSTZERSTÖRUNG WIEDER VON VORNE ZU BEGINNEN.

,
ROSIGE AUSSICHTEN, GELLE? VON WEGEN SCHWARZMALEREI UND SO, GUCK DIR DEINE DATENSAMMLUNGEN MAL GENAUER AN UND BENUTZE DAS KOPFKINO MAL ALS SCIENCE- FIKTION-MÖGLICHKEITS-SZENARIO MIT DEM INPUT AUSM NETZ.
ODER ABER NOCH BESSER, LASS DEN GANZEN KREMPEL MAL FÜR NE WEILE AUF SICH RUHEN UND BEFASS DICH MAL WIRKLICH MIT DEM DASEIN ALS HOLISTISCH. DAS GROSSE-GANZE GILT'S ZU ERKENNEN, NICHT NUR IMMER FRAKTALPHILOSOPHIE BETREIBEN, SINN UND ZWECK WIRKLICH ERKENNEN UND DENNOCH

MITMACHEN, MITSPIELEN, DENN LEBEN IST SCHÖN.

SPONTAN OHNE NACHDENKEN WEISS MAN (FRAU NTÜRLICH AUCH), DASS MAN (JA SIE DITO) IST, ZWEIFELSFREI, EGAL OB DIE KOPFSTIMME ETWAS DAZU SAGT ODER ABER NICHT, WIR WISSEN DAS WIR SIND!
ICH WEISS DASS ICH BIN, ICH WEISS DASS DU BIST UND SOMIT AUCH DASS WIR SIND. DIESER GEMEINSAME NENNER IST DOCH GRUND GENUG FÜR EINEN FAIREN UMGANG IM MITEINANDER. OBWOHL EIN JEDER DAS ALLEINE, NICHT MIT EINSAMKEIT VERWECHSELN, SELBST IST IST DIESES EINE ALLES. UND NUN GENUG MIT SPEKULATIUS UND AUF ZUR EIGENEN SELBSTERFORSCHUNG.
BYE BYE KONZEPTE VOM NICHTDENKEN, MEDITIEREN, ÜBERLEGEN, NICHT BLOSS THEOS, SONDERN DIE PRAXIS IST HIER GEFRAGT, JA DEINE.
SELBSTVERVOLLKOMMENUNG IST UNSER MOTTO UND NICHT ETWA „DAS BÖSE" AUSMERZEN. UNSERE WELT IST DERART GESTALTET, DASS WENN MAN OFFEN IST UND DAS GANZE DURCHSCHAUT, MAN IMMER NUR VON PERFEKTION UMGEBEN IST, EINSCHLIESSLICH SEINER SELBST.
INFORMATIONEN NICHT EXFORMATIONEN SIND HIER DIE EIGENEN, SICH STETS VON SELBST VERÄNDERNDEN GEDANKEN, DIE ES ZU DURCHSCHAUEN, ZU VERSTEHEN GILT. DAS GANZE KANN MAN SICH NICHT VORSTELLEN UND DOCH IST'S GRAD JETZT ZUGEGEN. DIESES GANZE BEWUSSTSEIN IST UNSER WIRKLICHE URGRUND, DAS HEISST ANDERS

Ausgedrückt „Du heisst nicht nur ein Kind Gottes, du bist's" wahrlich! Und genau deswegen auch dieses „Sei Still und Wisse..."!
Ach ja, Stille hat was mit Geistiger-Denk-Ruhe zu tun, nicht mit deiner Beschäftigung des Lebens, denn das ist eine automatische Veränderung.
Aus Symbolen wie Buchstaben, Geräuschen wie Worten, Bildern wie im Film machen wir eigene Informationen welche wir dank unserer Logik selbst auch glauben. Ist jemand anderer Meinung, haben wir mit unserer natürlich trotzdem recht. So erscheint es wenigstens, so ist's normal. Unser Standpunkt ist ja schliesslich der wichtigste, so aber auch wenn wir ehrlich sind jeder andere. Da fängt Weisheit an, das ist mit sich selbst vervollständigen gemeint.
HerzWissen, Weisheit ist schon immer vorhanden und zwar in einem selbst, deswegen dieses IN SICH Selbst Versenken, SICH Kontemplieren, sozusagen SICH FÜHLEN ohne Nachdenken also einfach ERLEBEN.
Und nochmals, Nix gegen's Denken bzw. Nachdenken und's Überlegen, denn Denken ist DIE Eigenschaft per se, aber..., die DenkPause gehört nun mal auch dazu.
Über bzw. unter der wahrgenommenen Polaritätsebene ist nämlich die Ungeteiltheit, das EntTeilte, das Heil(ig)e Ganze, die WirklICHkeit und Wahrheit.

SELBSTBEWUSSTSEIN IST EGO (NATÜRLICH NICHT IM POP-PSYCHO SINN ALS NEGATIV), IICHBIN = EGOIST, NICHT MEHR ABER AUCH NICHT WENIGER. ES GIBT NUR DAS, NUR DICH. UND DA DU WIRKLICH SELBST DAS GANZE BIST IST DEIN UMGANG MIT DIESEN VERMEINTLICH ANDEREN EBEN BLOSS SELBSTUMGANG UND DIE VERWIRKLICHUNG DER „GOLDENEN REGEL".

VERGISS MAL FÜR NE WEILE ALLES VON DU GELERNT HAST UND GUCK NACH'M ICH, DEM EGO. DU HAST DAS NICHT, DU BIST DAS SELBST, SO WIE IN MEINER ALCHEMIE DAS EGOLD, IN MEINER RELIGION DER, DIE, DAS EGOTT UND DESWEGEN GIBT'S KEIN MITTEL DAZU, KEIN WEG FÜHRT DAHIN, KEINE METHODE BRINGT DICH DER ERLEUCHTUNG NÄHER DENN DU BIST BEREITS ALLES, EBEN NUR NOCH NICHT SELBSTERLEBEND WISSEND, ABER DANN AUCH DOCH WIEDER NICHT, DENN DAS SPIEL DAUERT EWIG.

WILLST DU'S NUN IMMER NOCH WISSEN? DANN SETZ DICH AUF DEINE 5 BUCHSTABEN UND FANG AN ZU VERSTEHEN, BLOSS DICH SELBST, DAS LANGT.
SPONTAN GIBT'S IMMER DANN, WENN DIE PERSÖNLICHEN BERECHNUNGEN NICHT AKTIV SIND. KOMMT ZEIT KOMMT RAT, SO WIE IMMER HIER MEIN UNGEFRAGTER.
ZUM ABSCHLUSS NOCH MAL, GLAUBE MIR HIER BITTE NIX SONDERN FANG AN DICH SELBST ZU VERSTEHEN UM WAHRLICH ZU WISSEN.

FOLGE ALSO RUHIG DEM WEG DEINES HERZENS, DENN DAS IST AUCH'S ZIEL.

REAL(L) – ESOTERIK

ESOTERIK - TACHELES
REALE, ECHTE ESOTERIK IST EIGENES HERZWISSEN INKLUSIVE DER (VERSTANDES) HIERARCHIE VON PERSON ÜBERS EGO ZUM SELBST, ALSO VON ICH BIN ÜBERS ICH ZUM SELBST (VON WELCHEM EH ALLES GESCHIEHT). ESOTERISCH MEINT INNERLICH, NICHT NUR EINEN INNEREN KREIS ODER ZIRKEL, SONDERN DEN EIGENTLICHEN MITTELPUNKT (+ SEINEN UMGANG) SELBST. IN DURCH UND AUS SELBST ENTSTEHT'S EGO-ICH UND AUS DIESEM DIE PERSON(A). DAS WAS SICH ALSO BE —BZW. VERKLEIDET ODER MASKIERT MIT EINER PERSÖNLICHKEIT IST'S EGO-ICH, WAS WIEDERUM SEINEN GRUND IM SELBST HAT. ESOTERIK IST WIE GNOSIS, HERMETIK, ALCHEMY, (ECHT) YOGA, (RICHTIG) RELIGION UND DIE WISSENSCHAFT DER UNSTERBLICHEN SEELE. UND IM GEGENSATZ ZUM KÖRPER, AUTO ODER DEN GEDANKEN, HAST DU KEINE SEELE SONDERN DU BIST DAS!
ES GIBT EINEN ESO-MARKT AUF DEM RECHT VIEL SCH...DRECK ANGEBOTEN WIRD, ESO-MESSEN BOOMEN MIT TOLLEN PSEUDOPRODUKTEN UND DIE ERLEUCHTUNGSSUCHENDEN SIND EINE LEICHTE BEUTE VIEL VERSPRECHENDER ESO-PROPAGANDA. SO GLAUBT MAN (JA, FRAU AUCH) DURCH DEN ERWERB BZW. KAUF VON

Absurditäten irgendwie zum Heil zu gelangen. Dabei steht natürlich die eigene Faulheit und Ignoranz und das dazugehörige „Big-Ego-Biz" im Vordergrund. Den modernen Geldschefflern ist jegliche Verarsche recht um an deine Kohle zu kommen und sie sind psychologisch sehr raffiniert zugange. Dein Ego-Geist wird durch Glauben verführt und ihm Mittel, Methode und Technik angeboten wie du so ganz leicht und einfach, ohne quasi selbsttätig werden zu müssen, eben bloss durch diese Produkte bzw. durch deren Anwendung zur Vollkommenheit gelangst. Nun, all das ist nicht ESO sondern Ego!

Die Hierarchie geht aber anders, nämlich vom Körperlich-Materiellen übers Psychische Ego-Ich zum spirituellen Seelen-Selbst. Andersrum geht's natürlich auch, von SELBST übers Ego zur eigenen Person.

ESOterik = SELBSTvervollkommenung, das heiss allerdings nicht, das du etwas aufgeben musst, dein Ego abtöten sollst oder etwaiger Humbug, sondern das du sozusagen dein Wissen, dein Bewusstsein erweiterst.

Mit Persona meine ich hier deine Verhaltensweise vermeintlich Anderen gegenüber, Mit Ego-Ich dein Selbstbewusstsein, auch allein, mit dem Selbst dann die Seele und mit ESO das Verstehen das HerzWissen bzw. die Weisheit ums Unbeschreibliche aber

DENNOCH ERLEBBARE „HÖHERE-SELBST"
WIE'S AUCH GENANNT WIRD.
ABER LASS DICH NICHT VON WORTEN, VON
AUSDRÜCKEN TÄUSCHEN UND BITTE GLAUBE
AUCH MIR BZW. DEM HIER GESCHRIEBENEN
NICHT SONDERN FANG AN SELBST ZU
WISSEN.

IN UNSERER WELT HABEN WIR DAS GÖTTLICHE
VERGESSEN, WIR KONZENTRIEREN UNS BLOSS
NOCH AUFS MATERIELL-KÖRPERLICHE, GEISTIG-
SEELISCHES SCHEINT KEINERLEI BEWANDTNIS
ZU HABEN, OBGLEICH EINE AHNUNG DESSEN
NOCH IN JEDEM SCHLUMMERT.

WIR KRIEGEN BEIGEBRACHT DASS WIR VOM
AFFEN ABSTAMMEN UND GLAUBEN DIESER
NEUEN WISSENSCHAFTSRELIGION BLIND, OHNE
SIE ZU HINTERFRAGEN. GOTT IST ZUM TABU
ERKLÄRT UND DAS EGO AUF DEN THRON
GEHOBEN. ES IST SCHON PERVERS, WAS IN DER
WELT SO VOR SICH GEHT. WIR SIND BLOSS
NOCH RATIONALE KOPF-MENSCHEN-TIERE
GEWORDEN, OHNE HERZ, OHNE SINN & ZWECK,
NUR NOCH ZUM EXISTIEREN SELBSTVERURTEILT
ANSTATT WIRKLICH MAL ZU LEBEN.

ESOTERIK, SELBSTVERVOLLKOMMNUNG
HEISST, DAS DU MEHR BIST BZW. MEHR
WIRST, ES IST DIE ABSOLUTE INTEGRATION,
MAN (FRAU IMMER WIEDER AUCH) IST DAS
ALLEINE (NICHT IM SINNE VON ALLEIN SPRICH
EINSAM).
DIR ALS SEELE KANN NIEMALS NICHTS
PASSIEREN, DU BIST EWIG, UNSTERBLICH,
GRANDIOS, WUNDERBAR GÖTTLICH!

Der ESOteische Wissenschaftler will selbst herausfinden WAS und WER er wahrlich IST, was Leben ist, wie die Welt funktioniert, was Gott, was Bewusstsein ist. ESOterik ist geistige Mentalarbeit im eigenen stillen Kämmerlein, ist die Transmutation von Ego ins SELBST, ist anderes SELBSTBEWUSSTSEIN.

Wissen wie Glauben wirkt, ist Wissen, Wissen ums Nichtwissen ist Wissen, Wissen um ESOterik. Und All das ist so alt, wie du dir's grad denkest, so alt wie deine Menschheit selbst, so alt wie du selbst.

Es geht sozusagen von der Persona übers Ego zum SELBST oder anders vom Körper übern Geist zur SEELE.

Man nennt's auch von der (geistigen) Dunkelheit ins Licht ((des Bewusstseins).

Fazit JETZT: „DIE SEELE IST GÖTTLICH UND DU SELBST BIST DAS"!!!

Im Sanskrit heisst's, ATMAN IST BRAHMAN, Seele ist Gott! In der Bibel, IHR SEID GÖTTER! Und die Griechen meinten, SELBST ZU GÖTTERN SOLLT IHR WERDEN.

Im eigenen Herzen ist alles was du je gesucht hast wirklich selbst zu Finden. Und warum tut's dann keiner? Na weil sich mit seinen Affengeist durch alles Mögliche beeinflussen lässt, statt mal ganz aktiv Null, Nix, Nada zu Machen. Die Entscheidung ist immer deine eigene, nur du kannst der unlogisch erscheinenden

AKTIVEN PASSIVITÄT FRÖNEN, SICH IN SICH SELBST ZU VERSENKEN. VIEL SPASS DABEI.

WIR SIND MEIST IN UNSERER ZVILISATION ZU KONSUM-JUNKIES VERKOMMEN UND DIESER ZUSTAND WIRD FLEISSIG GEFÖRDERT, DENN WO KÄMEN WIR DENN HIN, WENN NUN DIE MASSE DER MENSCHEN AUCH NOCH VON GOTT BESESSEN WÄRE, WENN DER T€URO NICHT MEHR DAS WICHTIGSTE WÄRE, WENN GRENZENLOSE LIEBE, (SELBST)BEWUSSTSEIN, GÜTE, VERSTEHEN UND'S MITEINANDER IM VORDERGRUND STÜNDEN ANSTATT DIE MODERNE DITATURKONTROLLE DURCH ANGSTMACHE UNSERES STAATES MIT SEINEN ÄMTER, BEHÖRDEN, ORGANISATIONEN ETC. DES SCHNÖDEN MAMMON WILLENS.

MEDITATION, GEBET, KONTEMPLATION, SELBSTVERSENKUNG UND WIE SIE ALLE HEISSEN MÖGEN SIND ETABLIERTE SELBSTWISSENSPRAKTIKEN WELCHE SOZUSAGEN BLOSS DARAUF WARTEN VON DIR BENUTZT ZU WERDEN. DU KANNST'S WENN DU WILLST, FANG HALT EINFACH MAL AN MIT DEM AKTIVEN SITZEN UND DEM WAHRNEHMEN DEINES ATEMS OHNE IHN ZU BEEINFLUSSEN, DANN DITO MIT DEINEN GEDANKEN UND GEFÜHLEN, ALSO GANZ EINFACH MAL SEIN STATT SICH IMMER NUR AUFS TUN UND HABEN ZU KONZENTRIEREN. SEIN — BEWUSSTSEIN — SELBSTBEWUSSTSEIN UND NATÜRLICH RETOUR.
NIMM DIR MAL DIE ZEIT STATT SIE EINFACH MIT VOLLKOMMEN WERTLOSEM ZEUGS ZU VERBRINGEN.

Ich verspreche dir… NICHTS, also sein selbst ein Forscher, ein Wissenschaftler und SelbstErkunder, denn das Unsagbare ist wie gesagt zwar unsagbar, jedoch ERLBBAR und zwar immer bloss von dir selbst.

REAL-ESO ist der Weg als auch's Ziel des eigenen symbolischen HERZEN.

Nur du bist in der Lage das für dich selbst zu erleben, keiner und niemand kann's für dich.

Diese Art von UR-ESOterik ist so alt wie die Menschheit selbst und nun ist's zyklisch gesehen halt wieder mal an der Zeit, dass dieses WISSEN wiederkehrt. Da die eigene Praxis Hier, Heut, Jetzt im Vordergrund steht, bist DU SELBST zwecks Verwirklichung gefragt. Du und deine Welt seid wundervoll im wahrsten Sinne des Wortes, also nimm dir doch BITTE mal diese Auszeit und geh sozusagen „In-dICH"!

In der Ruhe, der Stille, der aktiven Passivität von der eigenen Denke liegt's wahre Wissen und wartet auf deine persönliches Ent-Deckung. Sei dieser Forscher, der echte ESOteriker einer Selbsterfahrung im Wissen um sICH SELBST.

DU BIST GÖTTLICH(T)!!!

EntLeuchtung

ENTLLEUCHTUNG, WHAT THE „F" IST DAS, WO DOCH ALLE VON ERLEUCHTUNG REDEN? MAN (FRAU AUCH) WILL DOCH SCHLIESSLICH DIESE ERLEUCHTUNG IRGENDWIE NOCH IN DIESEM LEBEN ERLANGEN, SONST WAR JA ALLES FÜR DIE KATZ UND MAN (FRAU ALSO IMMER WIEDER AUCH) WIRD WOHL WIEDERGEBOREN. DAS SCHLIMME IST JA DIESES AD INFINITUM, WELCHES DABEI UNAUSGESPROCHEN MITSCHWINGT UND EINE SINNLOSIGKEIT DARSTELLT.

ENTLEUCHTUNG WÄRE SOMIT EIN EIGENPERSÖNLICHES EINGESTÄNDNIS SEINER EIGENEN UNWISSENHEIT. UND UNWISSENHEIT IST BEI WEITEM DER GRÖSSERE ASPEKT DES SO POPULÄR-WISSENSCHAFTLICH ABER DOCH BLINDEN GLAUBENS. DA WIRD NÄMLICH NUR „RE"-ZITIERT, ALSO NACHGESPROCHEN BZW. WIEDERHOLT OHNE DIE DOGMATISCHEN AXIOME JE INFRAGE ZU STELLEN, GESCHWEIGE DENN DIESEN UNSINN (DIE ALTEN LEHRMEINUNGEN) WIRKLICH MAL ZU UNTERSUCHEN. WISSENSCHAFT IST IN DIESEM SINNE DER INSTITUTIONALISIERTEN POP-RELIGIONEN ÜBERHAUPT NICHT UNÄHNLICH. MIT ANDEREN WORTEN, ECHTE VERARSCHE, MINDFUCK HALT. DESWEGEN IST HIER MIT ENTLEUCHTUNG EINE VERWANDTSCHAFT ZUR ENTSCHLEUNIGUNG GEMEINT, ALSO SOWEIT SICH SELBST ZU ENTSCHLEUNIGEN, DAS DIESER AFFENGEIST BZW. DIE STIMME IM KOPF ENDLICH MAL ZUR RUHE KOMMT.

BEI DER ENTLEUCHTUNG HANDELT ES SICH UMS AUFGEBEN EBEN DIESER VERMEINTLICHEN ERLEUCHTUNG HINTERHER ZUJAGEN.

GUCK MAL BEI DIR SELBST, IMMER WAS MACHEN, IMMER EIN ZIEL HABEN, IMMER EINER GEWOLLTEN VERÄNDERUNG FRÖNEN, NIE UND NIMMER MIT SICH, GOTT UND DER WELT ZUFRIEDENSEIN.

UND JA, MAN SEINE ALLTAGSDENKE RUHIG GEISTESKRANK NENNEN, DEN GANZ NORMALEN WAHNSINN, EBEN SCHIZOPHRENIE.

ENTLEUCHTUNG HAT NATÜRLICH WAS MIT VERSTEHEN ZU TUN, NIX MIT MITTELN, METHODEN UND TECHNIKEN.

WER IRGENDETWAS ANWENDET UM ZU... (WAS AUCH IMMER) STEHT AUF VERLORENEN POSTEN, DIE 100%IGE AKZEPTANZ IST WICHTIG UND RICHTIG, ALSO DAS WAS GRAD IST.

ERLEUCHTET WERDEN ZU WOLLEN HAT DIE ANNAHME DES EBEN GRAD JETZT NICHT ERLEUCHTET SEINS. DOCH DU KANNST NICHT ZU DEM „WERDEN" WAS DU BEREITS SCHON IMMER BIST. DU BIST DER DENKER VON GEDANKEN, IDENTIFIZIERST DICH ABER NUR MIT DEINEN GEDANKEN BZW. GEDANKENINHALTEN ANSTATT DEIN AUGENMERK AUF DEN EIGENEN DENKPROZESS ZU RICHTEN UND DIESEN IN ALLER RUHE ANZUSCHAUEN UND ZU VERSTEHEN.

NICHTDENKEN PASSIERT DIR NÄMLICH JEDE NACHT VON GANZ ALLEINE, VON SELBST, OHNE DAS DU IRGENDETWAS DAFÜR MACHEN MUSST. MIT DEINER EXISTENZ IST'S DITO, ALSO FANG DOCH ENDLICH AN ZU LEBEN.

DAS GROSSE N"ICH"TS DES TIEFSCHLAFES IST DIE EINE HÄLFTE DER NIX —UND ALLES MEDAILLE. DU BIST DAS GANZE, DAS HEILE, BEWUSSTSEIN SELBST ODER WIE ICH'S HIER AUSDRÜCKE DAS (NICHT DENKBARE) ICH, WAS

DU NATÜRLICH NICHT MIT'M EGO VERWECHSELN DARFST. DIE MACHT, DIE KRAFT WELCHE DICH AUFWACHEN LÄSST, DIE IST MIT ICH GEMEINT, DIESES ICH IST ANBETUNGSWÜRDIG, EHRENSWERT.

ENTLEUCHTUNG IST SYNONYM FÜR (GEISTES)ENTSPANNUNG UM EINFACH DAS ZU SEIN WAS DU WIRKLICH BIST UND KEIN GEDANKE AN DICH SELBST IST DAS. ICH KANN ÜBER BZW. AN UNZÄHLIGE DINGE, SACHEN, GEGEBENHEITEN DENKEN ABER NICHT AN ICH. WENN ICH AN MICH DENKE IST'S EBEN EIN GEDANKE, DOCH NIE DAS ICH SELBST. RELIGIÖS GESAGT ENTSPRICHT DAS ICH DEM WAS MIT GOTT GEMEINT IST.

DENKEN JEDOCH HAT MITNICHTEN IRGENDETWAS SCHLECHTES, NEGATIVES USW., DENN DIE POLARITÄT BLEIBT IMMER IM NATÜRLICH DYNAMISCHEN GLEICHGEWICHT UND BEDINGT SICH GEGENSEITIG WIE DIESE SCHON ERWÄHNTE MEDAILLE.

ICH BIN, ERGO DENKE ICH UND NICHT UMGEKEHRT.

UND WENN HIER VON WISSEN DIE REDE IST, SO IST NICHT ETWA IRGENDEINE ANSAMMLUNG VON GE –BZW. ERLERNTEM GEMEINT, SONDERN EIN VERSTEHEN PER SE, EIN VERSTÄNDNIS DES UNDENKBAREN URGRUNDS ALLEN SEINS, DEM ICH EBEN.

ALSO, MACH MAL AKTIV PAUSE UND DIESE PAUSE IST NICHT LILA, SONDERN SCHWARZ WIE DIE NACHT, DIE PAUSE VOM VERMEINTLICHEN WISSEN IN DIE REALE UNWISSENHEIT.

ÜBERS ICH GIBT'S NIX ZU WISSEN NUR ES SEIN LANGT VÖLLIG. DU WIRST NIE DURCH'S DENKEN ZUM ICH, DU BIST SCHON, OB DIR'S BEWUSST

IST ODER NICHT IST NÄMLICH DAS DING MIT DEN ZWEI ENDEN, ALSO WURST.

ZUFRIEDENHEIT ERREICHST DU JA AUCH NICHT DURCH IRGENDWELCHE GEDANKENKONZEPTE SONDERN EBEN DURCH DAS AUFGEBEN, DURCHS AKZEPTIEREN, JA DURCH DAS LIEBEN VON DEM WAS GRAD IST. BEDINGUNGSLOSE LIEBE IST ENTLEUCHTUNG IN DIESEM SINNE. WER SUCHET DER FINDET... BLABLA, DENN DIE SUCHE WIRD SEHR OFT ZUR SUCHT UND'S AUFGEBEN DIESER ERLEUCHTUNGSSUCHE ERGIBT EINE ART VON NONVERBALEM „AHAH-ERLEBEN", WELCHES NUR DU SELBST ERFAHREN KANNST.

SCHAUEN, BEOBACHTEN, BETRACHTEN OHNE VERÄNDERUNGEN HERBEIFÜHREN ZU WOLLEN, ZU MÜSSEN ODER ABER ZU BRAUCHEN IST JENE ART VON AKTIVER PASSIVITÄT.

IN DIESEM SINNE IST ES KEINE 5 VOR 12, KEINE 5 NACH 12, SONDERN DAS EWIGE „HIGH NOON" DES IMMERWÄHRENDEN JETZT.

FINSTERNIS, DUNKELHEIT, DIE SCHWÄRZE DES N"ICH"TS IN WELCHER DAS LICHT DES BEWUSSTSEINS VON SELBST ENTSTEHT IST WIE BEI DER CREATIO EX NIHILO DER (VERWORFENE) GRUNDSTEIN DER WEISEN, QUASI DIE BASIS, DAS FUNDAMENT FÜRS ALL.

AUS DEM NIX, DER LEERE, AUCH VAKUUM ODER CHAOS GENANNT ENTSTEHEN TRÄUME, EGAL OB TAG –ODER NACHTTRAUM ALS EIGENE INFORMATIONEN. DENKEN, GLAUBEN, INFO-VERARBEITUNG IST HIERBEI ALLES SYNONYM UND AUSTAUSCHBAR. SO TRÄUMT DER TRÄUMER SEINEN TRAUM UND ES GIBT KEINEN TRAUM OHNE TRÄUMER UND DOCH GIBT'S DEN TRÄUMER ABER OHNE TRAUM, NUR REDEN WIR

DANN VOM NICHTS, OBGLEICH DAS WORT, SPRICH DER GEDANKE JA SCHON WIEDER EIN ETWAS IST, DIE STIMME IM KOPF DIE GRAD DAS NICHTS AUSSPRICHT.

BIN ICH ALSO IN DER LAGE MICH (SELBST) ZU DENKEN, GOTT ZU DENKEN, BEWUSSTSEIN ZU DENKEN? NATÜRLICH... NICHT! ABER..., VERSUCH DOCH MAL BEWUSST EINZUSCHLAFEN UND FINDE SELBST RAUS OB'S KLAPPT. ALL DAS WAS DU VON DIR BZW. ÜBER DICH SELBST DENKST, GLAUBST, ANNIMMST BIST DU NICHT. WAS BIN ICH DANN, WAS IST'S ICH WAHRLICH? UNDENKBAR NATÜRLICH.

LOGOS, SINN WIRD ERFÜHLT, ERFAHREN, ERLEBT UND NICHT BLOSS GEDACHT UND DOCH ENTSTEHT EINFACH ALLES DURCH DENKEN. WO — HIER, WANN — JETZT, DENN DENKEN, EGAL AN WAS GESCHIEHT IMMER NUR JETZT. ES GIBT DA SCHLICHT, EINFACH UND ERGREIFEND NUR DICH!

DU BIST DAS ALLES, ALLE ANDEREN INKLUSIVE, DU BIST ABER AUCH DAS NICHTS AUS WELCHEM ALLES KOMMT UND IN WELCHES ALLES WIEDER VERGEHT, AD INFINITUM. DAS IST DAS WAHRE PERPETUUM-MOBILE, DIE SICH SELBST VERÄNDERNDE ENERGIE DIE DU SELBST BIST.

IM SINNE VON MEDITATION, GEBET, KONTEMPLATION ODER EINFACH EINER AKTIVEN DENK-PAUSE KANNST DU DIES LIVE ERFAHREN, DA DU DIR DIESES ICH NUN MAL NICHT DENKEN KANNST. ENTLEUCHTUNG IAT QUASI EIN RE-TOUR ZU DEINER WAHREN NATUR UND KEINE JAGD NACH IRGENDEINEM VORGESTELLTEN GLÜCK.

ABER, DAS HIER GE —BZW. BESCHRIEBENE ERSCHEINT DEINER LOGIK ZUERST EINMAL UNLOGISCH, BIS DU EBEN JENE GEDANKENWEGE IM EIGENEN GEIST MITGEHST. SCHLIESSLICH HAT DOCH VOM EIGENEN STANDPUNKT HER EIN JEDER ERST EINMAL MIT SEINEN GEDANKEN, SEINEM GLAUBEN, JA SEINER EIGENEN MEINUNG VOLLKOMMEN RECHT, SO AUCH ICH UND DU UND DIES AUCH NOCH VÖLLIG SYNCHRON, SPRICH GLEICHZEITIG, SPRICH IM EWIGEN JETZT.

DER TITEL DER ENTLEUCHTUNG IST ALSO ABSICHTLICH SO GEWÄHLT, DAMIT DER LESERGEIST DER EBEN GRADE ZU SICH SELBER IM AUSGEDACHTEN KOPF REDET, INTERESSIERT AN DEM WORTSPIEL IST UND EINFACH MITMACHT. DIE HIER UND ÜBERHAUPT VORGELEGTE SCHREIBWEISE IST MEINE NATÜRLICHE LOGIK UND BEDARF NUR ETWAS ÜBUNG UM DEN INHALT WIRKLICH BESSER ZU VERSTEHEN. DIE WORTE SIND SOZUSAGEN SELBSTERKLÄREND, WAS EINEM RECHT NEU VORKOMMT. DOCH, ÜBUNG MACHT DEN MEISTER.
ÜBER DIE THEMATIK BEWUSSTSEIN, ICH, GOTT USW. VERFASSE ICH SOGAR BÜCHER, ARTIKEL, BLOGS SOWIE STATEMENTS IN ALLEN MÖGLICHEN MEDIEN. DAS REIN INTELLEKTUELLE, SPRICH THEORETISCHE VERSTÄNDNIS DIESER SELBSTGESPROCHENEN SCHRIFTEN LIEGT MIR FERNE, DENN ICH LIEBE DEREN PRAKTISCHES VERSTEHEN.

LEBEN OHNE ANGST, KUMMER UND SORGEN IST GRADE DADURCH ERMÖGLICHT.

Das Akzeptieren deiner gegenwärtigen Situation, ja das Lieben dieser ist ein offenes Geheimnis, denn du denkst dran deine Existenz verändern zu müssen, deinen „freien Willen" zu verwirklichen usw. usf., doch beziehst du dies meist bloss immer auf deine Person bzw. aufs Ego. Und wer nicht irgendwie aufm Ego-Trip ist, der werfe den ersten Stein. Du brauchst dieses Ego nicht abtöten, brauchst nicht bewusst Einschlafen, brauchst dich nicht zu verändern, sondern erst dich selbst, diesen Körper, die Denke, das Fühlen neutral zu betrachten bzw. zu beobachten ohne einzugreifen, ohne Veränderungsgedanke bzw. Veränderungswünsche.

Wandlung, Wechsel, Veränderung geschieht eh von selbst, von ganz allein und ist Teil des zu begreifenden Prozesses, Teil der sich selbst ändernden Natur, aber du bist eben das Bewusstsein dahinter, davor und zwischendrin und dies ist mitnichten chronologisch gemeint. Als MENSchlein hast du keine Chance dir irgendetwas auszusuchen, eben keinen freien Willen von dem so viele Babbeln. Weisheit beginnt mit Selbst-Verständnis, mit Selbst-Erforschung, denn nur die eigene Erfahrung ist was Wert und nicht das Nachplappern sogenannter Dritter. Du bIST der DENKER selbst, aber glaube bitte jetzt nicht, dass du dir eben grade deine Gedanken aussuchst, genauso wie

DU KEINEN EINFLUSS AUF DEINE TRÄUME ALS TRÄUMER HAST, EGAL OB DIESE NACHTRÄUME ODER ABER DER JETZIGE TAGTRAUM SEI, KOMMEN GEDANKEN UND GEHEN GEDANKEN, VON IRGENDWO NACH NIRGENDWO, AUSM NICHTS UND WIEDER INS NICHTS.

SICHERHEIT, KONTROLLE SCHEINT'S PROBLEM OBGLEICH NATÜRLICH NICHT. EHRWÜRDIG IST DAS WAS DICH TRÄUMEN LÄSST, DAS WAS DICH WACHEN LÄSST, DAS WAS DICH NUN MAL DENKEN LÄSST, DAS WAS DICH SEIN LÄSST, DAS WAS DICH EXISTIEREN LÄSST ABER SELBST NICHT EXISTIERT, EBEN DAS ICH WOVON ES NUR EINS GIBT.
DAS IST DER GOTT IN ALLEM RELIGIONEN, DAS IST'S GOLD DER ALCHEMIE, DER STEIN DER WEISEN, DIE UNIVERSALMEDIZIN, DIE QUINTESSENZ UND WIE'S AUCH IMMER GENANNT IST, DAS BIST DU!
ZWEIFELN HEISST NICHT IM GEISTIG-GÖTTLICHEN HIER+JETZT ZU SEIN, SONDERN DURCH IRGENDEINE ASSOZIATION MAL WIEDER IN EINER EBEN GERADE GEDACHTEN VERGANGENHEIT ODER ABER ZUKUNFT ZU SCHWELGEN UND EBEN DIESEN MOMENT VERGESSEN ZU HABEN. SELBSTBETRACHTUNG AUCH DES VERGESSENS IST DIE PRAXIS, ABER DIE PRAXIS EINER AKTIVEN PASSIVITÄT. MIT DIESEN VERMEINTLICHEN KONTRADIKTIONEN KANN MAN SEHR GUT ZURECHTKOMMEN WENN MAN VERSTEHT WAS GEMEINT IST.
UM DIE EIGENE UNWISSENHEIT, DAS EIGENE NICHTWISSEN ZU WISSEN IST DER ANFANG VON WEISHEIT, VON BEWUSSTSEIN SELBST UND DAZU IST KEINE TECHNIK, KEIN MITTEL ODER

KEINE METHODE VONNÖTEN. ALLES IST SCHON IMMER DA, SELBSTVERSTÄNDLICH IN DIR SELBST.

HIER, WO DAS TUN EIN LASSEN IST FÄNGT ECHTE ZUFRIEDENHEIT AN, EIN GLÜCKLICHSEIN UND KEIN BLOSSES MAL GLÜCK-HABEN.

MEIN SYMBOL (STATT DIABOL) IST DESWEGEN DAS HERZ UND NICHT DAS HIRN, DENN DAS CHRONISCH-ZWANGHAFTE DENKEN IST ZUM PERSÖNLICHEN PROBLEM MUTIERT, EGO UND NOCHMALS EGO IM VORDERGRUND MIT ICH — MIR — MEINS & CO, EGAL WO MAN (FRAU AUCH) HINSCHAUT, ÜBERALL (Ö)EGO-NOMIE, GELD, MACHT, HERRSCHSUCHT OB STAAT, RELIGION, POLITIK, ALLES NUR IMMER IM ZEICHEN VON WELTWIRTSCHAFTSWACHSTUM, KLIMASCHWINDEL, CO2, ÖKO, U.V.M. MODERNES RAUBRITTERTUM, VOLKSVERDUMMUNG, AUSNUTZE, SELBSTBEREICHERUNG ETC. PP. SIND DIE TAGESORDNUNG.

DU ALLERDINGS BRAUCHST DA NICHT MITZUMACHEN, DU KANNST ANDERS, DU KANNST „DURCHBLICKEN" UND MAL WIRKLICH KONSEQUENT SEIN. D.H. NICHT IRGENDWIE REVOLUTION, SONDERN IN MEINEM SINNE SANKTION (V. SANCTUM), ALSO SEGNUNG.

EINE DOPPEL —ODER MEHRSINNIGKEIT VON BEGRIFFEN DÜRFTE AUGENSCHEINLICH SEIN, JEDOCH IST WOHL DER TIFE, RICHTIGE SINN UND GEBRAUCH VON WORTEN GENAUSO IN VERGESSENHEIT GERATEN WIE ICH SELBST UND DIE UNTERSTE, DIE MATERIELLE EBENE

IST'S EINZIGSTE WAS MAN NOCH ZU KENNEN
SCHEINT.
SEELISCH, GEISTIG, GÖTTLICH, SPIRITUAL USW.
SIND DOCH DA NUR KONZEPTE DER
ESOTERIKER, DER IDEALISTEN UND HABEN
KEINEN PLATZ IN DEINER REALITÄT. UND DOCH,
REALITÄT IST EBEN NICHT WIRKLICHKEIT,
BEACHTE MAL NUR DIE VORSILBE RE UND
SCHAU MAL MIT DEINEM EIGENEN GEISTESLICHT
WAS SICH EVENTUELL DAHINTER VERBIRGT.
LOGOS HAT'S NÄMLICH GANZ GEWALTIG IN
SICH!
ABER GENUG MIT KRITISCHEN BEMERKUNGEN,
MEINE WELT IST WUNDERVOLL, SO
WUNDERBAR, DASS ICH'S ICH NICHT ERKLÄREN
KANN UND DOCH DRÜBER SCHREIBE IN DER
HOFFNUNG DIR SOZUSAGEN EINEN KLEINEN
GEISTIGEN SCHUBS GEBEN ZU KÖNNEN, DAMIT
DU DICH NUN FÜR DICH SELBST
INTERESSIERST.
DAS WICHTIGSTE BIST DOCH SCHLIESSLICH
DU ALS ICH.
IN DIESEM SINN VERFASSE ICH DIE
BUCHSTABENAUFEINANDERFOLGE FÜR DICH,
DEN GOTT IN DIR WELCHER SICH SELBST BEIM
LESEN DIESER EIGENEN GEDANKEN ZUHÖRT.
OH JA, LIES MAL GAAANZ LAAANGSAAM UND
AUFMERKSAM. HÖRST DU DICH?
NIMM MAL DEINE 5 SINNE, HÖST DU, SIEHST DU,
RIECHST DU, SCHMECKST DU, FÜHLST DU
DICH, - ODER DENKST DU DIES ALLES NUR?
DU SELBST BIST DAS GROSSE ABENTEUER
LEBEN UND KANNST DICH SELBST NUR
FRAKTAL, BRUCHSTÜCKHAFT
SELBSTWAHRNEHMEN.

DAS GANZ-HEIL(IGE) ICH IST DIE EIGENE SELBSTERFAHRUNG LIVE, HEUT, HIER, JETZT INKLUSIVE ALLEM.

DU BRAUCHT ALSO NIX WEGMACHEN VON DIR, SONDERN BLOSS WIRKLICH, WAHRLICH VERSTEHEN. VERLASSE DICH AUF DICH SELBST UND NICHT AUF TRENDSETTER, PRIESTER, GURUS ODER ANDERE MEINUNGSINFUENZER, DIE HABEN VIELLEICHT IHRE EIGENEN ERLABNISSE WELCHE ALLERDINGS NICHT DEINE EIGENEN SIND. VERLASSE DICH AUF DEIN EIGENES HERZ UND BETRACHTE DEIN DASEIN JEDEN TAG AUFS NEUE, SCHAU DIR DIE TRÄUME, DAS WACHEN, DAS DENKEN AN UND NATÜRLICH AUCH DAS, WAS DU UNTER ZEIT VERSTEHST UND HINTERFRAGE ALLES EINSCHLIESSLICH DAS HINTERFRAGEN DES HINTERFRAGERS. WOW UND SCHON WIEDER...

WAS ODER WER BIST DU WIRKLICH UND WER ODER WAS WILL DAS WISSEN?

PHILOSOPHIE ODER MEINETWEGEN FÜHLOSOPHIE BZW. PHILOSOFÜHLEN IST ECHTE WISSENSCHAFT, ALSO DAS WAS WISSEN (ER)SCHAFFT EINSCHLIESSLICH DER EIGENEN, SUBJEKTIVEN VERIFIKATION.

DA DU DIE HAUPT(UR)SACHE BIST, KÜMMERE DICH ZUERST EINMAL UM DICH SELBST, DER REST WIRD SICH FINDEN!

DAS WAS DU WAHRLICH BIST IST NÄMLICH NICHT EXISTENT, EXISTIERT NICHT IM SINNE VON OBJEKTIVITÄT ALS DING, SACHE, ALS EIN ETWAS UND DAS WILL DOCH ERSTMAL VERSTANDEN SEIN.

INDEM DU DEINEN GEIST AUF SICH SELBST RICHTEST STATT SICH MIT DRITTINFO

VOLLZUSAUGEN DIE AUCH NOCH AUS FRAGWÜRDIGEN QUELLEN STAMMT, DIE MEDIEN SIND GEMEINT), SCHAU UND LAUSCHE MAL IN DICH.

UND DOCH IST GENAU IN DIESEM MOMENT ALLES GUT, ALLES OK, ALLES IN ORDNUNG, PERFEKT, DENN SONST WÄRE ES GANZ EINFACH ANDERS WIE'S IST, NICHT WIE'S DIR VIELLEICHT ERSCHEINT WEIL DU'S IRGENDWIE INTERPRETIERST ODER GAR MISS-INTERPRETIERST, ALSO WERTEST. ABER AUCH DAS GEHÖRT ZUM „WAS IST"!

RE-AKTIONS-FREIHEIT IST GLEICHZEITIG DEINE ENTSCHEIDUNG ZU VERSTEHEN, DASS DAS WAS DU ÜBER, VON DIR DENKST DU NIE UND NIMMER SEIN KANNST. DURCH SELBSTVERVOLLKOMMNUNG AUCH DESSEN WAS DU LANDLÄUFIG UNTER LOGIK VERSTEHST ERWEITERST DU DIESE ZU SOZUSAGEN EINER LIEGENDEN ACHT, INFINITIV, UNENDLICH. DU DENKST DICH MIT DEN GERADE STATTFINDENDEN PERSÖNLICHEN GEDANKEN EBEN NICHT SELBST AUS. DAS WAS DU NÄMLICH Z.Z. VON DIR DENKST IST EBEN AUSGEDACHTES ABER NIE WIRKLICHKEIT.

SEI DIR BITTE DARÜBER IM KLAREN, DASS DU SCHON IMMER (ABER UNWISSENDLICH) ICH BIST, GENAUSO WIE ICH DU BIN.

ICH SCHREIBE HIER NUR FÜR DICH UND NATÜRLICH FÜR MICH ALS SELBSTUNTERHALTUNG. ES IST KEIN DIALOG SONDERN VIEL EHER EIN MONOLOG, ALSO EIN VON DIR GERADE IN DIESEM AUGENBLICK GEHALTENES SELBSTGESPRÄCH. DENN WIE BEREITS SCHON ERWÄHNT, ES GEHT DABEI

IMMER NUR UM DICH! VERSTEHST DU NUN WENN ICH SAGE DAS ICH DU BIN UND DU ICH? ES IST NICHT UNÄHNLICH DIESER MYSTERIENSCHULEN ULTIMATIVEN WAHRHEIT DIE DU BEI DEINER EINWEIHUNG INS REIFE OHR GEFLÜSTERT BEKOMMST „DU BIST GOTT(L)ICH"!

UND KLAR AUCH, DASS EINIGE INSTITUTIONEN UND ORGANISATIONEN DIESE WAHRHEIT NICHT PREISGEBEN WOLLEN. AUCH DAS GEHÖRT ZUM VERMEINTLICHEN PLAN. ES IST NÄMLICH SO WIE DU'S DIR DENKST FÜR DICH, WIE DU'S GLAUBST, WIE DU MEINST.
IST DOCH LOGISCH, ODER?
UND MIT DIESEM FRAGEZEICHEN ENTLASSE ICH DICH HIERMIT AUS MEINEN GEDANKEN.

EINwenig ProVokatives über MACHT

DEINE MACHT IST MITTLERWEILE DEINE OHNMACHT. DU GLAUBST AN STAAT, DIE MUTTI, KIRCHE, DEN PAPST, POLITIK, WIRTSCHAFT, EZB, EU, MASSENMIGRATION, KLIMAWANDEL, ENERGIEWENDE, FAKE NEWS, 5G, FACEBOOK & CO, WISSENSCHAFT - DASS DU VOM AFFEN ABSTAMMST U.V.M. UND BEZEUGST DAMIT IMMER WIEDER AUFS NEUE DEINE EIGENE UNFÄHIGKEIT ZUM SELBSTDENKEN.
DURCH DEINEN ABERGLAUBE AN ANDERE, MÄCHTIGERE ENTMACHTEST UND VERACHTEST DU NUR DICH SELBST!

KEINE MUTTI, KEIN PAPA WIRD IRGENDETWAS IM SINNE DES VOLKES TUN UND MACHEN. DU BIST DAS VOLK, SCHAU DICH UM WAS UND WIE'S IN DEINER WELT AUSSIEHT.

BIST DU SCHON FREI ODER EIN MANIPULIERT KONTROLLIERTER SKLAVE? DENKST DU SELBST ODER FOLGST DU TRENDS UND ANDEREN MEINUNGEN? WEISST DU DENN ÜBERHAUPT WER UND WAS DU WIRKLICH BIST? GLAUBST DU NOCH ODER WEISST DU SCHON?

OH JA, DIESER KLEINE TEXT HAT'S GEWALTIG IN SICH, DENN ER RÜTTELT AN DEN EINGEBILDETEN GRUNDFESTEN DES ABERGLAUBENS.

VON WEGEN IM ABBILD GOTTES, WOHL DOCH EHER EXISTIEREN ALS EIN STERBLICHES SÄUGETIER MIT AUSBLICK EIN GENMANIPULIERTER KI-CYBORG ZU WERDEN. DU GLAUBST AN DIE ÜBERMACHT DEINER REGIERUNG, DEN POLIZEI –UND KONTROLLSTAAT, EIN SYSTEM, WO DU ALS MENSCH KEINE ROLLE MEHR SPIELST, WO ES SCHEINBAR BLOSS NOCH UM MODERNE SKLAVENHALTUNG (DEIN PERSONAL-AUSWEIS LÄSST GRÜSSEN) GEHT, WO STAAT UND REGIERUNGEN RICHTIGE VERBRECHEN STRAFLOS BEGEHEN DÜRFEN, WO ANGST UND SCHRECKEN HERRSCHEN UND ALLES NUR AUFS GELDPRINZIP HINAUSLÄUFT UND DU IMMER MEHR ABGEBEN MUSST, DAMIT SICH DIE KABALE AN DEINER DUMMHEIT ERGÖTZT UND DAMIT DEINE HEILE WELT ZERSTÖRT.

DU BIST WEIT MEHR ALS DIESER AUSGEDACHTE SCHEISS WELCHEN DU TAGTÄGLICH DURCH MEDIEN UND INTERNET SERVIERT BEKOMMST. DU BIST GÖTTLICH, BIST GEIST UND ZWAR EIN FREIER.
WANN FÄNGST DU AN DICH SELBST ZU VERSTEHEN? WAS BRAUCHT'S DAMIT DU AUFWACHST?
WARUM LÄSST DU DICH PERMANENT VERARSCHEN, KRIEGFÜHREN FÜR FRIEDEN, ZWANGSABGABEN FÜRS KLIMA, WÄHLEN OHNE WAHLFREIHEIT, MEDIZIN OHNE GESUNDHEIT, NWO USW. USF. AD ABSURDUM.
ICH WILL, DASS DU AUCH MIR NICHT GLAUBST, SONDERN SELBST ANFÄNGST FÜR UND UM DICH SELBST ZU WISSEN. LASS DOCH DIE BERIESELUNGS-GEHIRNWÄSCHE MAL BEISEITE UND SCHAU IN DICH, FINDE SELBST RAUS WAS DU WAHRLICH BIST!
DIE ENTSCHEIDUNG IST AN DIR, DU KANNST DEINEN BEQUEMEN STATUS QUO ERHALTEN UND SINNLOS WEITER VERDUMMEN ODER DICH ECHT FÜR DICH SELBST INTERESSIEREN.
DU BIST VORURSÄCHLICH, OHNE DICH IST UND GEHT NIX!
DAS IST KEIN AUFRUF ZUR REVOLUTION, SONDERN EIN GANZ PERSÖNLICHER WECKRUF. SOBALD DU NICHT DIE MACHT DEINES GEISTES GEBRAUCHST ENTMACHTEST DU DICH IMMER NUR SELBST BIS DU DANN SCHLIESSLICH VON DEINER EIGENEN OHNMACHT ÜBERZEUGT BIST UND „DEREN" AGENDA BRAV FOLGST, DENN SONST PASSIERT DIR SCHLIMMES!
ALLES LUG UND TRUG, DENN NUR DU BIST DIE WAHRHEIT, DIE WIRKLICHKEIT, DIE

FREIHEIT, DAS GUTE, DAS SCHÖNE, DU
BIST WUNDERVOLL.
KEINER, NICHTS UND NIEMAND KANN
IRGENDETWAS FÜR DICH TUN. LASSEN ODER
MACHEN, WEDER IN GEDANKEN, WORTEN ODER
TATEN, DAS OBLIEGT DIR GANZ ALLEIN!
DU BIST HERRLICH ALSO VERHALTE DICH
NICHT DÄMLICH.
DU SELBST BIST DAS WAS IMMER IST, DIR
KANN NIX PASSIEREN, DENN DU BIST NICHT
(NUR) DASS WAS DU GLAUBST ZU SEIN.
DIESE MACHT IST IN DIR UND NIRGENDWO DA
DRAUSSEN ZU FINDEN. SCHAUE, LAUSCHE,
VERSTEHE UND WISSE UM DICH SELBST.
MACH MAL EINE AKTIVE DENK-PAUSE UND
LASS LOS, LASS LOS VON JEGLICHEM KONZEPT,
FÜHL WAS DU BIST, JETZT.
UND DANN FANG AN WIRKLICH ZU LEBEN UND
NICHT BLOSS ALS ARBEITS-TIER ZU EXISTIEREN.
DU KANNST NIE UND NIMMER ZU DIR SELBST
„WERDEN", DENN DU BIST'S IMMER SCHON.
DU, DEIN EIGENES ICHBIN IST NICHT BLOSS
REALITÄT SONDERN EWIGE WIRKLICHKEIT.
DU BIST'S UNDENKBARE ICH, BEWUSSTSEIN
SELBST, GÖTTLICH-GEISTIGES SEIN, DAS
ICHBIN.
GLAUBE NICHT, WISSE!

DU=ICH

NICHT NUR GEDANKEN ÜBERS DENKEN
DU BIST ('S) ICH, JEDOCH VON DIR SELBST
NICHT DENKBAR — DENN'S ICH (ICH) IST

NÄMLICH SELBST SCHON WAS ERDACHTES, SPRICH (D)EIN GEDANKE.

KLINGT IM ERSTEN AUGENBLICK RECHT KOMISCH DIESE AUSSAGE. DOCH SIE HAT'S MÄCHTIG IN SICH. DAS HEISST NÄMLICH, DASS DU SELBST DAS BIST BEVOR IRGENDEIN DENKEN ÜBERHAUPT ENTSTEHT. UND NUN VIEL SPASS EBEN BEIM DENKEN, NACHDENKEN, KONTEMPLIEREN, ÜBERLEGEN USW.

DENKEN, GLAUBEN, INFORMATIONEN, MEINUNGEN UND DERGLEICHEN, SIND BEREITS BRUCHSTÜCKE VOM GROSSEN GANZEN, SPRICH FRAKTALE DER WIRKLICHKEIT, DES BEWUSSTSEINS AN SICH BZW. DER EINEN WAHRHEIT, WELCHE RELIGIÖS AUCH GOTT GENANNT WIRD.

„ ICH = ICH + ICH „ IST HIERBEI MEINE EIGENE ERKLÄRUNGSFORMEL, DOCH FÜRS ICH ODER ICH BLEIBE ICH VERBORGEN, ERGO UNDENKBAR, ABER DENNOCH WISSBAR. DIESE ICH WELCHES ABSOLUT IST, IST DER DENKER VON ALLEM, DER NATÜRLICH GLEICHZEITIG ALS DING AN SICH EBEN NICHTS IST, HALT NICHT DENKBAR IST. UND DAS IST MITNICHTEN EINE KONTRADIKTION.

FÜRS ICH ALS BEWUSSTSEIN GIBT'S NÄMLICH EIN ERDACHTES UNTERBEWUSSTSEIN SOWIE EIN ERDACHTES ÜBERBEWUSSTSEIN ZUR SELBEN ZEIT, ALSO JETZT. BEWUSSTSEIN IST FREI VON SEINER EIGENEN POLARITÄT, DA ES SOZUSAGEN DIE MITTELLINIE BZW. DEN MITTELPUNKT VON ALLEM SYMBOLISIERT.

100&IGES AKZEPTIEREN, EIN EINVERSTANDENSEIN MIT DEM WAS MOMENTAN IST IST IM WAHRSTEN SINNE DES WORTES DIE

LÖSUNG, D.H. EHER EIN LASSEN ALS EIN TUN, ODER ABER LUSTIGER AUSGEDRÜCKT: „TU DAS MAL SEIN-LASSEN"! HIER KOMMT NATÜRLICH DIE EIGENE SELBSTBEOBACHTUNG INS SPIEL, DAS BETRACHTEN VON SI(I)CH SELBST. UND WIE DU DIR EBEN BEIM LESEN DIESER WORTE, SPRICH DER STIMME IM KOPF BEWUSST BIST, SIE WAHRNIMMST, BLEIBT DOCH DIESES BEWUSSTSEIN AN SICH FÜR DICH UNBEWUSST.

DER DENKER VON GEDANKEN BIST DU, DAS ICH WELCHES DU ALLERDINGS NICHT DENKEN KANNST, DENN SONST WÄRE ES JA BLOSS WIEDER ETWAS AUSGEDACHTES. MACH ABER BITTE NICHT DEN FEHLER ZU DENKEN BZW. ZU GLAUBEN, DASS DEINE PERSON NUN DENKEN KANN WAS DU WILLST. ICH IST UNDENKBAR ABER DENKT SICH ALS ICH. DAS IST SOZUSAGEN UR-TEILEN IN SEINER UREIGENSTEN INDIVIDUALITÄT, EIN GANZ UND GAR NATÜRLICHER PROZESS. DU BRAUCHST DICH ALSO GAR NICHT ZU VERÄNDERN, DU MUSST LEDIGLICH VERSTEHEN, VERSTEHEN WAS UND WER DU WIRKLICH BIST! HEILSEIN BEDEUTET GANZSEIN, BEDEUTET INKLUSIVE VERMEINTLICHER POLARITÄTEN VOLLKOMMENHEIT. ES IST WIE MIT'M BEWUSSTSEIN, DAS HAT MAN (FRAU AUCH) NICHT, DAS IST MAN (FRAU AUCH)! IN DIESEM SINNE BIST DU NUN MAL WEIT MEHR ALS DU DENKST BZW. GLAUBST ZU WISSEN. ICH BIN DER DENKER SÄMTLICHER GEDANKEN, AUCH DER GEDANKEN AN UND ÜBER MICH SELBST. ICH, DER SCHÖPFER

SCHÖPFE AUS MIR SELBST HERAUS ZEIT UND RAUM, JA DAS GANZE UNIVERSUM, MICH INKLUSIVE. ICH ERLEBE ALS ICH SELBST DIE WELTLICHE ALS REALITÄT UND VERGESSE DADURCH MICH ALS DIE WIRKLICHKEIT. DAS WAS ICH ÜBER MICH DENKE IST NICHT WAHR, DENN ICH BIN NIX GEDACHTES SONDERN DIE QUELLE ALLEN DENKENS WELCHE SELBST NATÜRLICH UND LOGISCH NICHT ERDACHT IST. ICH BIN DAS ABSOLUTE IN UND DURCH ALLES RELATIVE ERSCHEINT. ICH BIN OHNE WORTE, ICH BIN BEVOR IRGENDETWAS LEISE IM GEIST ODER ABER LAUT AUSGESPROCHEN WIRD, ICH BIN VOR, WÄHREND UND NACH DEM MONO — BZW. DIALOG SCHON IMMER DERSELBE. OHNE MICH IST NIX, JA NICHT EINMAL ICH ALS ICH.

SO, BIST DU NUN 'S ICH ODER WAS? GLAUBST DU, DU BIST 'S ICH-ICH, DAS EGO? LEBST DU SCHON ODER EXISTIERST DU NOCH? VERTRAUST DU DEM LEBEN VOLL UND GANZ ODER HAST DU NOCH ANGST? GLAUBST DU IMMER NOCH DASS DIR ALS ICH ETWAS GUTES ODER BÖSES WIDERFAHREN KÖNNTE? HÄLST DU WAS ANDERE SAGEN ODER DU LIEST, HÖRST ODER SONST IRGENDWIE AUFNIMMST FÜR WAHRER ALS DEINE EIGENE WAHRHEIT? SUCHST DU IMMER NOCH NACH SINN & ZWECK DEINES LEBENS IN SEMINAREN, AUF SCHULUNGEN, BEI GURUS, IN KIRCHE & CO ODER SONSTIGEN VERANSTALTUNGEN DIE DIR IHREN EIGENEN GEQUIRLTEN BLÖDSINN ANDREHEN UND NUR ERWARTEN DASS DU IHNEN GLAUBST? WAS BRAUCHT'S DAMIT DU ENDLICH BEGINNST NACH INNEN ZU SCHAUEN?

WEISHEIT IST LEIDER KEIN INTELLEKTUELL GEHORTETES WISSEN UND HAT AUCH RECHT WENIG MIT „FürWahrHalten" ZU TUN, EGAL UNTER WELCHER MASKERADE DIR'S ANGEDREHT WIRD.

TJA, DIESER TEXT IST SOMIT NATÜRLICH AUCH KEINE AUSNAHME FÜR dICH!

DAS WAS DU VON DIR SELBST DENKST BIST DU LEIDER NICHT, DAS WAS DU GLAUBST, MEINST, ANNIMMST, MUTMASST, WOVON DU ÜBERZEUGT BIST UND DIR EINBILDEST IST ALLES NICHT ICH. ALSO WAS UND WER bIST DU UND WAS UND WER WILL'S WISSEN? UND WARUM? WIESO INTERESSIERST DU dICH FÜR DICH?

IST IRGENDETWAS JETZT ETWA NICHT IN ORDNUNG ODER DENKST DU DIR, DASS WAS EVENTUELL ETWAS GRAD NICHT STIMMT? ECHT? HÖRST DU DICH SELBST SPRECHEN, SIND DAS VIELLEICHT SOGAR DEINE EIGENEN WORTE? WAS WÄRE, WENN DU SELBST DIES HIER GRAD JETZT KREIERST? WAS WÄRE WENN DEINE WELTEN DURCH DENKEN IN UND AUS sICH SELBST ENTSTEHEN UND DURCH DENKEN AN ETWAS ANDERES IM SELBEN AUGENBLICK WIEDER VERGEHEN? WAS WÄRE WENN DENKEN „VON SELBST, QUASI AUTOMATISCH" VONSTATTEN GEHT? WAS WÄRE WENN DU EINFACH IN VOLLEN VERTRAUEN OHNE ANGST UND SORGE (UM EGAL WAS) JETZT, SPRICH HEUTE LEBEN KÖNNTEST? WAS UND WEM GILT DEIN INTERESSE?

SELBSTBEOBACHTUNG IN ALLEN UMSTÄNDEN IST MAL WAS ANDERES ZUM PRAKTIZIEREN, ABER EBEN BEWUSST.

UNTER DIESER ART VON SELBSTBETRACHTUNG IST DAS NEUTRALE SCHAUEN AUF SEINE EIGENE

Geistestätigkeit ohne etwas verändern zu Wollen gemeint. Ein Bezeugen, ein Zusehen, sozusagen ein geistiges Notieren von dem, was als Gedanken und Gefühlen in einem selbst passiert bzw. geschieht, ohne aktives Eingreifen. Meditation in Bewegung könnte man's nennen, aktive Passivität, bewusstes Seinlassen, Hingebung, Akzeptanz, das totale Einverstandensein mit dem was JETZT IST.

Du Selbst als dieses absolute ICH bIST nämlich der ERLEBER des relativen, sprich sich andauernd verändernden und selbst umgestaltenden Lebens. Du, das ICH bIST in meinem Sinne also FREI von Was Auch Immer, FREI aber nicht getrennt sondern nur GeistICH unterschieden. Lassen wir mal ein „WunschDenken" weg, dann ist Leben JETZT grad LIVE von dir Selbst wahrzunehmen. Nicht mehr aber auch nicht weniger. Deine GABE ist nämlich die Aufgabe selbstgemachter (Lebens)Aufgaben und die totale HINGABE an das was IST ohne etwas verändern zu wollen.

Ist gar nicht so einfach wie's nun im eigenen Kopf klingt.

Immer und immer wieder verpacke ich durch diese Texte dieselbe Message. DU BIST WEIT MEHR ALS DU DENKST bzw. DIR VORSTELLEN KANNST. DU BIST DER DENKER!

Lass dir das mal so ganz genüsslich auf der geistigen Zunge zergehen. Deswegen

AUCH IMMER WIEDER DIESE WIEDERHOLUNGEN. ES BRAUCHT SCHON WAS UM DIE UNS VON ANDEREN BEIGEBRACHTE LOGIK ZU DURCHSCHAUEN. DIESE EIGENE LOGIK IST DEIN FEIND WELCHER SICH IM KOPF VERSTECKT UND TARNT, DASS DES EINEM ÜBERHAUPT NICHT MEHR AUFFÄLLT GESCHWEIGE DENN IN DEN SINN KOMMT SICH SELBST MAL ZU HINTERFRAGEN. WIR GLAUBEN EINFACH BLIND UND DOGMATISCH DAS, WAS UNS VON ANDEREN VON KLEIN AUF ERZÄHLT WIRD, OHNE SICH DABEI AUF SICH SELBST ZU VERLASSEN. DABEI BEKOMMEN WIR BLOSS TOTE DATEN UND ZIMMERN UNS IM WAHRSTEN SINNE DES WORTES EIN EIGENES WELTBILD DRAUS. NUN GANZ EHRLICH, ICH HABE MICH NOCH NIE SELBST IM SPIEGEL GESEHEN, HABE DAS SEHEN NOCH NIE GESEHEN UND DITO MIT DEN ANDEREN SINNEN.

TJA, UNSER KÖRPER SCHEINT REALITÄT ZU SEIN, DOCH ICH IST WIRKLICHKEIT. DURCHS DENKEN SCHÖPFEN WIR IN, DURCH UND AUS UNS SELBST WIE EIN GOTT UNSERE WELT. GEMINT IST HIER ALLERDINGS NICHT DAS „POSITIVE DENKEN ZUR EGOBEFRIEDIGUNG", SONDERN DAS DENKEN AN SICH.

DENKEN, GLAUBEN, INFORMATIONEN SIND IN DIESEM ZUSAMMENHANG EINERLEI. DIE „INNEREN WORTE" MACHEN BILDER UND GEFÜHLE ZUR GLEICHEN ZEIT UND DIESES SCHAUSPIEL ÄNDERT SICH VON MOMENT ZU MOMENT, UND WENN AUFGEPASST WIRD, KANN MAN (FRAU AUCH) SICH IMMER WIEDER ÜBERRASCHEN LASSEN VON DEM WAS KOMMT. ES IST IMMER WIEDER ETWAS ANDERS ALS

VORHIN UND DOCH HATS NIX MIT SOGENANNT CHRONLOGISCHER ZEITABFOLGE ZU TUN, DENN ES GESCHIEHT ALLES JETZT. DEINE AUFGABE IST DIE AUFGABE DER AUFGABE UND DIE HINGABE ANS EINZIG WIRKLICHE, NÄMLICH'S ICH-SELBST, DAS ICH-BIN, ODER ABER DAS, WAS MAN UNTER GOTT VERSTEHT.

DAS LESEN DIESER ZEILEN ALS MENSCH, PERSON BZW. CHARAKTER IST SOMIT KOMPLETT USELESS, DENN ICH SCHREIBE NICHT FÜR ETWAS AUSGEDACHTES, SONDERN SOZUSAGEN FÜR DEN GEIST, DEN DENKER. WER OHREN HAT ZU HÖREN, DER HÖRE, SEHE UND STAUNE. DEINE EIGENE ALLTAGSÜBERRASCHUNG IM LEBEN SIND VON DIR NUN MAL SELBST ZU AKZEPTIEREN, ZU TOLERIEREN, ZU RESPEKTIEREN UND IM VOLLEN PERSÖNLICHEN EINVERSTÄNDNIS ZU LEBEN. HAB NICHT GESAGT, DASS ES EINFACH SEI, ABER MACHBAR. MIT EINWENIG VERSTÄNDNIS SOWIE ÜBUNG GEHT'S DANN QUASI „VON-ALLEIN", VONSELBST, VOLLAUTOMATISCH.

DU BIST DER ERLEBER(IN), NICHT DAS ERLEBTE, DENN LEBEN IST IMMER POLAR, DU ABER BIST VOR JEGLICHER POLARITÄT DAS, WAS MAN SYNTHESE NENNEN KÖNNTE. DU ALS DER ERLEBER DEINES (TRAUM)LEBENS IST WIE DER TRÄUMER DER TRÄUMT, WIE DER DENKER DER DENKT ODER ABER WIE'S SUBJEKT ZUM OBJEKT. DU BIST ABSOLUT FREI ABER HALT NICHT GETRENNT VON DEINEN ERLEBNISSEN. DER ERLEBER IST „GRÖSSER" ALS DAS LEBEN WELCHES ER ERLEBT, DER DENKER MÄCHTIGER

ALS SEINE GEDANKEN, DER MALER MEHR ALS SEIN BILD.

ABER DIESEN ERLEBER KANNST DU (MAN+FRAU AUCH NICHT) NICHT DENKEN, DENN SONST WÄRE ER JA BLOSS WIEDER ETWAS GEDACHTES, WAS AUSGEDACHTES, EIN GEDANKE UND EBEN NUN MAL NICHT DU-SELBST.

DAS MIT DEM DENKEN IST SO EINE MEIST MISSVERSTANDENE ANGELEGENHEIT, DENN DIE MEISTEN MENSCHEN GLAUBEN SELBST IN GEDANKENKONTROLLE ZU SEIN BZW. EINEN MÄCHTIGEN EINFLUSS AUF IHRE DENKE ZU HABEN. GENAU DAS GEGENTEIL IST DER FALL. DENKEN GESCHIEHT EBEN NUN MAL VON SELBST, VON ALLEINE, AUTOMATISCH WIE EINE GUTE SELBSTBETRACHTUNG SOFORT VERDEUTLICHEN WÜRDE, WÜRDE DIESE DENN ECHT MAL GEMACHT. DAS DENKENDE BIST DU SELBST ALS'S ICH, DER ERLEBER VON DEM WAS NUN MAL GERADE IST. ICH IST SOZUSAGEN DER ERLEBER (IMMER AUCH NATÜRLICH DIE ERLEBERIN) DES (ER)LEBENS, NICHT DAS, WAS DA SO ALLES ERLEBT WIRD UND AUCH NICHT DAS LEBEN SELBST. STATT ERLEBER KANN ICH AUCH ERFAHRER SAGEN ODER EBEN DENKER IM VERGLEICH ZUR GEMACHTEN ERFAHRUNG BZW. ZU GEDANKEN. DAS ZU VERSTEHEN IST „ES"! UND KEINE 10 PFERDE BRINGEN DICH DA HIN, EBEN WEIL DU'S SCHON IMMER SELBST BIST, HIER, HEUT, JETZT!!! DU, ALS DENKER BIST NICHT ETWAS VON DIR SELBST GEDACHTES UND KANNST DICH GAR

NICHT SELBST DENKEN, DOCH SIND DEINE GEDANKEN DEINE ERFAHRUNGEN DIE DU SO IM LEBEN HAST BZW. MACHST.

DER HAMMER IST, WENN ICH SAGE, DASS INNEN IM KOPF SO WIE IM AUSSEN DRAUSSEN ALLES GLEICHZEITIG MIT DER DENKE ALS WAHRGENOMMENE REALITÄT ERSCHEINT.

WIR GLAUBEN AN EINE „NACHEINANDERABFOLGE" VON ZEIT, OBGLEICH ZEIT ALS GESAMTPAKET DAS IMMERWÄHRENDE JETZT IST.

UNSERE ANERZOGENE CHRONOLOGIE VON ZEIT ENTSPRICHT NICHT DER WAHRHEIT, WELCHE NÄMLICH WIE'S ICH ALS ERLEBER AUCH UNDENKBAR IST. REALITÄT, EXISTENZ IST BEREITS GEDANKE, DU SELBST JEDOCH ALS ICH BIST DIE WIRKLICHKEIT SELBST.

VON EWICHKEIT ZU EWICHKEIT IST VON MOMENT ZU MOMENT, IST IMMER JETZT.

DAS OFFENE GEHEIMNIS BIST DU SELBST, DAS ICH UND ES GILT'S ZU VERSTEHEN. DAZU BEDARF ES KEINERLEI VERÄNDERUNG DEINERSEITS, SONDERN DIE VOLL UND GANZE AKZEPTANZ DEINES JETZIGEN LEBENS, DEINER AUGENBLICKSERFAHRUNG VON WAS IMMER AUCH BEI DIR ANGESAGT IST.

DU BIST DAS ABSOLUTE ZENTRUM, DAS AUGE DES HURRIKANS, DIE NABE DES RADES DES LEBENS.

ABER, WAS IST NE NABE OHNE RAD, WAS 'N DENKER OHNE'S DENKEN, EIN ERLEBER OHNE (ER)LEBEN, EIN TRÄUMER OHNE TRAUM?

VERSTEHEN IST IMMER NOCH ALLES.

UNTERSCHIEDEN ABER NICHT GETRENNT HEISST DIE LOSUNG, EBEN VERSTEHEN!

UND KOMM BITTE NICHT AUF DIE IDEE DEINER EIGENEN ERLEUCHTUNG, DEM DENKER, DEM TRÄUMER ETC. HINTERHER ZUJAGEN, DAS IST UNMÖGLICH. VON WEGEN ALLES IST MÖGLICH, DER HAKEN BEI DER SACHE MIT DER SELBST-SUCHE UND SELBST-FINDUNG IST DEREN KONZEPT, DAS DENKEN DRAN ZU WERDEN, ZU WERDEN WAS MAN (FRAU AUCH) SCHON IMMER SELBST IST.
DESWEGEN DIESE UNMÖGLICHKEIT EINES „ERLEUCHTET WERDEN WOLLENS". DAS IST SCHLICHT UND EINFACH NICHT MACHBAR, ALSO AUCH HIER IST AKZEPTANZ VONNÖTEN.

BIST DU NUN BEREITS SCHON ICH? ALS ICH IST ALLES GUT, EGAL OB TAG —ODER NACHTTRAUM, EGAL WELCHER GEDANKE, IDEE, EINFALL ETC., GANZ GLEICH DER EIGENPERSÖNLICHEN LEBENSBEDINGUNGEN USW. HIER ZEIGT SICH WAHRES VERSTEHEN.

DENKEN IST DIE EIGENSCHAFT VON GEIST SOWIE'S TRÄUMEN VOM TRÄUMER UND'S ERLEBEN VOM ERLEBER UND DAS GANZE AD INFINITUM.
UND AD-INFI IN DIESER PERSÖNLICHEN EXISTENZ MEINER SELBST BIN ICH NICHT MÜDE DARÜBER ZU SCHREIBEN, ZU REDEN UND ZU INFORMIEREN.
ABER DU, DU BIST DAS WAS DU NICHT DENKEN KANNST, DU BIST ICH!!!
UND KLAR, ICH BIN DU, BIN WIR, BIN ALLES UND DANN DOCH AUCH WIEDER SELBST NICHT, DENN DU GELIEBTER LESER(IN) BIST MICH GRAD AM DENKEN, ALS AUTOR, ALS LEBENSKÜNSTLER, ALS HARRYOGI, HARRYSHI,

ODER ABER IN WAHRHEIT EINFACH ALS ICH,
SPRICH ALS DU-SELBST. TJA AMIGO MIO, BIST
DU SCHON BERIET FÜR RICHTIG ESSEN ODER
IMMER NOCH GEWÖHNT AN EINHEITSBREI? UND
JA ICH WEISS, KANN GANZ ORDENTLICH
PROVOZIEREN SO'N DENK-SCHREIBERLING IM
EIGENEN KOPF.

IN DIESEM SINNE DER POLARITÄT LEBST DU
VORSTELLUNGEN, ABER VERSTEHST MIT UND
DURCH ERINNERUNGEN, WOBEI ALLERDINGS
DIE THEMATIK AUF GLEICHZEITIGKEIT
BERUHT UND NICHT ETWA AUF DIE EINGEIMPFTE
CHRONOLOGISCHE ZEIT VOM NACHEINANDER
BZW. DEM HINTERHER ETC.

UND GENAU WEGEN DIESEN
UNVERSTÄNDLICHKEITEN DER FAKTEN
(TATSACHEN), LASSEN SICH DIE LOGISCHEN
DOGMATIKER UND AUSWENDIGLERNER VON
ETABLIERTER MEINUNG ERST GAR NICHT AUF
WIRKLICHKEIT, WAHRHEIT, NEUES USW. EIN.
FÜR OTTO NORMALO, DER IN DIESEM MOMENT
NATÜRLICH VON ICH, SPRICH DIR ERDACHT
WIRD, HAT DAS NE MENGE MIT UNBEHAGEN,
FURCHT, ANGST UND NATÜRLICH MIT RISIKO ZU
TUN, WO DOCH UNSERE GANZE GESELLSCHAFT
AUF VERMEINTLICHE SICHERHEIT AUFBAUT, AUF
REIN MATERIELLE SCHEINSICHERHEIT
ALLERDINGS, DENN DAS EINZIG SICHERE IST
NUN MAL DAS ICH BZW. IM KONTEXT
NATÜRLICH DU-SELBST.

DAS WAS ICH DENKE IST! DAS WAS ICH
NICHT DENKE GIBT'S EINFACH NICHT FÜR MICH.
KLINGT DAS ETWA ZU EGOISTISCH?
DANN BRAUCHT'S NOCH WAS.

WIR LIEBEN ES DOCH IRGENDWO HINZUGEHEN
UND UNS (SELBSTVERSTÄNDLICH GEGEN

BEZAHLUNG) BERIESELN ZU LASSEN MIT SOGENANNTEN WEISHEITEN, MIT ERKLÄRUNGEN, MIT KONZEPTEN VON ERLEUCHTUNG, SPIRITUALITÄT UND HAUPTSÄCHLICH ESO USW. USF. WIR LIEBEN UNSERE DOCH SO HOCHSTILISIERTE HERDENMENTALITÄT, DIE GRUPPENDYNAMIK, DAS SOCIALISING, BLOSS UM JA NICHT UNSEREN EIGENEN WEG ZU GEHEN WEIL DIESER EBEN JA NUR VON EINEM SELBST GEGANGEN SEIN WILL. SPRICH VON DIR SELBST, ALLEIN. WARUM? NA WEIL'S BLOSS DICH GIBT! DU UND DEIN TRAUM SIND NICHT GETRENNT VONEINANDER, DU UND DEIN LEBEN AUCH NICHT.

YOGA, SCHON MAL WAS DAVON GEHÖRT? HIER IST NATÜRLICH NICHT DIE REDE DES WESTLICH ADAPTIERTEN GESUNDHEITS-FITNESS-GYMNASTIK-VERRENKUNGS-BOOMS, SONDERN EINFACH UND SCHLICHT DAS WAS DAS WORT MEINT, NÄMLICH UNION. MIT UNION IST ABER NICHT EIN ZUSAMMENSCHLUSS VON MEHREREN ZU EINEM GEMEINT, ALSO NIV MIT VON VIELHEIT ÜBER ZWEIHEIT ZUM EINSSEIN, SONDERN DIE ECHTE PHILOSOPHIE DES YOGA EBEN ALS UNION, SPRICH EINHEIT. YOGA IST EIN GEISTIGES SYSTEM ZUR SELBSTBEFREIUNG UND DIE KÖRPERPOSITIONEN SIND HIERBEI DER GERINGSTE PART. DIE ALTEN NANNTEN ES DIE WISSENSCHAFT DER BEFREIUNG DER SEELE UND AUCH IN DER BIBEL GIBT'S ALLERHAND ÄHNLICHES. WER LESEN KANN DER LESE UND VERSTEHE.
MITTLERWEILE IST ABER SOGAR IM HERKUNFTSLAND INDIEN VIEL VERLOREN

GEGANGEN UND YOGA IST AUCH DORT EIN MODE-TREND.

ES IST NICHT UNÄHNLICH DER ALCHEMIE, DIE HIERZULANDE BLOSS NOCH AUF CHEMISCHE PROZESSE REDUZIERT ERSCHEINT. RELIGIÖS-SEIN, HAT NIX MIT KIRCHEGEHN GEMEIN, WISSENSCHAFT NICHT VIEL MIT IHREN PSEUDO-MATERIELLEN EXPERIMENTEN, GENAUSO WIE'S ERLEBEN NICHT NUR AUF KÖRPERLICHER BASIS STATTFINDET.

UND NOCHMALS, DIES SOLL KEINE (NEGATIVE) KRITIK SEIN, NUR EIN AUFZEIGEN VON MITTLERWEILE GESELLSCHAFTLICH ANERKANNTEN (AB)IRRUNGEN UND (VER)WIRRUNGEN.

„UM GOTTES WILLEN", WO KÄMEN WIR DENN HIN, WENN ICH MEINEN FREIEN WILLEN GOTTESWILLE UNTERSTEHE, WENN ICH NUR NOCH WILL WAS GOTT WILL? UND WAS WILL GOTT? NA GANZ EINFACH, NÄMLICH GENAU DAS WAS JETZT EBEN IST! DENN SOLANGE DU ALS EGO NOCH IRGENDETWAS WILLST, PASSIEREN DIR IMMER WIEDER DIE GLEICHEN WIEDERHOLUNGEN. ERST WENN DEIN WILLE SEIN WILLE IST, D.H. WENN DU PERSÖNLICH NICHT'S MEHR WILLST, GESCHIEHT ALLES NACH'M GÖTTLICHEN PLAN. ABER DIES KANNST NUN MAL NUR DU FÜR DICH ALLEIN UND SONST KEINER.

DEIN WEG IST DEIN WEG, ALLE(S) ANDERE(N) SIND EH NUR GEDANKEN, HALT WIE IM TRAUM DEN DU GERADE JETZT TRÄUMST.

Doch für einige ist Macht das Ein und Alles geworden und deren Mittel zum Zweck heisst dann Kontrolle. Kontrolle von Geld, von welchen uns glaubhaft versichert wird, ohne geht nix. Gold, Geld, Münz, dann Papier und derzeit nur noch virtuelle Zahlen auf Bildschirm-Monitoren und doch glauben alle an die Macht des Geldes, obgleich ja Kapital-(Verbrechen) in etwa Todbringend, tödlich heisst aber derzeit doch mit der Masse des zivilisierten Menschen-Volkes von ReGIERungen praktiziert wird. Demnächst kommt wohl das versprochene Rappelchen, die Krise, die Veränderung auch hierbei zustande, denn so egoistisch wie diese ReGIERung agiert folgt zwangsläufig bald eine ReAktion. Aber, bis Dato ist dies eben auch bloss Gedachtes im JETZT. So wie alle Prophezeiungen die sICH mehr oder weniger erfüllen natürlich sICH immer und ewig im Jetzt erfüllen. Konsequenzen folgen vermeintlich den Sequenzen bzw. schliessen diese ja schon wörtlich mit ein.
Aber DU als's ICH bist davon in keinster Weise irgendwie betroffen, denn sämtliche Sequenzen inklusive ihrer Kon-Sequenzen sind schon Gedanken und der Glaube daran.

Dein Weg ist dein Weg welcher gleichzeitig (JETZT) nun mal auch's Ziel darstellt, allerdings wirst du als Personifikation dieses Ziel nie und nimmer

ERREICHEN KÖNNEN, EGAL WELCHER MITTEL, METHODEN UND TECHNIKEN DU DICH DABEI BEDIENEN MAGST, DENN WIE SCHON SO OFT IN DIESER SCHREIBUNG, WELCHE DEINE EIGENEN WORTE IN DEINEM EIGENEN GEIST SIND, ERWÄHNT, KANNST DU NICHT WERDEN WAS DU BEREITS IMMER SCHON BIST.

DU = ICH, ERINNERE DICH SELBST AN DICH, TRÄUME ALS TRÄUMER, DENKE ALS DENKER, DENN NUR IN DIR SELBST KANN BEWUSSTSEIN BEWUSST SEIN. DU GEIST BIST DAS WIRKLICH WUNDERVOLLE ICH WELCHES DU WAHRLICH BIST, SOZUSAGEN DER SPIEGEL SELBST UND NICHT BLOSS DIE REFLEXIONEN DAVOR UND DRIN. DER SPIEGEL IST FREI VON DEN SPIEGEL-BILDERN SO WIE DU VON DEINEN GEDANKEN, GEFÜHLEN, KÖRPER, JA DIESER EXISTENZ AN SICH. ALL DAS PASSIERT IN DIR, DU GÖTTLICHES-WESEN.

DU BIST DAS NICHTS, DAS EIN UND ALLES, GOTT, GEIST, ENERGIE, ICH!

REFLEXIONEN

SPIEGELBILDER, DOCH IST DER SPIEGEL(GEIST) FREI VON DEN BILDERN(MATERIE). REFLEXIONEN SIND SOZUSAGEN WIEDER-SPIEGELUNGEN, SIND BILDNISSE, IMAGES UND OBGLEICH SICH DIES MEIST AUF IRGENDWELCHE BILDER BEZIEHT IST DOCH AUCH HUAPTSÄCHLICH EIN REFLE(X)TIVES DENKEN GEMEINT. DAS WAS REFLE(X)TIERT BIN NATÜRLICH ICH. ICH IST ALSO NICHT DIE REFLXION AN SICH, SONDERN DAS WAS DIES

Möglich Macht, sozusagen der Spiegel Selbst, welcher allerdings meist nie selbst gesehen wird bzw. gesehen werden kann.

Man (Frau auch) verliert sich in der Reflexion und erkennt eben gerade deshalb den Spiegel nicht. Vorm Spiegel ist gleich hinterm Spiegel bzw. im Spiegel, doch ist der Spiegel Selbst meist immer und überall einfach übersehen.

Dito gilt für's Ich, denn Ich Bin kein Körper, den Habe Ich und nicht bloss den, meine Gefühle wie Gedanken machen da keine Ausnahme mit dem Haben.

Deswegen meine Aussage, „Ich habe mICHSELBST no niemals im Spiegel gesehen"!

Klar ist da eine Reflexion von (m)einem Körper zu erblicken, doch dieser verschwindet sofort im nächsten Augenblick wenn etwas anderes reflektiert wird oder ich sozusagen den Betrachtungswinkel, sprich die Position verändere.

Der Hammer allerdings ist, das der Spiegel IMMER IrgendEtwas reflektiert, er kann nicht ohne.

Das kann jeder für sich ruhig selbst überprüfen, aber wie gesagt, hier geht's mir um die Analogie, die Metapher, das Gleichnis.

Wir haben gelernt ums immer nur mit den bildlichen Reflexionen zu Identifizieren, unser ganzes System baut darauf auf, als ob es die einzige alleingültige Wahrheit sei. Nun, sie ist es NICHT.

UNSER SYSTEM, WELCHES AUF PROFESSIONELLE ART & WEISE AUF EINE „VORSPIEGELUNG FALSCHER TATSACHEN", DEN SOGENANNTEN MATERIALISMUS BERUHT, HAT SICH SELBST DURCH DIE EIGENE VERLOGENHEIT ZUM TODE VERDAMMT BZW. VERFLUCHT.

IMMER UND IMMER WIEDER PREDIGE ICH, DU bIST NICHT DEIN KÖRPER, DEN HAS(s)T DU. WER OHREN HAT ZUM HÖREN UND VERSTEHEN, DER HÖRT UND VERSTEHT JETZT ENDLICH WAS GEMEINT IST.

EIN NEWTONSCHES MECHANISTISCHES WELTBILD ENTSPRICHT LEIDER NICHT DER WAHRHEIT, SONDERN BERUHT LEDIGLICH AUF EIN NATURWISSENSCHAFTLICH, DOGMATISCHES GLAUBENSBEKENNTNIS VON ALLGEMEINER NACHPLAPPEREI.

WOW, KANN DENN SO EINE AUSSAGE DIE IM KRASSEN GEGENSATZ ZUR ALLGEMEIN-PHYSIKALISCHEN LEHRMEINUNG STEHT DENN ÜBERHAUPT EINE GÜLTIGKEIT HABEN? NUN, SELBSTRAUSFINDEN SOLL'S MOTTO SEIN. DU KANNST NICHT AN dICH SELBST DENKEN, DU SELBST ALS ICH bIST UnDenkbar, SO WIE DER SPIEGEL SICH NICHT SELBST REFLEKTIEREN KANN. DENKEN IST EINE ART VON SELBSTGESCHENK WAS DU DIR AUTOMATISCH IMMER WIEDER SELBST MACHST, DOCH EBEN GERADE DIESES SELBST, PERMANENT NICHT DURCH IRGENDWELCHE MITTEL, METHODIK ODER TECHNIKEN OBJEKTIV ERFAHREN KANNST.

SINN UND ZWECK DES LEBENS IST GANZ EINFACH SEIN LEBEN OHNE WENN UND ABER LIVE ZU ERLEBEN, GENAUSO WIE IM „DEIN WILLE GESCHE" GEMEINT IST. DA GIBT'S NIX ZU ERREICHEN, ZU VERWIRKLICHEN ETC., DENN DU BIST BEREITS DIE WIRKLICHKEIT SELBST ODER DIESER DENKENDE DENKER, EBEN DER SPIEGEL SELBST.

DEIN LEBENSZIEL KANN IMMER BLOSS HIER UND JETZT EIN WUNSCHLOSES-GLÜCKLICHSEIN SEIN!!!
IST DAS VERSTANDEN UND ICH MEINE WAHRLICH VERSTANDEN, DANN IST'S VERSTANDEN.
HABEN, TUN UND MACHEN, EIN ANDERSWOLLEN ALS DAS WAS AUGENBLICKLICH IST IST'S PROBLEM.
DIE LÖSUNG IST'S BEOBACHTEN, DAS ZUSCHAUEN ALS UNABHÄNGIG-NEUTRALER ZEUGE, ALS BETRACHTER OHNE IRGENDWIE EINZUGREIFEN BZW. ETWAS VERÄNDERN ZU WOLLEN.
DIE FORMEL ICH = ICH + ICH SYMBOLISIERT GENAU DIE ÜBERALL VORHANDENE TRINITÄT, WELCHE BEI UNS UNTER GOTT-VATER, GOTT-SOHN UND DER HEILIGE-GEIST BEKANNT IST, BRAHMAN, VISHNU, SHIVA, ODER MAL SIMPEL, KÖRPER, SEELE, GEIST.
DIE SYNTHESE AUS THESE PLUS ANTITHESE, AUS SUBJEKT UND OBJEKT, AUS VORM SPIEGEL UND HINTERM (IM) SPIEGEL IST EBEN NUN MAL DER SPIEGEL SELBST BZW. DU ALS'S ICH.

EGOSOPHIE, ICH-WISSEN-SCHAFT ODER DIE WISSENSCHAFT VOM ICH, DENN EGO HEISST

ICH UND HAT MIT NEM GLAUBEN AN EINE NEGATIV-PSYCHOLOGIE ERSTMALS NIX ZU TUN. PHILOSOPHIE KENNEN WIR, NA JA, WENIGSTENS VOM HÖREN-SAGEN. ICH NENNE DAS MEIST FÜHLOSOPHIE BZW. PHILOSOFÜHLEN, DAS ES HALT VON HERZEN KOMMT UND NICHT NUR „BIRNIG" SEIN SOLL.

EGOSOPHY IST IN DIESEM SINNE ALSO DAS SELBSTWISSEN, DAS WISSBARE WISSEN UM ICHSELBST.

SO BENUTZE ICH HIER VIELE VERSCHIEDENE WORTE UM DOCH EIGENTLICH DAS „OHNE WORTE", DAS UNSAGBARE IRGENDWIE DIR, MEINEM LESER, NÄHERZUBRINGEN. TEILWEISE SCHREIBE ICH NUN MAL ANDERS ODER ERFINDE BEGRIFFE, DIE EINFACHER VERMITTELN SOLLEN.

AM ANFANG IST'S WORT UND DEIN WORT IN GOTTES OHR, DENN WENN DU ACHTGIBST UND NACH SOZUSAGEN INNEN LAUSCHT KANNST DU DEINE EIGENE GEDANKENSTIMME HÖREN. AUS WORTEN WERDEN BILDER, BILDER WERDEN ZU GEFÜHLEN UND GEFÜHLE ZUM VERHALTEN BZW. ZUM MACHEN UND TUN. DOCH DAS GANZE PASSIERT NICHT ETWA CHRONOLOGISCH NACHEINANDER SONDERN GLEICHZEITIG IMMER NUR JETZT.

DIE WIRKLICHKEIT IST ALLE MÖGLICHKEITEN AUF EINMAL, WOVON DEINE JETZIGE BLOSS EINE REALLITÄT DARSTELLT. ZEIT IN DIESEM SINNE UMFASST WIE RAUM EINFACH ALLES UND DU BIST DAS. UNSER VERSTÄNDNIS VON KAUSALITÄT SOLLTE EINFACH UMGEDRHET SEIN, DAS KOMMT DER WAHRHEIT WESENTLICH NÄHER ALS DAS UNS EINGEIMPFTE

WISSENSCHAFTS-RELIGIÖSE DOGMATISCHE GLAUBEN AN ALLGEMEIN AKZEPTIERTEN UND NICHT HINTERFRAGTEN MINDFUCK. SELBSTDENKEN UND SELBSTBEOBACHTUNG SIND DIE SCHLÜSSEL ZUR FREIHEIT. DIE SCHÖPFUNG IST, DASS GOTT DIE WELT DURCH DENKEN IN, DURCH UND AUS SICH SELBST KREIERT, DITO DU MIT DEINER WELT DIE DU DIR AUSDENKST. DU BIST VIEL MEHR ALS DU VON DIR GLAUBST BZW. DENKST, DENN DU BIST DER DENKER.

DU BIST DER TRÄUMER WELCHER ERWACHT IM WISSEN DAS ER TRÄUMT. TJA, ES KLINGT SCHON ANMASSEND ZU BEHAUPTEN „ICHBINGOTT", VERRÜCKT, GRÖSSENWAHNSINNIG, KETZERISCH, JA ECHTE GOTTESLÄSTERUNG VON EINEM DERANGIERTEN GEIST, WAHRSCHEINLICH ZU VIEL MEDITIERT DER SPINNER! ABER, MACH DOCH SELBST DIE PROBE AUFS EXEMPEL UND FINDE WIRKLICH FÜR DICH SELBST RAUS WAS IST. ALLES WAS DU DAZU BENÖTIGST HAST DU BEREITS. STELL DIR SELBST MAL DIESE SEINS —UND SINNFRAGEN WIE — WER BIN ICH — WAS IST'S ICH — WELCHEN SINN HAT'S LEBEN — GIBT'S GOTT — WAS IST LIEBE USW. USF.?

WENN GOTTES WILLE WIRKLICH GESCHIEHT, WENN DER WEG DAS ZIEL IST, WENN'S ECHT NIX ZU TUN GIBT, DANN KANNSTE DOCH GANZ ENTSPANNT SEIN UND DEIN LEBENSSPIEL EINFACH SELBSTBETRACHTEND MITSPIELEN. ES GEHT NIE UMS WERDEN, NIE

UMS GEWINNEN ETC. ES GEHT IMMER NUR UM DICH ALS EINZIGES!

ICH IST ABSOLUT — UND DAS HAT IN KEINSTER WEISE IRGENDETWAS MIT EINEM NEGATIVPSYCHOLOGISCHEN EGO ZU TUN. ABER, AUCH DASS SIND GEDANKEN, REFLEXIONEN DIE DU NUN BEIM „DAS-HIER" LESEN IN DEINEM (AUSGEDACHTEN) KOPF ALS DEINE EIGENE (GEDANKEN)STIMME WAHRNEHMEN KANNST.

SO WIE DER SPIEGEL VON SEINEN REFLXIONEN NICHT GETRENNT ABER DOCH FREI IST, SO IST'S MIT DEINEM GEIST MIT SEINEM DENKEN. DER SPIEGEL KANN SICH SELBST NICHT REFLEKTIEREN, DER GEIST AUCH NICHT, EINFACH WEIL DASS WAS DU WIRKLICH BIST SCHLICHT UNDENKBAR IST.

COGITO EGO SUM, ICH DENKE MIR MEIN ICH SELBER AUS, - AUS MIR HERAUSGEDACHTE WESENHEIT, PERSON, MENSCH, INDIVIDUUM USW. WIR GLAUBEN IN BILDERN ZU DENKEN, DOCH SCHAU MAL NACH OB EIN INNERES BILD OHNE DAZUGEHÖRIGES WORT (BESCHREIBUNG, INTERPRETATION, GEISTIGES AUSSPRECHEN ETC.) MÖGLICH IST. SCHAU MAL NICHT SO SEHR AUF DEINE GEDANKENINHALTE SONDERN MAL BEWUSST DIESEN NONSTOP STATTFINDEN DENKPROZESS AN. LASS DICH ÜBERRASCHEN, ES LOHNT SICH WIRKLICH.

NUN, WARUM SICH ÜBERHAUPT MIT SICH SELBST SO BESCHÄFTIGEN, ICH HAB DOCH SCHLIESSLICH WICHTIGERES ZU TUN, MUSS DOCH GELD VERDIENEN, ARBEITEN UND HAB FÜR SOLCHE SPIELEREIEN EINFACH WEDER ZEIT NOCH LUST. STIMMT, ES IST BZW. WIRD

GENAUSO SEIN WIE DU ES DIR DENKST, GLAUBST, (MISS)INTERPRETIERST USW. DER DENKER DENKT SO WIE DER SPIEGEL „WIEDERSPIEGELT", DENN ER KANN NICHT NICHT-SPIEGELN UND ICH KANN NICHT NICHTDENKEN ODER ABER ALS TRÄUMER NICHT NICHT-TRÄUMEN. UND GENAU DESHALB SIND DIE ANGEBOTENEN MITTEL, METHODEN UND TECHNIKEN UNSERER COACHING-BEZAHLKULTUR DES WERDENS USELESS, DENN DU BIST BEREITS UND MUSST NICHT WERDEN. ICH BIN SOWOHL ICH ALS AUCH ICH, BIN DAS NIX WIE DAS ALLES, BIN DER TIEFSCHLAF WIE DER (TAG U. NACHT)TRAUM, BIN SELBST DIESE DREIEINIICHKEIT. AUFWACHEN IST, WENN ICH MIR JETZT BEWUSST BIN DASS ICH TRÄUME, WENN ICH ABSOLUT SICHER WEISS, DASS KÖRPER, GEFÜHLE SOWIE GEDANKEN EBEN ER —UND GEDACHTES IST UND ZWAR GANZ GENAU JETZT!

MAN (FRAU AUCH) NENNT'S DANN ERLEUCHTUNG, ERWACHEN, CHYMISCHE-HOCHZEIT, UNIO-MYSTIKA, GOTT-WERDUNG, YOGA USW. USF., DA ES DANN BLOSS ECHTE EINHEIT GIBT. IM TIEFSCHLAF BIN ICH NICHT NUR GOTT AM NÄCHSTEN, DA BIN ICH'S SELBST UND WENN ICH TRÄUME BIN ICH ALLES. GOTT DENKT SICH DIE WELT GENAUSO WIE ICH MIR (M)EINE WELT DENKE UND DESWEGEN IST ZWISCHEN GOTT UND MIR KEIN UNTERSCHIED. GOTT, SELBST, ICH IST EINUNDDASSELBE UND ES GIBT NUR DAS, SPRICH IMMER BLOSS DICHSELBST.

Die Metaphern vom sogenannten Denker, vom Träumer, vom Erleber selbst sind Beispiele zum besseren bzw. einfacheren Verständnis. Du als's ICH bIST wirklich nicht denkbar von dir selbst, denn sonst wär's ICH ja auch nur ein Gedanke bzw. was Gedachtes. Dieses ICH IST aber WirklICHkeit und Denken ist inhärent. ICH IST autark, heisst ICH genügt sICH SELBST.

Ausm Cogito ergo sum wird ein Cognito E(r)go sum, denn obgleICH undenkbar, ist's ICH doch von jedem Selbst WISSBAR. Dieses „WISSE UM DICH SELBST" nennt man Selbsterkenntnis, Erleuchtung etc. Erkennen im biblischen Sinne heisst aber VerEinen, so wie Adam seine Frau erkannte und diese ihm ein Kind gebar, so ist bei dir die vollkommene Vereinigung vom Denker plus Gedanken (Aus-Gedachtem) eben die Vermählung von Träumer mit Traum denn Gott und die Welt sind nicht Zwei. Du als (Tief)Schlafendes ICH bIST Nichts, aber als Träumender Alles.
Und genau deshalb ist es unnütz seinen Körper, sein Verhalten oder aber seinen Charakter verändern zu wollen, weil all das doch schliesslich bloss als Traumstoff, Gedanken usw. eine bloss mentale (T)raumzeitliche Konstruktion darstellt.
Du, der du dieses Schauspiel Beobachten kannst bist nun mal nicht diese Wort-Bilder welche du ja wahrnimmst, sondern

EBEN DER SPIEGEL, DER DENKER, DER ERLEBER VON ALLEM.

ES GIBT KEIN ENT-KOMMEN UND KEIN ENT-GEHEN VON DIESEM AD-INFINITUM STATTFINDENDEN KOSMISCHEN LEBENSSPIEL, AUCH WENN DIR WEISGEMACHT WIRD, DASS DU DAS LEBENSRAD VERLASSEN KÖNNTEST, SOLLTEST, JA SOGAR MÜSSTEST. ALLES BULLSHIT ZUM QUADRAT. SO IST AUCH EINE VERMEINTLICHE ERINNERUNG AN FRÜHERE LEBEN ALS AUCH AN SPÄTERE EXISTENZEN MITNICHTEN DER WEISHEIT LETZTER SCHLUSS, SONDERN EINFACH DAS VOLLBEWUSSTE MITSPIELEN IM HIERundJETZT ALS ICHBIN.

KLAR WIDERSPRECHE ICH NUN DEN PSEUDO-ESOTERIKERN UND DEN NORM-SPIRIZUELLEN, JA DER GANZEN WELTVERBESSERUNGSSZENE VEHEMENT, DOCH WIE SO OFT ERWÄHNT, DAS IST MIR EGAL BZW. WORSCHT!

UND DU, MEIN LIEBSTER LESER HAST KEINE CHANCE, ALS DIESES NUR FÜR DICH SELBST RAUSZUFINDEN. KEIN PRIESTER, KEIN SCHAMANE, KEIN GURU, KEIN VERWANDTER UND BEKANNTER, JA NICHT EINMAL DEIN(E) BESTE® FREUND(IN) KANNS FÜR DICH!!!

SO, NUN SIND WIR NÄMLICH BEI EGAL, ALSO DER 88 ANGEKOMMEN.

EIN BAUM = GUT+BÖSE, EINE LINIE = OBEN+UNTEN, EIN KREIS = YIN+YANG ETC. PP. UND GENAU DESWEGEN BRAUCHST DU DIR KEINE SORGEN ZU MACHEN, DENN DU BIST DIESES EINE, (AUCH MAL DER BZW. DIE GUTE SOWIE DIE POLARITÄT DAZU, DENN EINS OHNE'S ANDERE GEHT NICHT.

DAS IST DAS WISSEN VON DEM ICH DAUERND SCHREIBE, BEI WELCHEM DEIN JETZIGER GEDANKE MIT DEM KOMMENDEN EINFACH NICHT MEHR IST UND MIT DEINEN GEFÜHLEN, DEM KÖRPER, JA DEINEM LEBEN IST'S DASSELBE. VERSTEHEN, WISSEN IST EBEN NICHT BLOSS GLAUBEN, HAT ALLERDINGS MIT DEN DIR DARGEBOTENEN WUNSCHERFÜLLUNGSPROGRAMMEN IN KEINSTER WEISE IRGENDETWAS GEMEIN. VERÄNDERUNGS —BZW. WUNSCHERFÜLLUNGSDENKEN RICHTET SICH AN EINE GEDANKLICHE VORSTELLUNG, IN MEINEN WORTEN AN RE-ALITÄTEN, NICHT JEDOCH AN DIE EINZIGE WAHRLICHE WIRKLICHKEIT, NÄMLICH MAN (FRAU AUCH;-) SELBST ALS SEIN EIGENES ICH.

WIR DENKEN IMMER NUR EINSEITIG UND DIE EXTREME WIE KRIEG UND FRIEDEN, LEBEN UND TOD, GESUNDHEIT UND KRANKHEIT U.V.M. VERDEUTLICHEN DIES.
ABER, ALL DAS IST NUN MAL SCHON DIE GEDANKENEBENE DER POLARITÄTEN, DAVOR, DANACH WIE ZWISCHENDRIN UND AUSSENRUM GIBT'S IMMER NUR DICH.
DI BIST DER SPIEGEL UND NATÜRLICH SYNCHRON-GLEICHZEITIG INHÄRENTE REFLEXION(EN). BEWUSSTSEIN DARÜBER IST DIE HOCHZEIT VON GEIST UND MATERIE, WELCHE MAN AUCH ALS SEELE BEZEICHNET. UND DOCH IST ALLES BLOSS BLABLA, DENN OHNE DEIN EIGENES WISSEN IST'S UND BLEIBT'S THEORETISCHE DENKVORSTELLUNG OHNE BEZUG ZUR WIRKLICHKEIT.

MACH DIR NICHTS DRAUS, OHNE DICH GIBT'S NIX, ERGO BIST DU WICHTIG, TJA SOGAR DAS WICHTIGSTE. SEINER EINER, DER DU SELBST BIST, GÖNNT DIR VON GANZEM HERZEN SELBSTVERSTÄNDLICHKEIT DURCH SELBSTWISSEN. (T)RAUM IST IMMER NUR HIER, ZEIT IST IMMER NUR JETZT.

HOLOGIK

HOLOGIK IST MEINE WORTSCHÖPFUNG AUSM GRIECHISCHEN VON HOLO FÜR GANZ, VOLLSTÄNDIG UND LOGIK FÜR DENKKUNST, GEISTIGES SCHLUSSFOLGERN ETC. GEMEINT IST HIER UND JETZT ALLERDINGS KEINE BLOSS EIGENPERSÖNLICH GEGLAUBTE FOLGERICHTIGKEIT EINES DOGMATISCH KONDITIONIERTEN VERSTANDES, SPRICH, DER PSEUDOWISSENSCHAFTLICHEN GEHIRNTÄTIGKEIT. IN DIESEM SINNE UMFASST BZW. BEINHALTET HOLOGIK ALLE BZW. SÄMTLICH VONEINANDER VERSCHIEDENEN LOGIKEN EBEN IN DIESER HOLOGIK. DENKEN SPIELT HIERBEI SOZUSAGEN DIE HAUPTROLLE, NÄMLICH ALS INHÄRENTE GEISTESTÄTIGKEIT DES (ER)SCHAFFENS ODER ABER DES AKTIVEN KREATIVEN PROZESSES. SO GESEHEN GEHT'S UMS NICHTDENKBARE BZW. UNDENKBARE WEIL WEDER VORSTELLBAR NOCH WIRKLICH AUSSPRECHBARE ICH.

KLAR ZIGMAL AM TAGE GEBRAUCHEN WIR DIESES WORT ICH BZW. ICH, ABER WAS MEINEN WIR WIRKLICH WENN WIR ICH SAGEN?

IST'S ICH DAS EGO, DER KÖRPER, DIE GEDANKEN UND GEFÜHLE SELBST, JA VIELLEICHT SOGAR DIE EIGENE LEBENSSITUATION?

ALL DAS WENN GEDACHT ERSCHEINT JA DURCHAUS PLAUSIBEL UND DOCH SIND'S BLOSS GEDANKEN. WAS IST ABER DIESER GEIST BZW. DIESE SEELE DIE DIESES GERADE DENKT?

WILLKOMMEN BEI DER PHILOSOPHIE DES GÖTTLICHEN.

WAS IST ICH, WER BIN ICH, WOHER KOMME ICH UND WOHIN GEHE ICH USW. USF. SIND DIE GROSSEN SEIN –UND SINNFRAGEN. FRAGEN NACH EBEN DEM SEIN, DEM (LEBENS)SINN, GOTT UND DER WELT EINGESCHLOSSEN, BESCHÄFTIGEN EINIGE GEIST-SEELEN DER SOGENANNTEN MENSCHHEIT, IMMER MAL WIEDER AUFS NEUE.

ICH WEISS 100%IG ABSOLUT SICHER, DAS ICHBIN UND DIES SOGAR OHNE DRÜBER NACHZUDENKEN. UNTERSUCHE ICH JEDOCH DIESEN FAKT, ENTSTEHT EINE GEWISSE PROBLEMATIK, NÄMLICH DIESES SUBJEKTIV GEWUSSTE WISSEN (MEINE EIGENE „SUBJEKTIVE VERIFIKATION" IM WISSENSCHAFTLICHEN SINNE) IN WORTE ZU VERPACKEN.

WIR ALLE KENNEN DASS SCHWEIGEN GOLD IST, ABER NUR MEIST IN DER THEORIE, DENN TAGEIN, TAGAUS FÜHREN WIR UNSER ALLTÄGLICHES SELBSTGESPRÄCH IM EIGENEN KOPF. DAS INTERNE BLABLABLA, DIE UNS DOCH SO

BEKANNTE STIMME IST DA PERMANENT AM QUATSCHEN UND ES GIBT KEINEN AUSSCHALTER, KEIN PAUSEKNOPF, JA NICHT EINMAL IM TRAUM HÖRT'S AUF.

ABER, LASST UNS VERSTEHEN UND DEN VERSTAND ZUR RÄSON BRINGEN, ALSO ZUR VERNUNFT.

DU LIEST HIER UND JETZT BUCHSTABEN, DIE ZU WORTEN GEFASST SÄTZE ERGEBEN UND EIGENTLICH DIESES GESAMTE SCHRIFTSTÜCK AUSMACHEN, DOCH IST DIES BEI WEITEM NICHT ALLES DENN DU SIEHST DIESE SCHWARZ ERSCHEINENDEN BUCHSTABEN NUN MAL MIT KONTRAST ZUM WEISSEN HINTERGRUND, ENTWEDER AUFM COMPI, HANDY, READER ODER ABER AUSGEDRUCKT AUF PAPIER. OHNE POLARITÄT GEHT DA GAR NIX. WIR BRAUCHEN DEN KONTRAST UND DOCH ERGIBT BEIDES DANN EINE ART SYNTHESE, IN DIESEM FALL SCHWARZ-WEISS PLUS ALS WICHTIGSTES DU SELBST ALS'S ICH, IN WELCHEM DIESE WORTE ALS INTERNE GERÄUSCHE GERADE WAHRGENOMMEN WERDEN ODER ANDERS AUSGEDRÜCKT, DU HÖRST DICH DIESE WORTE JETZT LESEN.

WAS UND WO BZW. WER IST ABER DIESER HÖRER, DIESER SEHER BZW. LESER VON DEM HIER? WAS SUGGERIERT DIR DEINE EIGENE LOGIK, SAGST DEIN VERSTAND, DEIN INTELLEKT? KANNST DU DIR VORSTELLEN, DAS ES DAZU VIEL MEHR, ALSO ANDERE SICHTWEISEN BZW. LOGIKEN GIBT, DIE WENN DU SIE ECHT NACHVOLLZIEHEN KÖNNTEST DIR EBENSO LOGISCH-PLAUSIBEL VORKOMMEN KÖNNTEN?

WIR BEHARREN MEIST IMMER BLOSS AUF UNSERE SELBSTGELERNTE, UNS VERNÜNFTIG ERSCHEINENDE INTERPRETATION VON... WAS IMMER ES AUCH SEIEN MÖGE UND VERTEIDIGEN UNSERE KLEIN, FRAGMENTALE UND FRAKTALE SICHTWEISE DURCH UNSERE FÜR UNS SELBST UNSICHTBARE SCHEUKLAPPENBRILLE. WIR SIND SOZUSAGEN EINFACH NUR KLEINGEISTER, RECHTHABERISCH, ARROGANT, BESSERWISSERISCH UND IM DOGMATISCH GELERNTEN NACHPLAPPERN DIE NR. 1!
UND WEHE WIR STELLEN'S IN FRAGE, WEHE DU BEZWEIFELST MEIN WORT, DANN ... JA WAS DANN? GEHT DAVON DIE WELT UNTER?
NUN, VIELLEICHT SCHON, ABER BLOSS DAMIT EINE VÖLLIG NEUE DARAUS ENTSTEHEN KANN.
ALSO, KEINE ANGST, DIR KANN UND WIRD NIX PASSIEREN, DENN DU ALS HOLOGIKER bIST UNSTERBL"ICH"!
UND WARUM WEISS ICH DAS? NUN, ICH WEISS'S HALT WEIL ICH'S WIRKLICH UND WAHRLICH SELBST BIN!!!
ALLERDINGS MUSST DU MIR IN KEINSTER WEISE GLAUBEN SCHENKEN, DENN FÜR MICH IST'S WICHTIG, DASS DU DIE WAHRHEIT UND DIE WIRKLICHKEIT FÜR DICH SELBST-WISSEND SELBST RAUSFINDEST. DESHALB BIN ICH HIER UND JETZT FÜR DICH EIN WEISER, EIN WEG-WEISER DESSEN SYMBOLOIK IN DEIN EIGENES INNERSTES, DEINEN TABERNAKEL DES HERZENS WEIST.

DER HAMMER IST JA EIGENTLICH, DASS DU IMMER SCHON DA bIST, ES IMMER SCHON GEWESEN BIST UND IMMER SCHON SEIN WIRST, DENN OHNE DICH GIBT'S NUR'S NICHTS, JA

NOCH NICHTEINMAL DAS JETZT VON DIR SELBST AUSGESPROCHENE WORT „NIX"!
WIE SAGTE EBEN GRAD EIN SHAKESPEARE — SEIN ODER NICHTSEIN, DAS IST HIER DIE FRAGE!
TJA, DER KLEINE ABER FEINE UNTERSCHIED ZWISCHEN DEM ALLES-SEIN UND EINEM NICHTS(S)EIN IST OHNE WORTE ABER DENNOCH WAHR.
EINE LOGIK WELCHE ALLE BZW. SÄMTLICHE LOGIKEN INTEGRIERT BZW. INKORPORIERT ODER MIT EINBEZIEHT WÄRE DANN EINE ART VON ÜBERLOGIK, EBEN DIE SYNTHESE DER VERMEINTLICHEN POLARITÄT BZW. EINER MULTITÄT. DER GEMEINSAME NENNER VON ALLEM BIST NATÜRLICH IMMER NUR DU-SELBST ALS'S ICH.

HOLOS, DAS GESAMTE, DAS VOLLKOMMENE, DAS GANZE, DIE TOTALITÄT KÖNNEN WIR UNS BEIM BESTEN WILLEN NICHT VORSTELLEN, NICHT AUSMALEN, NICHT IMAGINIEREN BZW. VERBILDLICHEN. AUSSPRECHEN WIE GRAD JETZT IST WOHL MÖGLICH, ERZEUGT IM INDIVIDUUM JEDOCH MEIST ANDERE, WENN NICHT SOGAR GEGENTEILIGE VORSTELLUNGEN. ACH JA, HABE ICH SCHON ERWÄHNT, DASS DAS GANZ NORMAL IST?!
DENKEN, AUCH IN GEISTESBILDERN IST NUN MAL NICHT ALLUMFASSEND, KANN'S GAR NICHT.
SO HABE ICH KEINE VORSTELLUNG VON MIR SELBST, DEM ICH, ODER GOTT, HABE MICH NOCH NIE IM SPIEGEL ODER SONST WIE GESEHEN, GEMEINT IST NICHT DIE REFLEXION, SONDERN EBEN ICH.

Meine normal anerzogene sprich erlernte Logik ist da recht hartnäckig anderer Meinung und genau deswegen kann man (Frau auch) seine Logik erweitern. Es ist sozusagen ein Bewusstwerdungsprozess hin zum Bewusstsein an sich, welcher jedem selbst obliegt. Keiner, Nix und Niemand kann's für Jemanden tun.
Falls dich also diese Hologik irgendwie anspricht, „go for it", meinen Segen hast du.

Selbstbetrachtung ist eine Möglichkeit sich Selbst zu Verstehen, um sich Selbst zu Wissen. Kontemplation, Meditation, Nachdenken, Überlegen, Reflexion, Sinnieren usw. sind allesamt bloss andere Begriffe das zu realisieren was du eh immer schon selbst bist.
Ach ja, falls du dies hier als erstes Werk von mir liest gewöhne dich an diese Art meiner Schreibungen, ich mache damit etwas anders, nicht diesen grammatischen Normen folgend. Es braucht ein bisschen Begeisterung, Neugierde und etwas Mut zur Lücke, also zum Neuen im Sinne einer Erweiterung. Ein Jeder hat dann von seinem Standpunkt natürlich logisch erst einmal Recht und dann kommt Kommunikation ins Spiel. Stell dir vor, sämtliche Standpunkte, auch die sich widersprechenden ergeben das ganze Bild. Das was wir so allgemein als Natur bezeichnen erzählt's dir auch in

ÄHNLICHER SPRACHE. WIR SIND NÄMLICH DIEJENIGEN WELCHE ALLES TEILEN, TRENNEN, ANALYSIEREN UND HABEN UM DIE EINHEIT VERGESSEN.

UNSERE MATERIELLE SICHTWEISE HAT SEIN AUGENMERK BLOSS NOCH AUFS KÖRPERLICHE GERICHTET, SIEHE ALLES WAS MIT ANGEBLICHER GESUNDHEIT ZU TUN HAT WIE PHARMA, VERSICHERUNGEN, ORGANSPENDE, IMPFEN, MEDIZIN ETC. STEHT ALLES UNTERM PANTOFFEL DES GELDES, DES PROFITS, GEWINN UND MACHT UM JEDEN PREIS. DESWEGEN STAMMEN WIR WOHL VOM AFFEN UND NICHT VON GOTT AB. DIE ANDERE HÄLFTE, UNSER EIGENTLICH GEISTIG-SEELISCHEN NATUR WIRD KOMPLETT UNTERM TISCH GEKEHRT. KONSUM, (WIRTSCHAFTS)WACHSTUM, GLÜCK UND SPASS SIND UNSERE SELBSTBESCHNITTENEN LEBENSZIELE GEWORDEN. WIR, DIE KRONE DER SCHÖPFUNG SIND MITTLERWEILE ZU CYBORGS MUTIERT, OHNE SINN UND ZWECK. EHRLICHES HINTERFRAGEN GIBT'S NICHT MEHR DENN COMPUTER, SHOPPING, SMARTPHONE, AKZEPTIERTE DROGEN UND NATÜRLICH DER MASSENMEDIENKONSUM HÄLT UNS IM BANN DOGMATISCH EINGEREDETER LÜGENGESCHICHTEN.

DIE WELT IST NICHT DAS UND NICHT SO, WIE'S DIR VORGEGAUKELT WIRD UND DU SELBST ERST RECHT NICHT. DU MUSST DEINE BILDUNG SELBST IN DIE HAND NEHMEN, ALS AUTODIDAKT DER GEISTESWISSENSCHAFT DURCH DEINE

EIGENE SUBJEKTIVE VERIFIKATION VON DEM WAS WIRKLICH IST.

DIE EIGENE ENGE LOGIK KANN DURCHAUS ZUR HOLOGIK, ALSO METAPHORISCH ZUR ÜBERLOGIK WERDEN, DENN NUR IM WAHREN WISSEN IST FREIHEIT. LASS DICH NICHT DIESER MASSENGEHIRNWÄSCHE DURCH MEDIEN, POLITIK, RELIGION UND WIRTSCHAFT UNTERZEIHEN, SONDERN FANG DOCH EINFACH MAL AN MIT SELBSTDENKEN, WIE EIN NEUGIERIGES KIND, ABENTEUERLUSTIG, OFFEN. VIELLEICHT KANNST DU DAMIT MAL DIESE KAUSALITÄT UMSTELLEN, DIESES GEBRAINWASHTE URSACHE-WIRKUNGS-PRINZIP ANDERS, NÄMLICH RICHTIG VERSTEHEN. DU SELBST ALS'S ICH BIST DIE URSACHE VON UND FÜR ALLES UND NATÜRLICH AUCH NIX.

DU BIST NICHT DAS WAS DU VON DIR DENKNST BZW. GLAUBST ZU WISSEN, DU BIST VIEL, VIEL MEHR!

ABER, DIE SACHE MIT DEM WISSEN UND DEM GLAUBEN IST'S, DENN GALUBEN HEISST NICHT WISSEN, ABER ECHT WISSEN KANNST NUN MAL NUR DU SELBST. DEHALB, GLAUBE NICHT WAS HIER SO GESCHRIEBEN STEHT SONDERN FINDE ES FÜR DICH SELBST RAUS.

EXPANDIERE DEINE PERSÖNLICHE LOGIK ZUR VOLLKOMMENEN HOLOGIK, DIE IST NÄMLICH ETWAS UNPERSÖNLICH PERSÖNLICHES.

ICH KANN HIER TEILWEISE BEGRIFFE NUR DURCH IHR GEGENTEIL VERSTÄNDLICH MACHEN, ALSO HAB AUCH FREUDE AN DIESEN KONTRADIKTIONEN, DENN ALLES GEHÖREN DOCH IRGENDWIE ZUSAMMEN UND ERGEBEN

Dadurch erst das GrosseGanze, das Vollständige, das Absolute. Wie schon vorher erwähnt, hat erst einmal eine jede Sichtweise bzw. Meinung richtig, aber eben nicht nur, denn es gibt zu jeglicher Thematik ne ganze Menge unterschiedlicher, ja oft sich widersprechender Meinungen, welche alle zusammen aber ein Super-Mosaik des Wissens darstellen.

Du mit deinem und ich mit meinem logischen Denken, mit unserer Meinung sowie mit unserem eigenpersönlichem Glauben stellen in ECHT nur ein fraktalmässiges, bruchstückhaftes Annehmen bzw. Mutmassen dar. Vordenken, Nachdenken usw. sind illusionäre Gedanken, da DENKEN immer bloss HIER und JETZT stattfindet. In diesem Sinne ist Holistik sogar Raum und Zeit übergreifend, weil einfach inklusive. Doch Obacht, Verdenken geschieht sehr leicht, einen VerDacht kann ich nur allzu leicht äussern, wie er mittlerweile sogar gefordert wird. Obacht, denn geschICHtlich gesehen hatten wir schon mal ne Ära des Denunziantentums.

Und NEIN, wir scheinen als Gesellschaft NullkommaNix gelernt zu haben. Geistige wie materielle Inzucht (siehe die ReGIERung) auf allen Ebenen in Politik, Wirtschaft, Religion, Sozialkultur etc. pp. wird betrieben um dICH mein Freund von der Wahrheit fernzuhalten, von der Wahrheit der Wirklichkeit das DuSelbst, du als „ICHBIN" nun mal ALLES IST!

Hast du da erst einmal durchgeblickt bist du fürs sogenannte Etstabishment, die Macht-Elite UNBERECHENBAR und somit sogar gefährlich. Du spielst dann einfach „deren" Spiel nicht mehr mit und macht sinnbildlich DEIN DING.
A-Sozial, A-Patisch, Rechts, Anti-Semit, Na-Zi usw. sind dann wieder fraktale Klassifizierungen für den FREIEN.
Doch die Freiheit von der hier die Rede ist, ist die Freiheit von der eigenen Denke, die Freiheit von dieser Stimme im Kopf, die Freiheit das 100%ig zu Akzeptieren und 100%ig Einverstanden zu SEIN mit dem was grad' IST.
Klingt zu einfach um wahr zu sein? Nun, auf ans Werk des für sICH Selbst Rausfindens.

DICH und dEINe Welt kannst eben nur DUSELBST bewusst verändern.
Verstehen ist's Zauberwort und Selbstbeobachtung. Willst du dEine vermeintliche Zukunft mitgestalten, anders haben, dann beschäftige dich erstmal mit deiner Vergangenheit und baue diese zuallererst um. Im Geist kannst du nämlich Alles, Worte, Bilder, Gefühle und Verhaltensänderungen JETZT durch die eigene Denke umgestalten, denn das geschieht anfangs doch im Kopf.
Probier's doch mal aus und „Stell Dir Vor", Dass..., dass du nätürlich schon immer HOLOGISCH bIST.
Verbinde im Geist mal die beiden unterschiedenen doch in Wirklichkeit

NICHT GETRENNTEN POLARITÄTEN VON NATUR UND KULTUR, NATÜRLICHEM UND KÜNSTLICHEM, EWIGKEIT UND VERGÄNGLICHKEIT, KÖRPER UND SEELE, GEIT UND MATERIE ETC. ALS DIE SYNTHESE UND DU KOMMST ZU DEM, WAS ALS GOTT, BEWUSSTSEIN SELBST, DAS SELBST, MIND, ALL, DAS GANZE ODER ICH BENANNT IST.
ES IST KEIN SOGENANNTES HIRNGESPINST, SONDERN DIE ABSOLUTE WAHRHEIT, DIE EINE WIRKLICHKEIT DIE DU SELBST BIST!
DU KANNST VON DIR SELBST ZWEIFELSFREI, OHNE NACHDENKEN ODER ZU EXPERIMENTIEREN BEHAUPTEN „ICHBIN" UND GENAU DAS IST AUCH DER HEILIGE NAME GOTTES.
ALSO LASS DICH NICHT VERARSCHEN, DU BIST KEIN AFFEN-MENSCH SONDERN EIN ECHTER GOTT-MENSCH.
UND EIN GOTT KENNT WEDER ANGST NOCH SORGEN, ER IST UND DAS REICHT, EINFACH, UNKOMPLIZIERTES SEIN.

ALLES IST ZUR ZEIT VOLLKOMMEN RICHTIG, WICHTIG IST DEIN EIGENES VERSTÄNDNIS DAVON, JA SOGAR DAS VERSTÄNDNIS DER ZEIT SELBST ALS DAS EWIGE JETZT. UM DAS SELBER FÜR DICH ZU WISSEN, BETRACHTE DICH MAL FÜR NE WEILE 24/7, DAS HEISST FÜR'N PAAR TAGE NONSTOP UND RICHTE DEIN EMPFINDEN NICHT SO SEHR AUF EINE VERÄNDERUNG DEINES VERHALTENS ALS VIEL MEHR AUF DEINE GEISTIGE DENKTÄTIGKEIT. GUCK MAL WELCHE STREICHE DIR HIER BEIM LESEN DIESER ZEILEN DEIN DOCH SO LOGISCHER VERSTAND DIR EINSPIELT. WIR

SEHEN ANDAUERND SACHEN UND DINGE DIE EIGENTLICH GAR NICHT DA SIND. DITO MIT DIESER SCHRIFT HIER. DU DENKST SIE DIR JETZT IN EXISTENZ UND SCHON BEIM NÄCHSTE DENKVORGANG, WELCHER NATÜRLICH ANDERE GEDANKEN, BILDLICHE VORSTELLUNGEN, EMOTIONALES FÜHLEN SOWIE DEMENTSPRECHENDE VERHALTENWEISEN AUFRUFT SIND DIESE WORTE BYEBYE, WEG, NICHT MEHR DA.

NUN, WAS WIRKLICH IST MUSST DU HALT FÜR DICH RAUSFINDEN, ICH ALS DER AUTOR WEISS'S.

UND DA WIR SCHON MAL DABEI SIND, AUTOR IST SEINER EINER VON EINIGEN TEXTEN, WELCHE WOHL BEI JAHRESENDE ZU EINEM BÜCHLEIN ZUSAMMENGETRAGEN WERDEN, WELCHES DANN WIEDER ALS DRUCKVERSION ALS AUCH ALS E-BUCH FÜRN APPEL UN'N EI ERHÄLTLICH SIND.

GIB MAL ACHT, WIE VIELE LEUTE UNTERM MATERIALISTISCHEN ESO-DECKMÄNTELCHEN VERSUCHEN IHRE DUMMEN ESO-SCHÄFCHEN FÜR HORRENDE SUMMEN ZU VERFÜHREN, OBWOHL DIE WAHRHEIT DOCH GRATIS UND FRANKO UMSONST SCHON LÄNGST IN DIR IST. GELD IST EIN ENORMES KONTROLLMITTEL, ALSO DENK DIR MAL EINE GELDLOSE GESELLSCHAFT BZW. ZIVILISATION. ES IST DEIN VORSTELLUNGSVERMÖGEN WAS HIER MAL KURZ GEFRAGT IST. PHANTASIE IST NICHT BLOSS KINDERKRAM, SONDERN EIN FREIER GEIST IN AKTION. DA DU EH SCHON TRÄUMST, VERSUCH'S MAL MIT BEWUSSTEN PHANTASTEREIEN, MIT DEM EIGENEN

Phantasieren im Alltag per se und lass dich überraschen.

Gib deine vermeintliche Kontrolle einfach mal ab und bzw. auf und vertraue einfach Gott, dem Leben selbst, der grossen Intelligenz der Schöpfung. Deine Aufgabe ist die Aufgabe der Aufgabe, anders, das Aufgeben vermeintlich selbstersonnenen Aufgaben, natürlich auch der einer Erleuchtung etc.
Das was IST ist das was IST und so wie's IST sonst wäre es nämlich nicht das was IST und dir fehlt einfach das eigene Einverstanden sein damit, die totale Akzeptanz, die vollkommene Liebe, sprich die bedingungslose Liebe, von und zu dir selbst, deinem Nächsten sowie die deiner Feinde. Erst dann bIST du HEILig.
Heil, das Ganze ist schliesslich grösser als die Summe seiner Teile und du als ICH bIST DAS bereits immer schon, nur ist's leider in Vergessenheit geraten und diese Vergessenheit wurde vergessen. Klar erscheint dir deine derzeitige Logik logisch, aber ist sie das wirklich? Denn sobald du irgendeiner anderen Logik widersprichst ist deine kleine, Teil-Logik noch nicht HOLOGISCH, d.h. ALLes Inklusive.

ALLgemEINheit und Besonderheit sind auch wieder sich widersprechende Prinzipen und doch gehören beide zusammen, Eins bedingt das Andere und

ERST IN DER ERKENNTNIS, SPRICH IN DER VEREINIGUNG ZEIGT SICH DIE SYNTHESE ALLS DRITTES, WELCHES JEDOCH DAS ERSTE, DAS PRINZIP SELBST IST AUS WELCHEN EINE POLARITÄT BZW. DIE DUALLITÄT ZUSTANDE KOMMEN KANN.
WIE BEREITS ERWÄHNT, UNTERSCHIEDEN ABER NICHT GETRENNT IST'S MOTTO UND DER UNTERSCHIED IST BLOSS PRO FORMA.
DIE SACHE MIT DEM PRINZIP WIRD SPEZIELL IN EINER ABHANDLUNG DARÜBER AUCH BALD ERLÄUERT SEIN, WORAUF DU DICH JETZT SCHON FREUEN KANNST ☺
SO HOFFE ICH DIR HIERMIT SOZUSAGEN EINE ETWAS ANDERE, EINE DICH VERVOLLKOMMNENDE LOGIK ZU GEMÜTE ZU FÜHREN.
DANKE DAFÜR, DASS DIES ALLES IN DEINEM GEISTE STATTFINDEN KANN.
WISSE, DU BIST DER DENKER.

IN PRINZIPIO (IN PRINZIPIO)

UNSERE VERKEHRTE KAUSALITÄT BERUHT AUF DER CHRONOLOGIE, D.H. DER VORSTELLUNG VON „FLIESSENDER ZEIT" IN EINE RICHTUNG, NÄMLICH DER SOGENANNTEN VERGANGENHEIT IN DIE SOGENANNTE ZUKUNFT. DOCH ZEIT AN SICH IST IMMER NUR JETZT UND DER REST SIND EBEN JETZT GEDACHTE GEDANKEN DARÜBER.
(M)EINE INDOKTRINIERT DOGMATISCH REPETIERENDE KLEINGEISTLOGIK LÄSST MICH

HALT VERKEHRT, SPRICH PERVERS SCHLUSSFOLGERN.

UND NUN MAL GANZ ANDERS!

PRINZIP (PRINZ, PRINZESSIN) IST URSÄCHLICH, UND EBEN IN DIESEM PRINZIP WIRD POLARITÄT ERDACHT, NÄMLICH KÖNIG UND KÖNIGIN. ICH GLAUBE DABEI, DASS DU DIE VERMÄHLUNG BEIDER GEGENSÄTZE ERST ETWAS NEUES, ALSO PRINZ(ESSEin) ENTSTEHT, OBWOHL DOCH DIE ZWEI ERST IM EINEN GEDACHT WERDEN KÖNNEN.

IST DAS VIELLEICHT DER SINN VOM BIBELWORT „BEVOR ABRAHAM WAR BIN ICH"?

ABER KEINE PANIK LIEBER LESER UND GEISTIGER AUSSPRECHEN DIESER WORTE IM JETZT, ICH VERSUCHE DICH NICHT ZU WIDERLEGEN, SONDERN BLOSS DEINE DERZEITIGE LOGIK ZU ERWEITERN.

ICH DENKE MIR NÄMLICH DICH, DEINE EXISTENZ GERADE SELBST AUS, WAHRSCHEINLICH WIE DU VIELLEICHT MICH. DESHALB BIN ICH NATÜRLICH Z.Z. VON DIR VERSCHIEDEN, SOZUSAGEN ZEITRÄUMLICH GETRENNT.

DOCH WAS, WENN ZEIT UND RAUM AUCH NUR GEDANKEN SIND, SOWIE LOGISCHER WEISE KÖNIG UND KÖNIGIN?

WAS, WENN SOGAR DER AUTOR DIESER KLEINEN SCHRIFT VON DIR SELBST NUR EIN AUGENBLICKLICHER GEDANKE IST?

KÖNNTEST DU DANN DEINE EIGENE GRÖSSE UND MACHT ERAHNEN?

WEISHEIT IST'S WISSEN UMS"ICH"SELBST, DAS PRINZIPIELLE PRINZIP. MAN (FRAU AUCH) NENNT'S AUCH GOTT.

ABER GLAUBE NICHT ETWA, DASS DU'S IN IRGENDEINER JETZT ERDACHTEN ZUKUNFT MAL HABEN BZW. KRIEGEN WIRST.

SYNTHESE VON VERGANGENHEIT UND ZUKUNFT IST JETZT ABER IM JETZT KANN ERST VERGANGENES WIE ZUKÜNFTIGES ERDACHT WERDEN.

ANDERS, JETZT IST'S PRINZIP UND VORHER ALS AUCH NACHHER SIND GEDANKEN IM JETZT, AUSM JETZT EXISTIEREND UND MIT DEM NÄCHSTEN GEDANKEN SCHON WIEDER OBSOLET. EXISTENT FÜR MICH IST NATÜRLICH DAS WAS ICH MOMENTA(L)N GRAD DENKE DOCH DIES IST IN PERMANENT, (SELBST)STÄNDIGER VERÄNDERUNG.

PRINZIPIELL IST EIN PRINZIP WOHL DENKBAR, DANN IST'S JEDOCH NICHT „DAS PRIZIP SELBST" SONDERN SELBST NUR ETWAS ERDACHTES. ES IST GENAU WIE MIT DEM ICH, WAS AN SICH JA SCHON UNDENKBAR IST, OBGLEICH ES ABER ZUM WISSEN IST.

NONPLUSULTIMATIV WEISS ICH NÄMLICH DAS ICHBIN OHNE DRÜBER SPEKULIEREN ZU MÜSSEN. UND GENAU DIESES WISSEN DENKE ICH MIR NICHT AUS, SONDERN WEISS ES EINFACH.

ICH IST DIE HAUPTSACHE VOR WIE VON ALLEM, JA SOGAR VOR WIE VON EINEM NIX, EGAL WAS ICH NUN DENKE.

METAPHORISCH GESCHRIEBEN BIN ICH DER MITTELPUNKT DER BEIDEN X-LINIEN, DA WO SIE SICH KREUZEN, GENAU WIE BEIM KREUZ SELBST, AUCH IN DER MATHEMATIK DER KREUZUNGSPUNKT ODER ABER NUR DER PUNKT AN SICH EBEN NICHTS UND DOCH ALLES IST.

UM NOCHMALS KURZ AUF DIE VERKEHRTE KAUSALITÄT ZURÜCKZUKOMMEN, ICH, ALSO EGO IST DIE URSACHE FÜR JEGLICHE WIRKUNG, SEI'S WAS ES WOLLE. EGO IST HIER NATÜRLICH NICHT PSYCHO-NEGATIV ZU VERSTEHEN, SONDERN ES STEHT WIE DER TEXT JA AUSSAGT FÜRS PRINZIP SELBST, ALSO EHE KÖNIG MIT KÖNIGIN...

SELBSTERKENNTNIS, ADAM ERKANNTE SEINE FRAU EVA UND DIE GEBAR IHM EIN SOHN..., ERKANNTE = VEREINIGTE = VEREINEN = ZUSAMMEN = ICH=ICH=ICH, IM MÄRCHEN EBEN KÖNIGIN + KÖNIG = PRINZ(ESS)I(N)P. SELNSTDENKEN IST ANGESAGT UND NICHT AUSWENDIG GELERNTES WIEDERHOLUNGSPROGRAMM. DAS PRINZIP KANN SICH SELBST JA BLOSS DURCH SEINE ELTERN ERDENKEN, OBGLEICH'S DOCH BEI GENAUERER BETRACHTUNG SICH SELBST EBEN GERADE DIESE ELTERN AUSDENKT, DITO MIT MIR ALS ICH. VIELLEICHT JA DESWEGEN UNSER „COGITO ERGO SUM" WAS NATÜRLICH AUCH EIN „CONITO EGO SUM" SEIN KÖNNTE IM SINNE VON ICH WEISS DAS ES MICH GIBT BZW. DASS ICHBIN. SO WIE DIE WÖRTER AUSM BIBEL-BUCH ALS GOTT VON SICH SELBST ZU MOSES SAGT — „ICHBIN DAS ICHBIN".
DAS VORURANFÄNGLICH SELBSTSEIENDE PRINZIP ICH, IST SCHLIESSLICH DIE URSACHE FÜR ALLES WAS EXISTIERT BZW. IN ERSCHEINUNG TRITT ODER AUF IRGENDEINE ART & WEISE WAHRGENOMMEN WERDEN KANN, SEI DIE MEINE AUSSENWELT ODER ABER MEINE INNENWELT DER GEDANKEN, GEFÜHLE ETC.

So BIN ICH auch der sozusagen „gemeinsame Nenner" von Allem und Jedem, egal was.

Und Ja ich weiss, diese Schrift bzw. deren Inhalt erscheint dir erst einmal komplett UnLogisch, nicht Akzeptabel, Irreführend, ja UnGlaublICH, doch sei mal OFFEN für NEUES, sei mal KindlICH NeuGierig, lass mal ab von der eingefahrenen, routinemässig indoktrinierten Dogma-Denke und Hinterfrage mal die eigene Logik.

Du Selbst als ICH bIST dieses URPRINZIP, denn ohne dICH gibt's NIX, nicht einmal das Wort Nix.

Ist doch gar nicht so schwer verständlich, oder?

Ein Punkt in der Mathematik ist sozusagen ein NICHTS und nun schau mal auf das Wort ZEITPUNKT, NUN, JETZT, AUGENBLICK(LL"ICH") und versuch's mal rICHtig zu Verstehen.

Was macht dein Verstand mit diesen Bergrifflichkeiten, was sagt dir deine Logik dazu? Kannst du irgenwie dieses Jetzt an irgendetwas irgendwie Festmachen? Ist's Hier und Jetzt denkbar, denkbar an sICH?

Eine Radnabe, ein AchsenkreuzMittelPunkt, die Zirkelmitte usw. usf. sind hier dazu bloss Allegorien, Gleichnisse Zwecks einfacherem Verständnis.

Anfangs ist Wort, dein Wort-Gadanke, deine eigene innere Stimme die dir SELBST

DIE SACHEN UND DINGE BESCHREIBT WELCHE DU WAHRNIMMST, DOCH IN ECHT BIST DU SCHON IMMER DAVOR.

JEGLICHE GEDANKEN ENTSTEHEN IMMER NUR IN, DURCH UND AUS DIR SELBST ALS ICH UND KEHREN SOGLEICH SIE NICHT MEHR VON DIR NICHT MEHR AUGENBLICKLICH GEDANCHT SIND ODER WERDEN IN DICH ALS MITTELPUNKT RETOUR.

HA, HIN UND ZURÜCK, ALLE ET RETOUR, BZW. HIN UND HER NENNT MAN AUCH MIND-FUCK WOBEI'S AUFS DURCHBLICKEN ANKOMMT.

ABER, EIN ABSOLUTES OHNE EIN RELATIVES, SPRICH EIN MIND OHNE SEINEN „FICK" GIBT'S NICHT UND GENAU DESWEGEN IST „GOTT UND DIE WELT NICHT GETRENNT, NICHT 2 SONDERN EINHEIT PER SE.

(IN EIGENER SACHE, - HAB BITTE HUMOR BEIM LESEN, DENN SPRACHE UND SCHRIFT, AUSDRUCKSWEISE WIE SATZGESTALTUNG MÖGEN DIR NOCH BEFREMDLICH ERSCHEINEN, ALSO ZIEH DEINE MUNDWINKEL DOCH EINFACH ETWAS NACH OBEN UND LÄCHLE MAL VON GANZEM HERZEN ÜBER DAS ALLES!) SAGTE JA SCHON, KINDLICHE NEUGIER IST GEFRAGT.

ES IST WIE MIT UNSER UNS DOCH SO REALL ERSCHEINENDEN (T)RAUMZEIT BZW. DES ZEITRAUMS WELCHER IST, ABER DOCH NICHT BESCHRIEBEN WERDEN KANN, DA ES SICH BEI DIESEM PHÄNOMEN UM EINBILDUNGEN HANDELT WELCHE FÜR WAHR GEHALTEN SIND BZW. AN WELCHE GANZ FEST GEGLAUBT WIRD WEIL SIE DOCH SO LOGISCH SIND.

DIE EIGENEN SCHWIERIGKEITEN MIT DIESEM TEXT ZEUGEN DAVON.
IN DIESEM SINNE IST DIE SOGENANNTW WISSENSCHAFTLICH DOCH BEWIESENE RAUM-AUSDEHNUNG GENAUSO WIE EIN IRREVERSIBLER ZEITFLUSS IM PRINZIP EIN HIRNGESPINST, ETWAS ERDACHTES BZW. IMMER UND ÜBERALL HIER UND JETZT AUSGEDACHTES, EINE BLOSSE VORSTELLUNG, NICHT ABER DIE WIRKLICHKEIT.

NOCHMAL ANDERS — BEVOR'S EINEN ABRAHAM GIBT BIN ICH, BEVOR'S EINEN URKANALL GIBT BZW. GEGEBEN HAT BIN ICH, DENN DIESEN VERMEINTLICHEN URKNALL DENKE ICH GRAD. THEOPRAX IST DEMNACH DIE NICHTGETRENNTE EINHEIT VON THEORIE MIT PRAXIS, SOZUSAGEN EBEN DAS PRINZIP, DAS ABSOLUTE BEVOR ICH RELATIVIERE.
WOW!!!
DAS EINE IST SICH SELBST, DAS WÄRE NE GUTE ÜBERSETZUNG FÜR UNIVERSUM, WAS DU-SELBST NATÜRLICH SCHON IMMER BIST.

CHRONOLOGISCHE ZEIT HAT IMMER DIE URASACHE VON WAS AUCH IMMER IN EINER BZW. DER VERGANGENHEIT, OBGLEICH DOCH BEIM GENAUEREN HINSCHAUEN BZW. BEI GENAUERER UNTERSUCHUNG VON JEDEM SELBST FESTGESTELLT WERDEN KANN, DAS ES SICH HIERBEI UM GEDANKENKONSTRUKTE HANDELT, ODER ANDERS EBEN MIND-FUCK. BUT, THIS FUCK'N MIND IS PART OF ME AS I. KAPIERSTE?!

Geist, Seele, Gott, das Selbst, ICH ist's Prinzip und alles andere ist von mir erdacht. Aber hat nix mit nem vermeintlichen PositivDenken zu tun. Was wICHtig ist, ist der eigenpersönliche Umgang bzw. die Interpretation von Informationen, egal ob sie aus dir, aus deiner Umwelt oder ausm Internet, Radio, TV etc. kommen. Gedanken, Rezeptionen, Kognitionen, 5-Sinne-Wahrnehmungen, Daten usw. sind allesamt Infos und das Sichbeschäftigen damit ist deine Sache bzw. ist von dir erlernbar.

Ist der Affe also dein Abstammungsvater oder vielleicht doch eher dieser Gott den man sICH nicht denken kann?

Ist der Big-Bang, der Urknall wirklich der Beginn von ALLem? Ist Raum wirklich 3DIMENSional und fliesst oder verfliegt Zeit wirklich? Was ist im Tiefschlaf, im Traumlosen Schlaf? Bin ICH schon da, bevor's irgendetwas gibt?

Und Wer oder Was will dies ALLes denn Wissen? Wer bin ICH? Was ist's ICH?

Fragen scheint's ohne Ende zu geben, natürlich Antworten auch. Alles IST bereits schon in dir SELBST DA.

ALL Das, was man (Frau natürlich immer wieder auch) was man nicht mag, vermeiden will, dem man ausm Weg gehen will, ALL Das sollte um der eigenen Heiligkeit Willen, des eigenen Heil bzw. GanzSein Willens als 100%iges Akzeptieren IN sICH SELBST integriert SEIN.

Das ist die Aufgabe, das ist Verstehen, welches sich durch SELBSTBEOBACHTUNG dann irgendwie auch noch SELBSTVERWIRKLICHT. Echtes Interesse ist dabei Vonnöten, InterESSE für mICH SELBST, in diesem Fall für dICH SELBST. Fazit: ICH teile mich selbst in ein Ich und ich, vergesse dadurch meine Einheit und versuche diese dann auf der Suche nach mir selbst diese irgendwie zurückzugewinnen. Dieses Unternehmen ist natürlich nie von Erfolg gekrönt, da ich als auch Ich immer ICH BIN. Ist nicht unähnlich der materiellen Sichtweise einer Zellteilung oder Familie.

Ich, der verlorene Sohn auf der Suche nach sICH Selbst, habe meines Vaters Haus in Wirklichkeit nie verlassen, ich DENKE bzw. dachte es nur.

In meinen gesamten Werken, eben diesen Texten, geht es immer nur DARUM!

Auf verschiedene Art & Weise versuche ich hier dem Leser, der Leserin etwas zu Vermitteln, was jedoch an sICH zwecklos ist, nämlich die SCHON IMMERWÄHRENDE VOLLKOMMENHEIT, die eigene PERFEKTION, dEINE GOTTgleichheit bzw. deine GÖTTLICHKEIT.

Sprüche wie — Ihr Seid Götter - Selbst Zu Göttern müsst Ihr Werden — ICH BIN GOTT etc. machen in diesem Zusammenhang durchaus Sinn und haben nix mit einem vermeintlichen Größenwahn zu tun, sind keine stupieden

Auswüchse eines Geistes der zuviel meditiert bzw. weltfremd geworden ist. Ich bin das Prinzip, ja, ich selbst und das ganze Universum, die gesamte Welt ist in mir.
„Luja soag i!, und mit diesem Quote vom himmlischen Münchner lass ich prinzipiell nun gut sein.

Im Kopf...

Es beginnt im Kopf.
Schöpfung fängt mit Denken an und Denken ist Geist in Aktion. Denken wird wahrgenommen wenn man (Frau auch) sich selbst beobachtet. Denken passiert in Worten bzw. dem Selbstgespräch auch innerer Monolog genannt. Denken geschieht in Bildern, auch Vorstellungen, Erinnerungen oder Imaginationen genannt. Denken wird als Gefühl wahrgenommen wie das gesamte Spektrum von Emotionen.
Und all das ist gleichzeitig, sozusagen synchron. Denken ist Wirken, ist Verwirklichung, ist Wirklichkeit, ist Schöpfung, ist Kreation im Allgemeinen, als auch im Besonderen.
Selbstbetrachtung, auch Verstehen genannt bringt's aber erst ins eigene Bewusstsein dann aber als „Selbstbewusstsein".

(Hinweise über meinen Wort-Stil gebe ich ja zwecks Akzeptanz dESSEn immer mal wieder gerne Zwischendurch)

Nun, wie komme ich darauf solche StateMENTs überHAUPT zu machen, denn schliesslICH sollen sie doch „Der WAHRheit" entsprechen, welche EINen ja „Frei Macht"?!

Das SELBSTSTUDIUM als eine Art Autodidakt wäre z.B. eine AntWort. Denn die WAHRHEIT bzw. die WirklICHkeit ist ohne Worte, aber trotzdem WISSBAR. In diesem Sinn ist ein Mir Glauben völlig nutzlos, sondern nur die EIGENE Erfahrung zählt.

24/7 Autoobservation ist für 'ne Weile das Heilige Mittel zum Zweck und dieser ist nun mal in allen meinen SchriftlICHen Kommunikationen die sogenannte SELBSTERKENNTNIS.

Aber Achtung — sobald du dICH mit deinem eben auf diesem Hals sitzeneden Kopf-Gedanken verwechselst, bringst du dICH selbst bloss in eine materielle Bredouille.

DUSELBST als ICH bIST nämlICH immer und überALL der Mittelpunkt vom Live-Erleben, HEUT, HIER, JETZT, in genau diesem Moment bzw. diesem Augenblick, der allerdings bei genaueren HinSchauen ohne Worte IST. Will man ihn irgendwie dennoch Verbalisieren d.h. in Worte fassen, redet man immer über re-al(l) Vergangenes, d.h. Erinnerungen oder aber über futuristische Möglichkeiten,

Beides jedoch JETZT Ge —oder Erdachte Vortellungen.

Das JETZT ist mitnichten DAS, was die (€-materialistische) Eso-Branche, die Kirchen-Religionen, die Natur-Wissenschaften, ja Staat, Politik, Wirtschaft, Medien usw. als dogmatisch blinden Glauben verkaufen bzw. einem gehirnwäschemässig unterjubeln.

Pantha-Rei - Alles Fliesst. Und's Verständnis davon ist nur Momentan Selbst zu Erleben. Keiner, Nix und Niemand kann's für EINen, da ist man (Frau auch) nur SELBST gefragt.

Die eigene Götter-Dämmerung ist in der Mitte des ZwielICHts, was soviel heisst wie im eigenen BewusstSein bzw. wie vorher schon im SelbstBewusstSein vom ungetrennten Geist mit sEINem Denken. Im Kopf fängt es an und ist nicht verschieden oder aber getrennt vom Denker Selbst.

Doch wer denkt schon Selbst, wen interessiert die Wahrheit wo doch blinder, dogmatischer Glaube an NichtHinterFragtes viel bequemer ist als eine eigene Meinung zu haben welche auf Tatsachen, Wirklichkeit und natürlich die eigene Erfahrung durch subjektive Verifikation beruht?!

Das meiste was man (und wieder Frau auch) WEISS, ist das was Meinungsmacher einem vermitteln.

Stammt der Mensch nun vom Affen ab oder ist der Mensch GÖTTLICH? Nun,

WER'S WISSEN WILL, HAT DIE ANTWORT
BEREITS IN SICH, DOCH STEHT FÜR
VERMEINTLICH ANDERE ERST EINMAL AUF
VERLORENEM POSTEN.
WAS IST WIRKLICH, WAS IST'S ICH? WOHER
KOMME ICH UND WOHIN GEHE ICH? WAS IST
ZEIT UND RAUM, ETWA ZEITRAUM? WER WILL
DAS DENN ÜBERHAUPT WISSEN? GIBT'S MEHR
ALS ICH GLAUBE ZU WISSEN? USW. USF.!
SCHLIESSLICH SAGT MAN DOCH — GLAUBEN
HEISST NICHT WISSEN — GLAUBE SEI NIX-
WISSEN — GLAUBEN IST NICHTWISSEN UND
AUCH DABEI STREITEN SICH DIE GEISTER ÜBER
IHRE MEIST BLOSSE RECHTHABEREI VON
PERSÖNLICH LOGISCHEN MEINUNGEN, WELCHE
EBEN AUCH DA MEIST NICHT DIE EIGEN
ERLEBTEN SIND, SONDERN NUR DAS
NACHGEPLAPPERE VERMEINTLICHER
INFORMATIONEN VON ANDEREN.

DIE SACHE MIT DEM SELBSTDENKEN WIRD
DANN EBEN LIEBER DOCH ZUGUNSTEN VON
NORMALEN STATUS QUO ABGEGEBEN. TJA,
DAS FREMDGESTEUERTE KOPFKINO LÄSST
GRÜSSEN.

EIN BILD SAGT MEHR ALS 1000 WORTE — HAT
MAN DOCH SCHON GEHÖRT, DENN BILDER
TRIGGERN SOFORT EINE EMOTIONALE
REAKTION UND EINE MENSCHENMASSE IST
DAMIT SO RICHTIG GUT STEUERBAR, ERGO DIE
GANZEN NACHRICHTENMANIPULATIONEN, EGAL
UM WAS ES GEHT.
WELTKRIEG, JFK, 911, PANDEMIEN, KLIMA,
CO_2, GEZ, WIRTSCHAFTSWACHSTUM, EU ETC.
UM NUR WENIGE ZU NENNEN, DENN DIE MEDIEN

USF. GEBEN DIR IHRE, MEIST MANIPULIERTEN BILD-VORSTELLUNGEN ZU DIVERSEN THEMEN QUASI SCHON VORGEKAUT. MAN WILL „GLAUBEND MACHEN" UND VERWENDET HOHE PSYCHO-TRICKS UM DEN AN SICH FREIEN GEIST ZU KONTROLLIEREN. EGAL WELCHES LAGER MAN BESUCHT, VON DEN GESTEUERTEN MASSENMEDIEN, ÜBER DIE ALTERNATIEVEN ZU DEN VERSCHWÖRUNGEN, ALLESAMT WOLLEN GLAUBENDMACHEN DASS SIE IM RECHT SIND. ALSO AUFGEPASST, PROPAGANDA, WERBUNG, MARKETING, PR & CO SIND NICHT UNBEDINGT FREUNDE.

GENAU DESWEGEN SOLLTE DER KOPF ZU ALLERERST MAL LEER SEIN VON ERLERNTEN VORSTELLUNGEN, OHNE EINE NUR KLEINPERSÖNLICHE LOGIK, DENN DIE DENKKUNST MACHT DIE WELT WIE SIE EINEM ERSCHEINT. ES HEISST JA NICHT UMSONST, DASS DER GLAUBE SICH VERWIRKLICHT UND WAS MAN SO ALLGEMEIN ÜBER EINE AUSSENWELT SAGT, LUG UND TRUG, DIE WELT IST IN EINEM, IM EIGENEN GEIST, ENTSTEHT IM BEWUSSTSEIN JEDEN MOMENT SOZUSAGEN AUFS NEUE, MIT JEDEM NEUEN GEDANKEN IST DER ALTE FUTSCH, EINFACH NICHT MEHR GEGENWÄRTIG.

DIE QUELLE FÜR SEIN EIGENES DENKEN IST MAN ALLERDINGS IMMER NUR SELBST, SPRICH DER EIGENE KOPF.
UND NOCH EINMAL, NICHT DER AUSGEDACHT PERSÖNLICHE KOPF IST GEMEINT. MAN (KLAR, FRAU IMMER NATÜRLICH AUCH) IST NICHT DAS WAS MAN ÜBER SICH SELBST DENKT BZW. GLAUBT.

Es ist wie die Bilder bzw. Reflexionen im Spiegel in welche man sich sozusagen verliert, diese fasziniert wahrnimmt aber den Spiegel dadurch selbst ignoriert bzw. nicht be(tr)achtet.

Yoga, Einheit bzw. EinsSein natürlICH mit sICH SELBST, was man eh immer schon ist, bloss ist's vergessen. DenkYoga richtet sich also aufs Denken im Kopf aus und ist sozusagen der zeitlose Zustand ohne Worte im JETZT zu Sein, der allerdings sowieso immer gegenwärtig ist, aber wie der Spiegel selbst durch ein Identifizieren mit GedankenInhalten nicht mehr wahrgenommen wird. Yoga ist leider zur billigen Fitnessbranche verkommen. Alles wird für'n Körper getan obgleich dieser Körper von Natur nun mal sehr vergänglich ist. Seele, Geist, Gott, das ICHBIN wird dabei einfach unterschlagen und das mit voller Absicht.
Doch als Pendant zur Polaritätshälfte eines Materiellen gehört nun mal das Geitig-Seelische, die andere Hälfte der Zeit ist die Ewigkeit.
Und der Stoff aus dem die Träume sind ist Mental, egal ob Tag —oder NachtTraum.
Im Denken existiert Alles.

Meinen Körper kann ich sehen und anfassen, doch mICH als den Seher bzw. Anfasser bekomme ich nicht zu Gesicht, kann ihn allerdings geistig-logisch erfassen, begreifen, verstehen, halt mir Selbst-Bewusst-Sein. Das ist mit Yoga

GEMEINT. ÜBRIGENS DITO MIT QIGONG, TAICHI UND KONSORTEN, JA SOGAR MIT ECHTER PHILOSOPHIE IST'S SO, WESHALB ICH DIESE EHER ALS FÜHLOSOPHIE BZW. PHILOSOFÜHLEN BEZEICHNE.

SEIN ALS DIE EINE HÄLFTE DER GANZEN MEDAILLE HAT DIE ERGÄNZUNG HABEN/TUN. IM WORT ER-GÄNZUNG STECKT'S GANZE MIT DRIN. UND ES GEHT UMS HEIL, DAS GANZE, DIE EIGENE HEILICHKEIT, DIE VOLLKOMMENHEIT VON „DEM WAS IST". SOBALD ICH DRÜBER SPRECHE ODER ABER SCHREIBE IST'S NICHT MEHR, DESWEGEN IST DIE GESAMTE ERINNERTE VERGANGENHEIT, INKLUSIVE DIESES AUGENBLICKS NICHT MEHR UND EINE VORGESTELLTE ZUKUNFT INKLUSIVE DIESES MOMENTES NOCH NICHT. GEMEINSAM IST'S NICHT.
ABER WENN NICHT, WAS DANN? NUN, WILLKOMMEN IM CLUB!
LOSLASSEN, PASSIEREN —WIE GESCHEHENLASSEN UND SICH SELBST BEOBACHTEN OHNE IRGENDETWAS VERÄNDERN ZU WOLLEN IST DER WEG DER !00%IGEN AKZEPTANZ, DES 100% EINVERSTANDENSEINS MIT DEM WAS IST.

HEUT, HIER, JETZT.

ANDERS, ICH = ICH + ICH, NOCH ANDERS, HEILIGER GEIST = VATER + SOHN ODER ABER BRAHMAN = VISHNU + SHIVA.
WOBEI BEI DER SELBSTERFAHRUNG WORTE EHER SEKUNDÄR SIND, DAS DIREKTE WISSEN IST'S.

In diesem Sinne ist Yoga eine Art Subjektiv-Wissenschaft, da es um die SelbstErforschung des eigenen Geistes, sprich des Bewusstseins selbst geht. So wird ausm Sein — BewusstSein — SelbstBewusstSein und klar ist das Wort „wird" nicht recht angemessen, halt UmgangsSprache.
Echte GeistesWissenschaft passiert mit echtem Interesse im eigenen LabOratorium, also dem Arbeits —und GebetsHau(pt)s des eigenen Kopfes.

Ja, auch GeistesWissenschaft fängt eben im Kopf an.
Alles beginnt im Kopf, sogar das Nichts hat da seinen Anfang und eine holistische Logik ist's heilige Mittel zum heiligen Zweck der SelbstErkenntnis, des Yoga an sICH.

Subjektive IntroSpektion in seine Geistesdynamik, eben ins Denken, Fühlen, Sein, ist der Weg des EInzelnen, den niemand für jemand gehen kann. Seiner Selbst Gewahr Sein ist subjective science.
Es geht vom Besonderen, dem was man's Ego nennt zum AllgemEInen, der TOTALITÄT von Allem.

Individuell, Individuum heisst nicht und gleichzeitig eben doch auch in sICH Selbst geteilt, so wie's ICH in Ich und ich, aber mit einer Kleingeistlogik die bloss in eine Richtung denken kann ist da kein

Verständnis, denn Richtig wie Verkehrt gehören unabdingbar ZUSAMMEN. Das ist wohl auch der Sinn im Advaita, da wird es nur als Nicht 2 bzw. Ungetrennt ausgedrückt. Man(n) sowie Frau auch nennt's eigentlich LIEBE, denn Liebe IST VERBINDUNG, die Verbindung vermeintlicher Gegensätze, das Verbinden der Polaritäten, denn erst durch's EinsSein von Positiv mit Negativ entsteht bzw. funktioniert Egal was. Das ist dann auch die berühmte GleichGültigkeit.

Liebe ist Qualität und man selbst ist der Bestimmer von jeglicher Qualität, das ist dann auch der sogenannte persönliche Freie Wille. Auch wenn hier im Text viel von WISSEN die Rede ist, geht's doch ums BEWUSSTSEIN selbst bzw. ums SELBSTBEWUSSTSEIN, GEIST also WEISHEIT und nicht das Wissen von Quantumcomputers, Laptops, Smartphones und alle anderen Tech-Gadgets denen GEIST fehlt. EINsICHtig sein heisst nun mal nicht in diesem Kontext bloss eine Sichtweise zu Haben bzw. zu Verstreten, sondern die DuAl(l)e bzw. die Multiple Weise zu Durchschauen, auch wenn sICH dadurch 2 oder Beide oder aber Viele Extreme begegnen zu scheinen. Die EINE TOTALITÄT umfasst schliesslich ALLES, auch Das vermeintlich Nichtdazugehörige.

UM FÜR JETZT NOCHMALS DIESE SEIN —UND SINNFRAGEN NACH'M KOMMEN UND GEHEN ODER ABER NACH'M SEIN SELBST ALLEN ERNTES WAHRLICH ZU BEANTWORTEN: „ICH BIN" UND BASTA! WEDER KOMME ICH NOCH GEHE ICH, DENN ICH BIN'S ICHBIN. SELBSTVERSTÄNDLICH(T) IST SELBSTVERSTÄNDL"ICH" WOZU ICH NATÜRLICH VIEL LIVE INTERESSE GÖNNE. DIE WAHRHEIT IST DENNOCH GANZ ANDERS, DA BIST NÄMLICH DU SELBST DIE CAUSA PRIMA. DU ALS'S ICH BIST GEIST, BIST BEWUSSTSEIN, BIST GÖTTLICH. UND HIER WIE JETZT GEHT'S IMMER NUR UM DICH. OHNE DICH ALS ALLERERSTE URSACHE GIBT'S NICHTS, NOCH NICHT MAL DAS WORTGERÄUSCH NIX. DU SELBST BIST VOR IM SINNE VON ZUVOR, ALSO BEVOR IRGENDETWAS WAHRGENOMMEN, GEDACHT, EMPFUNDEN WIRD. DU BIST GOTTGLEICH, VON WEGEN AFFENABSTAMMUNG. LASS DICH NICHT BELABERN, AUCH NICHT VON MIR. DEINE WELT IST SO WIE DU SELBST GLAUBST DASS SIE IST. DEINEN GLAUBE KANNST DU UNTERSUCHEN, IHN BEOBACHTEN WAS ER, ODER PSYCHOLOGISCH DEIN EGO, DIR ERZÄHLT.

ISTNESS

AUCH FÜR ISTHEIT BZW. ISTSEIN

ICH-SELBST-TECHNIK ODER VOM SICH SELBSTVERÄNDERNDEN GEIST UND DEM WISSEN DRUM.

PANTA RHEI - ALLES FLIESST, IST SOZUSAGEN IM STÄNDIGEN WECHSEL UND WANDEL UND DOCH GIBT'S DA MICH ALS DEN BEOBACHTER, DEN BETRACHTER, DEN ZEUGEN EBEN DIESER WANDLUNGEN ALS SELBST UNWANDELBAR. ISTNESS IST TECHNIK, MITTEL SOWIE METHODE ZUR SELBSTERKENNTNIS UND DAS GANZE AUCH NOCH, OBGLEICH HIER GESCHRIEBEN, OHNE WORTE, DENN WENN ICH AUF MEINE INNERE STIMME ACHTE, IST DIESER AUGENBLICK EINES EINFACHEN LIVE-ERLEBENS NICHT MEHR DA SONDERN IMMER WIEDER VERGANGEN.

BEI ISTNESS GEHT'S ALSO NICHT UM BESCHREIBUNGEN, AUCH NICHT DIE IM EIGENEN GEIST ALS VIELMEHR UM DAS WIRKLICHE ERLEBEN LIVE, OHNE INTERPRETATIONEN, DEUTUNGEN UND VERMEINTLICHE SINNGEBUNGEN.

ICH NENNE ES AUCH FÜHLOSOPHIE BZW. PHILOSOFÜHLEN.

WANN UND WO IST ISTNESS? JETZT UND HIER, DA ERFAHRUNGEN IMMER NUR IN DER GEGENWART GEMACHT SIND ABER DIE INTERPRETATION DARAUS SOFORT ETWAS ERLEBTGE-HABTES MACHT, SPRICH SOFORT EINE VERGANGENHEIT FABRIZIERT WIRD.

WIR KOMMUNIZIEREN MIT WORTEN, DOCH EBEN JEDER AUGENBLICK ALS SOLCHER IST NUR IN SPRACHLOSIGKEIT ZU EMPFINDEN, JA ZU ERKENNEN. UND GENAU IN DIESEM SINNE GIBT ES NIX VON MIR GETRENNTES, OBGLEICH ICH

MIR SELBST NATÜRLICH UNTERSCHIEDE BEWUSST MACHEN KANN.

LIVE-ERLEBEN, DIREKT-ERFAHREN GEHT IMMER BLOSS WIRKLICH JETZT UND IST NATÜRLICH IN DIESEM ZUSTAND OHNE WORTE, DRUM MEINE FÜHLOSOPHIE BZW. DAS FÜHLOSOFÜHLEN IM AUGENBLICK, D.I. EBEN MOMENTAN.

UND WIE IMMER WIEDER MEIN WIEDERHOLUNGSHINWEIS AUF MEINE EIGENSINNIGE SCHRIFTWEISE, WELCHE JETZT VIELLEICHT SOGAR SCHON SELBSTERKLÄREND ERSCHEINT, GELESEN WIE AUCH GEHÖRT IST — DANKE.

ISTNESS = BEWUSSTSEIN SELBST AUCH IN DIESEM ZUSAMMENHANG HIER SELBSTEWUSSTSEIN GENANNT. ANDERE AUSDRÜCKE SIND GOTT, DAS SELBST, ÜBERBEWUSSTSEIN, HÖHERES-SELBST, LICHT, QUELLE, ICH U.V.M., WOBEI MIT DEM ICH MITNICHTEN DAS PSYCHO-EGO GEMEINT IST. ÜBER ISTNESS GINT'S NÄMLICH NIX NACHZUDENKEN, DA EIN NACH-DENKEN EBEN NICHT DEN JETZT-MOMENT LIVE ERFÄHRT, SONDERN BLOSS WIE IM WORT NACHRICHTEN, ÜBER ETWAS BEREITS GESCHEHENES BERICHTET. ANDERS AUSGEDRÜCKT, ISTNESS IST OHNE WORTE!

ISTNESS IST QUASI GLEICHZEIZIGES MULTIDIMENSIONALBEWUSSTSEIN VOM ICH MIT ALLEM UND IM KLEINSTEN, VON ICH MIT MEINEM KÖRPER DURCH WELCHEN ICH MICH UND DIE WELT(EN) WAHRNEHMEN KANN. ACH JA, HIER GESAGTES BZW. GESCHRIEBENES WIE NATÜRLICH GRAD GELESENES BRAUCHT IM SINNE VOM NACH-DENKEN, GRÜBELN ODER

SICH WAS DRUNTER VORSTELLEN EBEN DRUM AUCH IN KEINSTER WEISE VERSTANDEN WERDEN WORDEN SEIN. UFF, SCHLIMMER SATZ, GELLE, ABER MIR GEHT'S NUN MAL UMS DIREKT-LIVE-ERLEBEN UND NICHT UMS BESCHREIBEN VON DEM WAS IST! GENAU ALLERDINGS DAS SCHEINT DIE SCHWIERIGKEIT ZU SEIN, DENN WIR HABEN UNSERE EIGENE KINDLICHE NEUGIER VERLERNT, ABERZOGEN BEKOMMEN ODER SIND IHR SCHLICHT ENTWACHSEN UND NEHMEN DAS IMMERWÄHRENDE KOPF-BLABLA EINES ERLERNTEN INTERPRETATIONSMECHANISMUS IN EINEM GEGLAUBTEN ERWACHSENENZEITALTERS EINFACH HIN OHNE DIESES PROGRAMM MAL ZU HINTERFRAGEN, WEIL WIR'S DOCH SCHON IMMER SO GEMACHT HABEN.

DA HABEN WIR UNS NUN EIN TUN ANGEWÖHNT UND DAS SEIN VERGESSEN UND AUCH DAS VERGESSEN VERGESSEN.

ICH + ICH + ICH = SELBSTBEWUSSTSEIN, IST IN VERBINDUNG MIT UND ZU ALLEM ZU SEIN, HEUT, HIER, JETZT, IMMER SCHON.

DU ALS ICH BIST SELBST DAS L"ICH"T, DIE QUELLE, DAS GÖTTLICHE, DAS GEISTLICH(T)E UND IN GENAU DIESEM MOMENT NATÜRLICH NICHT GETRENNT VOM KÖRPERLICHEN.

ISTNESS IST NICHT DENKBAR SONDERN NUR LIVE SELBST-ERLEBBAR UND WENN ICH'S ALS ERLEBER IN WORTE FASSE, SPRICH DARÜBER REDE ODER WIE HIER SCHREIBE, IST DIES SOZUSAGEN MEINE HÄLFTE DER KOMMUNIKATION MIT DIR, DEM LESER, DEM VERSTEHER, DEM GEIST DER SICH NUN SELBST-SPRECHEN-HÖRT.

In meiner ICH Art & Weise entspricht's ICH dem Absoluten und Ich plus ich dem Relativen, Beides jedoch gehört Jetzt allerdings untrennbar Zusammen, so wie beide Pole von Polaritäten sich nun mal gegenseitig bedingen bzw. ergänzen. Das Ganze ist jedoch das Prinzip in welchem InDividualität Von SELBST geschieht und dieser interne Teilungsprozess ist unabdingbar immer in dem Ganzen, der WirklICHkeit als scheinbare Trennung, UrTeilen, Denken, Fühlen, Sprechen usw. usf. enthalten. Im ICH passiert das wahre Perpetuum-Mobile welches sich, man achte auf die Worte, SelbstStändig in BewegungSetzt und DAS Ganze IST EINfach WunderVoll, eben LIVE, OHNE WORTE, AnDauernde SELBST-Veränderung ohne dabei sICH Selbst zu Verändern.

Diese vermeintlichen Ausdruckskontradiktionen bringen es doch schon selbst ans LICHT, ans L"ICH"T des BewusstSeins.

ISTness IST bzw. Passiert und Geschieht immer JETZT, ad infinitum und JETZT ist immer JETZT, egal WAS, so wie HIER immer HIER IST egal wo Du dICH befindest.

SEIN ist ein integraler Bestandteil von BEWUSSTSEIN, welches sEINerseits seine Integralität im SELBSTBEWUSSTSEIN als sozusagen die hierarchische Spitze hat bzw. IST. Nicht unähnlich unserem DaSein, wo Wachzustand und Traumphasen im

TIEFSCHLAF GIPFELN UND SICH DIES AUF WUNDERBARE WEISE IMMER WIEDER WIEDERHOLT.

METAPHORISCH GESCHRIEBEN IST DER TIEFSCHLAF DIE GANZE, DIE HEILHEIT, DIE EINHEIT DURCH, IN, AUS JEGLICHES ENTSTEHT, WIE UNSERE (ZEIT)TRÄUME, EGAL OB NACHTS ODER TAGS. DIESE EINHEIT BIN ICH SELBST BZW. DU DENKENDER LESER ALS DEIN ICH-GEIST.

HEUT IST DER TAG, JETZT IST DIE ZEIT, BIST DU BEREIT FÜR DEINE WAHRHEIT — DIE EINE WAHRHEIT — DASS DU SELBST EBEN DIESE EINE WAHRHEIT SELBER BIST!?!

DISKUSSIONEN SIND DA LEIDER NUR ZWECKLOSES BLABLA-GESCHWÄTZ, SELBST-RAUSFINDEN IST ANGESAGT.

UND KLAR KONNTE ICH DIESES ISTness AUCH ISTheit ODER ABER ISTsein GENANNT HABEN, DOCH ICH HABE DA SO MEINE EIGENE WORTSPIELEREI IN DER EIGENEN KOPFMITTE.

DU bIST ALS TIEFSCHLAFENDES NIX GENAUSO VIEL WIE ALS WACHTRÄUMENDES ETWAS, EBEN ALLES UND NICHTS, DAS ALLEINE. ABER, DAS BEWUSSTSEIN WELCHES DU DENKST BZW. GLAUBST ZU SEIN, DAS IST'S BZW. BISTE NATÜRLICH NICHT. SELBSTBEWUSSTSEIN IST WIE GOTT, WIE'S ECHTE LICHT, MAN KANN NICHT DRÜBER SRECHEN, DENN ES IST UND IST DADURCH NICHT IN WORTE ZU KLEIDEN, MAN MUSS ES EINFACH SELBSTERLEBEN, KANN ABER NICHT ZU DEM WERDEN WAS MAN SCHON SELBST IMMER IST. DESWEGEN AUCH DIESE

VERMEINTLICHEN GEGENSÄTZE UND LIMITATIONEN IM SPRACHLICHEN UMGANG MITEINANDER. GUCKT MAN SICH DIESE WORTE MAL ETWAS GENAUER AN, SO ERGEBEN SIE DURCHAUS SINN UND DOCH BIST DU ALS'S ICH SELBST DER SINN, DENN DU BIST DAS ABSOLUTE (INKLUSIVE DES RELATIVEN).

ICH MACHE MIR SELBST DIESE GEDANKEN, DENN LAST NOT LEAST GIBT'S SCHLIESSLICH BLOSS MICH UND ICH KANN NICHT ANDERS ALS DENKEN, FÜHLEN, HANDELN, DOCH JEGLICHE INFORMATION GEHT BZW. KOMMT AUS MIR SELBST HERVOR. WORTE, BILDER, EMOTIONEN, ERINNERUNGEN AN EINE VERGANGENHEIT, VORSTELLUNGEN AN EINE ZUKUNFT, ALL DAS GESCHIEHT JETZT, OBWOHL DIE ERLERNTE LOGIK EINEM NATÜRLICH ETWAS GANZ LOGISCH ANDERES SAGT. ES GIBT NUR IMMER HEUTE, ICH BIN IMMER HEUT, DENN GESTERN WIE MORGEN WERDEN EBEN IN DIESEM AUGEBLICK GEDACHT, HEUT.
DAS MIT DEM ICH MAG IM ERSTEN MOMENT RUHIG EGOISTISCH KLINGEN, DOCH ENTSPRICHT'S HALT NUR DER WAHRHEIT, WELCHE MAN SELBSTBEOBACHTENDER WEISE SELBST RAUSKRIEGEN KANN WENN MAN NUR WILL.

DIESE SELBSTBEOBACHTUNG NENNE ICH HIER ISTNESS, ALSO DIESE ICH-SELBST-TECHNIK, DENN DER BETRACHTER IST FREI VOM BETRACHTETEN, DER SEHER FREI VOM GESEHENEN UND DOCH NIE VERSCHIEDEN DAVON, GENAUSO WENIG WIE EIN DENKER

NICHT VOM DENKEN DER GEDANKEN GETRENNT IST.

AUF DIESE WEISE VERWECHSELE ICH MICH AUCH MIT MEINEN GEDANKEN UND HALTE DIESE FÜR WAHR BZW. GLAUBE AN IHRE ECHTHEIT OBWOHL SIE SCHON VON DEM NÄCHSTEN, ANDEREN GEDANKEN ABGELÖST WERDEN UND DANN FÜR MICH EBEN NICHT MEHR RELEVANT BZW. UNEXISTENT SIND. ABER, DENKEN, FÜHLEN, SPRECHEN, MACHEN UND TUN IST IN MIR UND NIRGENDWO DA DRAUSSEN, DENN SOGAR DIESES DA DRAUSSEN IST IN MIR.

UNSERE SO TOLLE WISSENSCHAFT SAGT UNS DOCH, DASS WIR EINE ART REFLEXION IM HIRN VON DER SOGENANNTEN AUSSENWELT HABEN — WAS WENN'S GENAU ANDERSHERUM WÄRE, DASS NÄMLICH DIE AUSSENWELT ERST DURCH UNSER DENKEN, FÜHLEN USW. ZUSTANDE KOMMEN WÜRDE? WAS WENN KAUSALITÄT DICH SELBST ALS URSÄCHLICHKEIT HAT? WO SOLL'S DENN AUCH SONST HERKOMMEN WENN NICHT AUS DIR-SELBST? WO PASSIEREN DENN DIE DIVERSEN TRÄUME EINES TRÄUMERS BZW. EINES TRÄUMENDEN, ETWA NICHT IN IHM, IN SEINEM KOPF, IN SEINEM GEIST?

IM EIGENEN KOPF GESCHEHEN ALLE EXISTENTIELLEN WUNDERDINGE.

DER LÄNGSTE TAG, HEUT, DAMIT MEINE ICH DIESEN TAG, JA HEUT' HAT NIE BEGONNEN UND HÖRT NIE AUF, DENN ES IST IMMER NUR JETZT AD INFINITUM. WANN DENKST DU AN GESTERN, WANN AN MORGEN WENN NICHT JETZT, HEUT'? KLINGT ZU BILLIG, WEIL DIR DEINE EIGENE LOGIK GERADE VOLL-LOGISCH

WIDERSPRICHT? IST DOCH HAUSGEMACHTER BLÖDSINN WAS HIER SO ALLES DRINSTEHT, GELLE? JA, ABER...

WO IST DEINE KINDHEIT? JETZT, DENN DU ERDENKST SIE DIR IN DIESEM AUGENBLICK, KANNST SIE ABER MIT HILFE VON PHANTASIE UMGESTALTEN, JE NACH BELIEBEN. MIT DEN VORSTELLUNGEN VOM ALTER DITO. ALLESAMT HIER, HEUT' JETZT GEDACHTE GEDANKEN UND DENKST DU WAS ANDERES, SIND DIESE AUGENBLICKSGEDANKEN AUGENBLICKLICH ERSETZT DURCH NEUE, ANDERE.

DAS MIT DEM PANTA RHEI HAT SCHON SEINE BERECHTIGUNG.

ABER DAS TOTALE EINVERSTÄNDNIS MIT ISTNESS IST NUN MAL DIE EIGENE HINGABE AN DEN AUGENBLICK, ANS HEUT', HIER, JETZT. IN DIESEM KONTEXT HAT GEISTESWISSENSCHAFT NICHT SO VIEL MIT FANTASIEN, MIT UTOPIEN, MIT MÖCHTEGERN ZU SCHAFFEN, OBWOHL'S NATÜRLICH DANN WIEDER DOCH IRGENDWIE DAZUGEHÖRT.

SINNBILDLICH FÄLLT EINEM NÄMLICH SOZUSAGEN EINE GROSSE LAST VON DEN SCHULTERN WENN MAN DIE JEWEILIGE SITUATION EINFACH ERLAUBT, DENN DURCH'S ERLAUBEN VON DEM WAS EH IST GEBE ICH QUASI DAS EINVERSTÄNDNIS MIT DEN GEFÜHLTEN WORTE, DASS D(S)EIN WILLE GESCHEHE... UND WÄRE DANN WIEDER IN DIESER ART VON ZEUGENPOSITION, DER NEUTRALEN BEOBACHTUNG EINER ECHTEN GLEICHGÜLTIGKEIT VON VERMEINTLICHEN WIDERSPRÜCHEN, DIE ZUSAMMEN ERST HEIL SIND SOWIE DURCH EIGENE

SELBSTVERSTÄNDNIS HEIL MACHEN KÖNNEN. DEIN EIGENINTERESSE IST HIERZU GEFRAGT.

SELBSTINTERESSE, SELBSTNEUGIER IST WESENTLICH GESÜNDER ALS EIN STUPIDER MEDIENKONSUM, EGAL OB'S DIE MANIPULIERENDEN ÖR, ZEITUNG, INTERNET USW. SEI, IN DIR SELBST FINDEST DU ALLE ANT-WORTEN.

MAN (FRAU AUCH) GLAUBT DOCH NORMAL, DASS SEINE UMWELT, SEIN UMFELD AUCH DA IST, SPRICH EXISTIERT; WENN MAN(N) (UND WIEDER NATÜRLICH FRAU AUCH) SELBST NICHT DA IST, ODER? NUN, GENAU DAS GEGENTEIL IST WAHR UND WIRKLICH. OHNE DICH GIBT'S NIX, JA NICHT EINMAL DAS WORT NICHTS. ES IST WIE IM BERÜHMTEN TIEFSCHLAF, DENN IN ECHTER EINHEIT, WER ODER WAS WILL DA ETWAS DENKEN, WAS SAGEN, ETWAS ERLEBEN OHNE SICH SELBST IRGENDWIE IN BEWEGUNGZUSELTZEN?
GENAU, NICHTS UND NIEMAND, DIE GROSSE LEERE, DIE SYMBOLISCH ECHTE FINSTERNIS, DAS UNVORSTELLBARE NIX UND DOCH GESCHIEHT AUF WUNDERBARE ART & WEISE DANN SO WAS WIE „CREATIO EX NIHILO" BZW. SCHÖPFUNG AUSM NICHTS.

NICHTS UND SCHÖPFUNG SIND ABER NICHT GETRENNT, SIND DIESES PERPETUUM MOBILE SELBST, SIND ISTNESS.
MIT ANDEREN WORTEN, DIESES PERPETUUM MOBILE BIST DU SELBST, JA, DAS, WAS DU ÜBER DICH SELBST ALS WAHR SAGEN KANNST, DEIN UREIGENES ICHBIN!

UND GENAU IN DIESEM SINNE bIST DU
SELBST DAS was grad IST, ISTness pur.
DU bIST DER PUNKT /TIEFSCHLAF) DER sICH
SELBST UrTEILT ZUR LINE (TRAUM) UND DANN
ZU ALLEM MÖGLICHEN (WACHEN) WERDEN
KANN. PUNKT = KEINe DIMENSION, LINIE =
DIMENSION, KREISE, KÖRPER =
DIMENSIONEN. IN DIVIDUAL(L)ISTMUS.

FÜR dICH IST DAS ALLES EXISTENT AN WAS DU
JETZT DENKST UND SOFORT GLEICH IST'S
WIEDER WEG WENN DU AN ETWAS ANDERES
DENKST. DU bIST MIT DEINEM DENKEN
UrSÄCHLICH FÜR dEINe WELT, JA SOGAR
FÜRS UNIVERSUM, DEN UrKNALL UND
NATÜRLICH IN ERSTER LINIE FÜR DICH SELBST,
DOCH bIST DU NIE UND NIMMER SELBST
ETWAS ErDACHTES, AUSGEDACHTES BZW. EIN
GEDANKE. DAS WAS IST(NESS) IST NUR DURCH
dICH EXISTENT, ERSCHEINT MIT DEINER DENKE.
DAS NENNT MAN VERWIRKLICHUNG. UND DU
SELBST bIST FREI, NICHT FREI NICHT ZU
VERWIRKLICHEN, DOCH VON EBEN DIESEN
VERWIRKLICHUNGEN, FREI ABER NICHT
GETRENNT DAVON. DIESE VERWIRKLICHUNGEN
SIND GLAUBENSABHÄNGIG UND GENAU DIES
GILT'S ZU DURCHSCHAUEN.
DIE EIGENE GEISTESFESTPLATTE MAL VOM
NORMALEN „MINDVIRUS" BEFREIEN SPRICH
FORMATIEREN IST SO EINE SELBSTBESTIMMTE
MÖGLICHKEIT, MÖGLICHKEIT DESWEGEN,
WEIL'S BLOSS MIT ECHTEM INTERESSE GEHT,
MIT ECHTER GEISTESWISSENSCHAFT IM
EIGENEN LABORATORIUM DES EIGENEN
KOPFES, WOZU DANN AUCH SYNONYM DAS
HERZ ZÄHLT, DENN SOLANGE DER KOPF NICHT

GLEICHMÄSSIG KLAR IST, DENKT MAN IMMER WIEDER NUR IN SEINEN KLEINGEISTIGEN EINSEITIGKEITEN UND VERGISST NICHT NUR SONDERN BEKÄMPFT AUCH DIE DAZUGEHÖRIGE(N) ANDERE HÄLFTE (TEILE, MEINUNGEN ETC.) ALS SCHLECHT, UNRICHTIG, VERKEHRT, VERSCHWÖRUNGSTHEORIEN ODER EINFACH ALS HIRNVERBRANNTER SCHEISS. ABER, ALLES IST GUT UND AUFREGEN, KRITISIEREN, SICH SORGEN, ANGST UND KONSORTEN SIND DAZU ABSOLUT ÜBERFLÜSSIG.

DIE FROHE BOTSCHAFT IST DIE, DASS DIR ALS'S ICH GANZ UND GARNIX PASSIEREN KANN, DENN WAS SOLLTE DOCH EINEM NICHTS (BIS AUFS ALLES) WIDERFAHREN? DAS IST DIE GESCHICHTE VOM PUNKT, VOM TIEFSCHLAF, DER EINHEIT, VON ISTNESS PER SE, ODER BESSER NOCH, VON DIR SELBST.
DU BIST DER DENKER, DER DENKER (D)EINES KÖRPERS, DEINES UMFELDS JA DEINES LEBENS UND DIESER DENKER IST FÜR DICH SELBST ABER UNDENKBAR. (ES SEI DENN, DU DENKST IHN DIR, DOCH DANN IST EBEN AUCH BLOSS WIEDER GEDANKE).

DEINE WELT, DEIN KÖRPER, DU..., WO IST DIES ALLES IM TEIFSCHLAF? NATÜRLICH IN DER EINHEIT BEVOR'S DEN BERÜHMT BERÜCHTIGTEN URKNALL GIBT. UND APROPOS URKANLL, DER GESCHIEHT JEDEN TAG AUFS NEUE, HEUT'. DIESER BIG-BANG ENTSTEHT ERST WENN DU (AN IHN) DENKST, DENN MIT DEM JETZT-DENKEN GLAUBST DU DASS ES ZEIT GIBT, ZEIT ALS EIN NACHEINANDER.

Was meint denn dein logischer Verstand, deine Vernunft dazu? Wirkliche Kausalität ist untrennbare Gelichzeitigkeit deren UrSache wie auch Wirkung immer nur DU-SELBST bIST, Du Selbst als ICH.
All dies ist mitnichten Egoistisch und doch heisst Ego nur Ich und als Wortspielerei dann eben EGOIST(ness).

Deine WerkZEUGE besitzt du schon immer, nämlich die ZEUGEnposition des freien Btrachtens, des SelbstBeobachtens. Gemeint das Beobachten deiner Geistestätigkeit, des Fühlens sowie des Verhaltens.
Der Körper guckt nach sich selbst, den kannste ruhig in Ruhe lassen, doch achte mal aufs wirklich Lebendige, die Daten, die Infos, das Eigene ErZählen, die Emotionen, den ganz normalen AllTagsMindFuck eben.
Und genau auf diesen Kladderadatsch der so normalen Anerzogenheit gilt's zu VerzICHten, denn der eigene Kleingeist wird dann DarGebracht, geopfert um den Heil(ig)en Geist zu Empfangen.

Ich weiss, ich weiss, dieser Heil(ig)e Geist ist natürlich auch scho da, doch mit unserer modernen Weltanschauungstheorie sehen wir ihn leider nicht mehr, weswegen doch die fabriziert und blind geglaubten Weeltbilder aufgegen werden sollten,

DAMIT WIR WIRKLICH WISSEN WER UND WAS ICH BIN!

DAS GROSSEGANZE IST PERMANENTE VERÄNDERUNG UND DIE IST ABSOLUT PERFEKT GENAU SO WIE'S JETZT IST.
IST DAS HIER VON DIR SELBST NUN GEISTIG AUSGESPROCHENE ZU KOMISCH, ZU UNSINNIG? HÄLST DU'S FÜR VERKEHRT UND SOMIT AN DEINEM GE —BZW. ERLERNTEN FEST? GIBT'S NE ART KOMPETENZVERLUSTSYNDROM WELCHES ES EVENT. ZU VERTEIDIGEN GILT?
DAS NENNT MAN EGO (IM GEGENSATZ ZUM EGO, ALSO ZUM ICH).
DIE BEREITSCHAFT ZU LASSEN, SEINZULASSEN, LOSZULASSEN, GESCHEHEN — PASSIEREN ZU LASSEN IST WICHTIG, SONST IST'S VERGEBENE LIEBESMÜH. VERNICHTUNG SOWIE ENTSTEHUNG IST EINE GANZE MEDAILLE.
BEWUSSTSEIN, ES HEISST NICHT ETWA BEWUSSTHABEN, DENN BEWUSSTSEIN HAT MAN (FRAU AUCH) NICHT, MAN IST'S UND DESWEGEN DIESES SO GÖTTLICH(T) EIGENE ICHBIN, DASS JEDER VON SICH SELBST BEHAUPTEN KANN. HAUPT IST BLOSS EIN ANDERES WORT FÜR KOPF, IN WELCHEM DIE TRÄUME DES TRÄUMERS GANZ VON ALLEIN, VON SELBST VONSTATTEN GEHEN.

DU LIEBER LESER KENNST DOCH BESTIMMT DIESES JAIN BZW. GEHT'S AUCH UMGEKEHRT ALS NEJA, DAS STECKT WEISHEIT DRIN WENN MAN SIE DENN ERKENNEN KANN. OBGLEICH'S LEBEN ZWAR EINFACH IST, MACHEN WIR DIESE KOMPLEXITÄT

UNNATÜRLICH KOMPLIZIERT UND FOLGEN ANDAUERND VORGEFERTIGTEN MEINUNGEN, WELCHE ALLES, NUR NICHT WIRKLICH UNSERE EIGENEN SIND. SELBSTDENKEN WIRD TABUISIERT.

DEIN (KONSUM)ROBOTER-PROGRAMM, DEINE MECHANISMEN, DIE „NORMALE" ALLTAGS-DENKMASCHINERIE SOLL MAN BETRACHTEN UM ZU WISSEN, DEN KEIN BUCH DER WELT, KEIN GURU, PRIESTER, POLITIKER, LEHRER UND WIE SIE AUCH ALLE BETITELT SEIN MÖGEN WISSEN WIRKLICH UM SICH.

ICH WIE ICH, DER SCHREIBERLING DIESES TEXTES MIT NAMEN HARRY PHIL IST VON MIR SELBST WAS GEDACHTES. ICH ALS PERSON BZW. CHARAKTER BIN NICHT DAS ICH, BIN LOGISCH AUCH NICHT GOTT ODER BEWUSSTSEIN, JA NOCH NICHT EINMAL DAS SELBST, DENN ICH KANN MICH SELBST NICHT AUSDENKEN, NICHT ERDENKEN ABER ICH TRÄUME MICH UND DIESES GANZE JETZIGE LEBEN AD INFI.
ICH IST DER DENKER, NICHT DER GEDANKE, DER TRÄUMER, NICHT DER TRAUM, DIE ZEIT ALS EWIGES HIER UND JETZT, EBEN HEUT'.
DER WEISHEIT LETZTER SCHLUSS IST NICHT IRGENDEINE VIELWISSEREI, SONDERN BEWUSSTSEIN SELBST.
SO DENKE ICH MIR NUN DICH AUS UND DIE FREUDE BEI DIESER LEKTÜRE DES LOSLASSENS, DER OPFERUNG DES KLEINGEISTES ZU EINER HOLOGISCHEN LOGIK, EINER SICHTWEISE DIE ALLE ANDEREN INTEGRATIV MIT EINBEZIEHT.

In diesem Zusammenhang, viel Freude und nen Heiden-Spass beim SELBSTSEIN.

VORM ANFANG = OHNE WORTE

Am Anfang war das Wort...
Doch vorm Anfang, bevor irgendwas beginnt, bist DU SELBST als's ICH!
Sobald du etwas innerlich sprichst, Selbsgespräch, etwas benennst bzw. denkst, fühlst, tust gibt's ein Bewusstsein, das drüber weiss. Dieses BewusstSein ist zuvor, eher, einst, früher als irgendetwas, wahrgenommen werden kann, sogar eher als jegliche Beobachtung selbst. Dieses Kognitive (SelbstBewusstSein), nicht die Kognition an sich, lässt sICH nicht denken, nicht vorstellen, eben nicht in Worte fassen, daher „ohne Worte", unaussprechlich, nICHts.
Dieses AnfangsWort ist jedoch dEIN eigener ErstGedanke, das natürliche UrTeilsDenken, das ICH welches sICH nur als Ich bzw. ich SELBSTWAHRNEHMEN kann.
In diesem Sinne gilt Hier das „Ex Nihilo", als's ausm N„ICH"Ts mit ALL sEINen Implikationen.
ICH bin wissbar aber leider nicht denkbar und so bin ICH das ICHBIN selbst.
Na, dass ist doch mal eine Aussage, die in WirklICHkeit ein Jeder für sICH Selbst machen kann der VerSteht.

Wenn am Anfang das Wort war, dann IST vorm Anfang das Nichts, die Stille, das Schweigen, Chaos, Finsternis, Schwärze, in welcher ja erst ein L"ich"t entstehen kann.

Der Träumer und sein Traum trifft's recht gut oder der Denker mit Gedanken, Gott und die Welt sind allesamt Bezeichnungen für EinUndDasSelbe. Nun, dies ist sozusagen eine Beschreibung des UnbeschreiblICHen, denn wie will ich wohl Das ausdrücken, was nicht auszudrücken ist, ausser eben in Gedanken, Worten und Werken, ein Wissen von und über mICH SELBST als ICHBIN. Ergo kannst du liebster Leser-Geist, diese absolute Weisheit durchaus von dir SELBST empfinden, es bedarf halt nur der Aufgabe einer Erweiterung, einer Vervollkommnung eines bis Dato Geglaubten Wissens.

Da eh schon immer ALLES in Ordnung war, ist und sein wird, musst du natürlich Hier und Jetzt nicht weiterlesen wenn dir die eigene Selbsterkenntnis am Arsch vorbeigeht bzw. du überHaupt kein Interesse dafür hast, denn das suchst du dir so ganz persönlich ja gar nicht raus und bist somit von dieser Lektüre freigesprochen (und dann aber auch doch wieder nicht).

Das Hier und Jetzt grad von der GeLesene hört sICH natürlich erst einmal total EgoIstisch wie Arrogant, Klugscheisserisch wie BesserWisserisch

AN, ALLERDINGS IST'S GENAU WIE DIESE, MEINE SCHREIBWEISE EINER ÜBUNGSPHASE UNTERLEGEN, DIE AUCH EINE GEWOHNHEIT IM GLÄUBIGEN DENKPROZESS WERDEN BZW. SEIN KANN. ALSO NIMM'S ERST EINFACH MAL AN UND ZWAR MIT HUMOR. AUCH HIER UND HEUT MACHT NÄMLICH DIE ÜBUNG DEN/DIE MEISTER/IN.

ALS ERSTES, AKZEPTIERE DOCH EINFACH DIESE ART & WEISE MEINER KOMMUNIKATION, VERSTEHEN KOMMT DANN SCHON VON SELBST. ALLES WAS ICH EHRLICHER WEISE AUSDRÜCKEN KANN IST DOCH URANFÄNLICH WIE LETZTENDLICH WIRKLICH'S „ICHBIN", DENN DAS, WAS DAHINTER KOMMT SIND NUN MAL GEDACHTE GEDANKEN.

SELBSTERKENNTNIS, SELBSTBESTIMMUNG, SELBSTBETRACHTUNG, SELBSTWISSEN, SELBSTVERWIRKLICHEN, SELBSTDENKEN, DIE EIGENE MEINUNG IST GEFRAGT. SCHLIESSLICH KANN ICH DOCH DENKEN WAS ICH WILL, DENN DIESE FREIHEIT IST JA MEINE, ICH MUSS KEINEN FREMDEN INFOS MEINEN GLAUBEN SCHENKEN, SONDERN ECHTE INFORMATION, SPRICH INSPIRATION IST IMMER SCHON IN MIR SELBST. I

ICH HABE MEINE EIGENE MEINUNG, WIE ZU DIESEM INHALT HIER UND JETZT EBEN AUCH UND ICH BRAUCHE NICHT, DASS DU MIR IRGENDETWAS GLAUBST, SONDERN DIR SELBST VERTRAUST UND DIR SELBST GLAUBST UM ZU WISSEN.

DU KANNST ÜBER'S DENKEN DENKEN SO VIEL DU MAGST, DOCH IN EINER BEWUSSTE

WHARGENOMMENEN GEDANKENPAUSE, DIE DU ALLERDINGS NICHT FORCIEREN KANNST, WIRST DU'S GANZ BESTIMMT SELBSTWISSEN, ALS ECHTE ERFAHRUNG, EBEN ALS DAS WAS IST UND DAS WAS IST IST IN KEINSTER WEISE GETRENNT VON DIR SELBST.

ABER, KOMM NICHT IN DIE FALLE DES „POSITIVEN DENKENS", DENN DIE POLARE DU-AL-ITÄT ZEIGT DIR SOFORT DEINE EIGENE EINSEITIGKEIT WENN DU AUFPASST. MAN (FRAU AUCH) KANN ÜBER EINE BEIDSEITIGE GLEICHZEITIGKEIT HINAUS INDEM MAN EINFACH DAS JETZT ZU 100% AKZEPTIERT, DAMIT EINVERSTANDEN IST, ES VOLL UND GANZ ANNIMMT, EGAL WAS ES SEI.

DIE QUELLE VON ALLEM BIST DU SELBST, HAST, BIST, WARST UND WIRST DIES IMMER SEIN, LIVE, JETZT, HIER UND HEUT, EINFACH WEIL'S NIX ANDERES GIBT ALS DICH.

DAS ANDERE SIND GEDANKEN, JA SOGAR DU SELBST VERWECHSELST DICH MIT DEINEN GEDANKEN BZW. DEINEN GEDANKENINHALTEN.

FREISEIN IST FREIHEIT VOM DENKEN (ABER DOCH NICHT GETRENNT SEIN DAVON).

ICH BIN, ICH HABE, ICH MACHE UND TUE..., JA, ABER ALL DAS IST ES NICHT. ALLES VON DIR ERDACHTE IST'S NICHT! NICHT MAL EIN GEDACHTES BEWUSSTSEIN, EIN GEDACHTER GOTT, EGO-ICH, SELBST USW. IST'S. WAS BLEIBT IST EBEN „OHNE WORTE", ICHBIN.

GOTT, GEIST, SEELE USW. SIND WORTE FÜRS UNAUSSPRECHLICHE, SIND SOZUSAGEN KONKRETE ABSTRAKTE BEGRIFFLICHKEITEN ZUM ZWECKE DES SELBSTVERSTÄNDLICHEN

VERSTEHEN, EINES WISSENS VOM SELBST DER URQELL-SEINs.

ABER MAL OHNE SCHEISS, A I G = ALLES IST GUT, ALSO MACH DIR ECHT KEINEN KOPF, KEINE GEDANKENAKROBATIK IST VONNÖTEN UM ZU SEIN, ZU KAOIEREN UND DAS MIT LEIB UND SEELE, IM HEIL(IG)EN GEIST.

DIE WELT EXISTIERT NICHT WEIL SIE UNABHÄNGIG DA DRAUSSEN IST, SONDERN UMGEKEHRT, SIE EXISTIERT WEIL ES DICH GIBT!!!

PRIMÄRULTIMATIV IST DIE WELT NICHT VERSCHIEDEN VON DIR, ABER DIESES WISSEN WIRD DIR HALT NICHT VERMITTELT. DU BIST DIE URSACHE DER WELT UND GLEICHZEITIG AUCH DIE WIRKUNG, DENN DU BIST DIE WIRKLICHKEIT VON DER ES BLOSS EINE GIBT, NEMENTLICH ICH. DOCH IST'S ICH VERBALTECHNISCH ZWAR SAGBAR, IN ECHT JEDOCH NICHT IN WORTE ZU FASSEN. WIE KÖNNTE MAN AUCH'S NICHTS MIT WORTEN ERKLÄREN, SO WIE'S ALLES, UNMÖGLICH. UND DOCH WIRKLICH(T).

AUS NICHTS KANN MAN NIX MACHEN, SO SAGT'S DEINE NATURWISSENSCHAFT UND DOCH ERWACHST DU JEDEN MORGEN AUS DIESEM NICHTS UND KANNST NOCH NICHT EINMAL WAS DAFÜR, ODER? WER ODER WAS LÄSST DICH IMMER WIEDER ERWACHEN? KLAR, HIER IST MITNICHTEN DIE WECKER-UHR GEMEINT.

DIESE WECK-KRAFT, DIESE ENERGIE IST VEREHRUNGSWÜRDIG ABER..., DAS BIST LETZTENDLICH DU SELBST.

Der Mensch ist etwas SELBST-Erdachtes und scheint sich irgendwie verselbstständigt zu haben, in einer gefährlichen Welt existierend in welcher er schuldbeladen für alles Mögliche zur Verantwortung, sprich zum Geld-Bezahlen, herangezogen wird. Der letzte Coup ist der angeblich „Menschen gemachte Klimawandel" inklusive dieser CO_2-Steuer. Doch wenn der Mensch selbst etwas Erdachtes darstellt, wie sieht's dann erst mit diesen Denk-Konstrukten aus? Auch hierbei hat der Glaube die Oberhand gewonnen, denn du wirst Glaubend gemacht. Man, in diesem Fall die Politik plus ihrer einseitig materiellen Naturwissenschaft, pflanzt dir sozusagen durch dir von Aussen kommende Informationen, deine zu Habenden Gedanken ein. Und wehe du widerspricht der vorgefertigten Pop-Meinung und denkst selber — das ist nicht gewollt, das wird bekämpft.

Glaube also erstmal Nix und nur an dICH SELBST. Du wirst der/die Erste SEIN, welcher eine konkrete Weltveränderung seiner eigenen Welt bemerken wird wenn du sozusagen anders Denkst, Um-Denkst. Das Denk-Wort ist der Anfang, doch wir sind ja bein Eher, beim Zuvor, beim Früher, beim Vorm-Anfang.
Eine Gleichzeitigkeit von innerem Sprechen, Gefühlen sowie Taten verwirklichen Augenblicklich deine Welt

INKLUSIVE NATÜRLICH DEM WAS DU SELBST ZU SEIN GLAUBST. URSACHE UND WIRKUNG IST NUR IM JETZT ZU BEGREIFEN, DER EINZIG IMMERWÄHRENDEN ZEIT UND NICHT IM GELERNTEN NACHEINANDER EINER ERDACHTEN CHRONOLOGIE.

DIE VERBINDUNG VOM ALLEM bIST DU NUN MAL SELBST ALS ICH, BEVOR ETWAS WAHRGENOMMEN WERDEN KANN UND DAZU ZÄHLEN AUCH GEDANKEN, IST BEWUSSTSEIN VONNÖTEN, WELCHES EBEN NICHT WAS AUSGEDACHTES IST UND DU DIESES BEWUSSTSEIN IMMER SCHON SELBST bIST, OHNE DIES JE OBJEKTIV WAHRNEHMEN ZU KÖNNEN, DA ES SOZUSAGEN DAS, ALSO DAS ABSOLUT SUBJEKTIVE SELBST IST.
JETZT WIRD VIELLEICHT AUCH VERSTÄNDLICH, WIESO GOTT, ALLAH, KISHNA USW. DAS N"ICH"TS REPRÄSENTIEREN, ABER MIT DER EIGENEN SPIEGELUNG ALS ALLES.
GENAU DESWEGEN DER SPRUCH VOM WENIGER IST MEHR UND NIX IST ALLES.
ÜBER EINIGE DIVERSE FRAKTALE DIESES ALLES KÖNNEN WIR GEDANKLICHER WEISE KOMMUNIZIEREN, WIR BEZEICHNEN DIES ALS REALITÄT(EN), DAS ABSOLUTE JEDOCH IST UND BLEIBT WIRKLICH FÜR IMMER OHNE WORTE.
DER HAMMER IST ALLERDINGS, DAS OHNE WORTE NUR MIT WORTEN KOMMUNIZIERBAR IST, SO WIE IN EINEM GANZ FRÜHEREN SPRUCH MEINERSEITS, IN WELCHEM ES HEISST:

Das Relative ist nicht wahr — Nur das Absolute ist wahr — Das Absolute ist Relativ!

Oder aber als kleiner Zen-Koan:

Kein Weg. Kein Ziel — Bloss Gehn', Verstehn'?!

Man könnte es allerdings auch fälschlicher Weise als Synthese bezeichnen, obwohl beim genaueren HinSchauen eben diese Synthese, als Prinzip der Einheit schon immer VORHER IST und sICH erst aus DEM eine Polarität oder aber auch DU-ALität entwickeln kann, das ICH IST immer absolut, hingegen Ich + ich relativ. Relative ist auch Gott und die Welt, oder ich und du, ich und andere, eben alles was nach'm ICHBIN gesagt wird.

Worte sind ergo in keinster Weise Unwichtig, denn sie bilden die GegenWart zur Stille, zur EINheit, sozusagen wie's Wachen und Träumen zu mEINen TiefSchlaf.
Ein „Vorm Anfang" wie ein „Nachm Ende" ist unvorstellbar, doch glauben wir ans DaZwischen mit all seinen Facetten und machen aus einem UNIversum ein vermeintliches MULTIversum in welchem wir dann irgendwie so ganz verloren scheinen. Egal ob Uni oder Multi, es ist Er —bzw. Gedacht denn wir haben's dabei mit Gedanken zu tun, nicht mit dem

UNDENKBAREN DENKER SELBST, OBGLEICH DIESER NATÜRLICH NICHT VOM DENKEN GETRENNT IST.

SOBALD DU DIR ETWAS AUSDENKST BZW. ÜBERHAUPT IRGENDETWAS DENKST, IST DIES, EGAL OB INNEN ODER AUSSEN, FÜR DICH WIRKLICH, REELL WAHRNEHMBAR, EXISTENT.

DU BIST DAS WRIKRLICHE UND GLEICHZEITIG DIE VON DIR GEDACHTE REAL)L)ITÄT, BIST SIMULTAN, LIVE, SYNCHRON URSACHE UND WIRKUNG EBEN DURCH DIESES GEISTIGE SICH SELBST IN BEWEGUNGSETZEN. ES GIBT SOGAR MUSIK MIT DEM TITEL „STANDING IN MOTION". RICHTIG GEHT HAND IN HAND MIT VERKEHRT, GESUND MIT KRANK, AUFBAU MIT ZERSTÖRUNG USW. USF., AUCH WENN DIR GUTMENSCHEN NUR EINSEITIGKEITEN BEIBRINGEN MÖGEN, DU SELBST BIST DAS AUSSCHLAGGEBENDE PARAMETER, DER ECHTE PARA-BRAHMAN. DAS WAS VOR BRAHMAN IST. SO BIN ICH IN DER LAGE DURCH ABSTRAKTE BESCHREIBUNGEN, ABSTAKTE BEGRIFFE, WÖRTER AUF DAS HINZUWEISEN, WAS SELBST UNAUSSPRECHLICH IST.

UND NUN ETWAS MINDFUCK BZW. GEISTESAKROBATIK IN DER LOGIK = DENKKUNST.

NICHTS ALS MITTELPUNKT / ALLES ALS PERIPHERIE, WO WÄRE DIESER MITTELPUNKT UND WO SEINE PERIPHERIE WENN NICHT GELEICHZEITIG IN MEINEM GEIST, SPRICH KOPF. DOCH OB8, GEMEINT IST NICHT MEIN JETZT AUSGEDACHTER UND EVENTUELL IM SPIEGEL SICHTBARER KOPF, ICH REDE HIER

VOM ÜBER-HAUPT, ALSO DEM
NICHTDENKBAREN KOPF.
EIN GEWISSER MEISTER ECKHART (ODER AUCH
ECKEHART) GEBRAUCHTE DIE WORTE IM
ENGELISCHEN GODHEAD UND NUN FÜRS...
HAUPT, HEUT, HIER UND JETZT U.V.M.

DUSELBST MACHST ABER DRAUS WAS DU
WILLST BZW. WAS DEIN LOGISCHES HIRN-
PROGRAMM DICH BERECHNEN LÄSST.
WIE DU MIT INFORMA(K)TIONEN UMGEHST IST
IMMER NUR DIR ÜBERLASSEN UND WIRD IMMER
NUR SO SEIN KÖNNEN WIE'S DEINEM GLAUBEN
VON UND ÜBER DIESE INFOS ENTSPICHT. IN DIR
TAUCHT ETWAS AUF, INTUITION, DIR FÄLLT
ETWAS EIN, INSPIRATION, DOCH PASSIERT
DAS IMMER JETZT, IM EWIGEN MOMENTANEN
WANDEL, WECHSEL, VERÄNDERUNG VON
GEDANKEN-GEFÜHLEN. DAS WAS SICH NICHT
VERÄNDERT DABEI IST'S ICH, IST'S
BEWUSSTSEIN, IST GOTT SOLANGE DU DIR
NIX DRÜBER DENKST.

ANNEHMEN, LOSLASSEN,
EINVERSTENDENSEIN, AKZEPTIEREN VON DEM
WAS IST IST GLEICHZEITIG DIE
(PROBLEM)LÖSUNG.
WILLST DU NICHT KRANK SEIN, GIB
GESUNDHEIT AUF, WILLST DU NICHT HASS, GIB
DIE LIEBE AUF, WILLST DU KEINEN KRIEG, GIB
DEN FRIEDEN AUF USW. USF. HOFFEN DU HAST
DIE MESSAGE KAPIERT, WILL HEISSEN,
GESUND/KRANK, LIEBE/HASS,
FRIEDEN/KRIEG SIND UNZERTRENNLICH, UND
HEIL(IG)SEIN IST DER MITTELPUNKT, DIE
BASIS, PLUS DIE PERIPHERIE, ABER DUSELBST

BIST WIE'N BALL OHNE HAUT,
UNVORSTELLBAR WUNDERVOLL!
IN DIESEM SINNE KANN ICH MIR MEINE
SOGENANNTE VERGANGENHEIT JETZT-
DENKEN UND ZWAR SO, WIE ICH'S WILL, DITO
MIT MEINER ZUKUNFT. TJA, BLOSS MIT DIESER
GEGENWART SCHEINT'S IRGENDWELCHE
DENK-PROBLEME ZU GEBEN, ODER?
EBEN, DENN DIESE GEGENWART, JETZT IST
GENAU DAS OHNE WORTE BEWUSSTSEIN
SELBST WELCHES ES NUN MAL LIVE ZU
ERLEBEN GILT.
ALS (SELBST)AUSGEDACHTES MENSCHLEIN
HAST DU KEINE CHANCE, ALS BEWUSST-
GÖTTLICHER, ALLE!

SO, UND WIE SIEHT'S NUN MIT DIESER
EVOLUTIONSTHEORIE AUS, DASS DU VOM
AFFEN ABSTAMMST, MIR DIESER QUANTEN-
THEORIE, DER KLIMA-THEORIE, DER... WIE SIE
AUCH IMMER HEISSEN MÖGEN THEORIE?
FAKT IST, DASS DAS ALLESAMT GEDANKEN-
IDEEN-KONSTRUKTE SIND ÜBER DIE ES
MITTLERWEILE ZU MULTI-DIVERSEN MEINUNGEN
GEKOMMEN IST, ÜBER DIE VIEL DISKUTIERT
WIRD, DIE ALLERDINGS AUCH WIEDER NUR
DENK-HYPOTHESEN, MENTAL-EINBILDUNGEN,
(ABER)GLAUBE SIND, UND DA GLAUBEN JA
NICHT(S)WISSEN HEISST, EBEN DIES IN
DIRSELBST ALS'S ICH ZUSAMMENKOMMT
SOWIE NATÜRLICH AUCH VON DIRSELBST
AUSEINANDER GEDACHT WIRD BZW. IST.

DU BIST NIE UND NIMMER IN DER LAGE DICH
OBJEKTIV WAHRZUNEHMEN, SIEHE
SPIEGELBILD, DAS BZW. EIN ICH ZEIGT SICH

NICHT ALS OBJEKT, ALS GEGENSTAND, ALS MATERIELLE FORM, ALS PERSÖNLICHKEIT, ALS CHARAKTER (UND DANN ABER WIEDER AUCH DOCH WENN DU ALLES BIST), ABER IST UNGETRENNT VOM SUBJEKT, VOM ERLEBER, VOM ERFAHRER, VOM ERDENKER SEINER SELBST.

UND JA, ICH WEISS WIE VERZWICKT DIESE THEMATIK SEIN KANN, UND GENAU DESWEGEN SOLLST DU MIR HIER NIX GLAUBEN SONDERN FÜR DICH SELBST, MIR DIR, IN DIR, DURCH DICH RAUSFINDEN. KEINE FRAGE OHNE ANTWORT, KLOPFE UND'S WIRD AUFGETAN, SUCHEN PLUS FINDEN, ABER OB8 FOR DER SUCHT DER SUCHE, DENN DAMIT HAST DU EIN GANZ TOLLES SELBST-VERARSCHUNGS ALIBI. DAS PROBLEM IST „DER ARSCH MIT OHREN" ABER AUCH GLEICHZEITIG SEINE LÖSUNG.

DEIN HAUPT, KOPF, CAPUT, SCHÄDEL, BIRNE, GRÜTZE USW. IST GLEICHERMASSEN BREMSPEDAL WIE AUCH GASPEDAL UM BEIM BEISPIEL AUTOMOBIL/(PARKOSTATIK) ZU VERWEILEN.
UND APROPOS AUTOMOBIL, DAS EINZIGSTE WAS WIRKLICH AUTOMOBIL ISTBIST DU ALS GEIST, ENERGIE, LICHT, BEWUSSTSEIN, DENKER!!!
DU + DEINE DENKE MACHST AUS DEINER WELT DAS WAS SIE (FÜR DICH) IST BZW, WIE SIE DIR ERSCHEINT.
VERÄNDERE DEINE DENKE UND DEINE WELT WIRD FÜR DICH ANDERS-SEIN UND DU WITST'S ALS ERSTER MERKEN.

Aber Achtung, ein „Wenn-Dann-Geschäts-Gebet" funktioniert nicht! Ehrlich währt am Längsten ist's Motto. Wieder Aber, denn auch das sollte dir Worscht, also das Ding mit den Zwei Enden, Gleichgültig, also echt Gleich-Gültig, man sagt Egal Sein.

Ergo, bleib mal aufm Teppich, nicht dem Fliegenden, sondern dem, was SinnesSinn macht und Heut, also eben grad für dich als WahrNehmbar ist, ohne (wir haben den ersten Advent) Spekulaiti(onib)us.

Und apropos LebKuchenZeit, sprich WeihNacht(en), lass dir mal WEIH-NACHT, also eine GeWeihteNacht auf der UnLogischen Zunge mit Genuss ganz langsam zergehen, H(m)ImmLisch. Gott-Krischna ruft – und kEINer hört.

N8=ohne L"ICH"T, braucht's mehr Worte, mehr Theorie, mehr DisKuss/Ionen?

Du, die Quelle Von – Bis, das gesamte Alpha/Omega-Bet, Du, von A-Z, das A+O, di bist's ICH!

Und denk jetzt bloss nicht ich, dieser Autor, habe die Weisheit mit Löffeln gefressen, nein, ich bin genauso ein Arsch mit Ohren, ein EgoIst wie du selbst, keinen Deut besser, nicht anders, weil selbst auch AusGedacht.

Ich spiele für meine Denklinge eben bloss meine Rolle und bin ihnen DankBar, dass sie überhaupt an mIch denken, so wie Du lieber Leser genau jetzt bei diesen Worten an irgendjemanden als Autor

DENKST. IN WAHRHEIT SIND ALLEDINGS ALLE GEDANKEN, AUCH JENE AN EIN HARRY-PHIL-AUTOR, GRAD IN DEINEM KOPF.
DU bIST DAS EINzIGSTE WORAUF'S AnKOMMT, DU UND IMMER WIEDER DU-SELBST ALS'S ICH.

TROTZ ALLER SOGENANNTEN KONTADIKTIONEN, GEGENSÄTZLICHKEITEN DER SPRACHLICHEN WIEDERGEBE IN-FORM VON LESEWöRTERN IN DIESEM TEXT, KANN ICH RUHIGEN GEWISSENS BEHAUPTEN, DAS ES AUS DERSELBEN QUELLE STAMMT, NÄMLICH ICH, WEIL ICH NICHT BLOSS DU, SONDERN ALLES IST, SYNONYM, SYNCHRON, SIMULTAN, IM EWIGEN HEUT'!
FAZIT: DI bIST, ALS dICH SELBST, ALS'S ICHBIN, OHNE WORTE, VORM ANFANG, BEVOR'S IRGENDETWAS GIBT bSIT DU/ICH. ICH ALS ICH, KANN, IST UND WIRD NIE UND NIMMER ETWAS GESCHEHEN, IM NEGATIVEN SINN VON ZUSTOSSEN KÖNNEN, DENN ICH IST VORM ANFANG VON IRGENDETWAS, SEI ES (ALS GEDANKE) WAS ES WOLLE.
(UND JA, AB UND AN KLINGT'S RECHTARROGANT, BESSERWISSERISCH, KLUGSCHEISSERLICH USW. USF., HAB SCHON ALLES DURCHGEMACHT, ALSO NO STRESS)
TJA, DW, DAS WARS DENN NUN BIST DUSELBST AN DER REIHE MIT EINER ATTENTIVEN, AUFMERKSAM, KONZENTRIERTEN LESUNG DEINES EIGENEN LEBENSBUCHES. WENNS FERTIG GELESEN IST, GIBT'S EINFACH EIN NEUES, DAS ZEIGT DIR DEINE GESCHICHTE VOM SCHLAFEN, WACHEN UND TRÄUMEN.

ACH JA, BEVOR ICH'SVERGESSE, GEH MIT DIESEN NEUIGKEITEN NICHT HAUSIEREN, WILL HEISSEN MISSIONIEREN, DENN DEINE SOGENANNTEN MITMENSCHEN SIND NICHT INTERESSIERT UND WERDEN DIR NUR NEGATIV ZUSETZEN.
WISSE, WAGE, SCHWEIGE UND VERÄNDERE DEINE EIGENE WELT.
DENKEN, FÜHLEN, MACHEN, ALL DAS STECKT EH IMMER SCHON IN DIR-SELBST.
(DIE BIBLISCHEN SCHÖPFUNGSKRÄFTE SIND MITTEN IM EIGNEN ÜBERHAUPT)

UND NOCH MAL — DU, LEBEN, DEINE WELT ETC., FUNKTIONIERT NICHT SO WIE MAN DIR'S BEIBRINGT. DU DENKST, DOCH DEINE WELT IST WIE DU SIE GLAUBST!
(GLAUBE = MATERIALISATIONS-ENERGIE PUR)

DUSELBST BIST DER GESAMTE SCHÖPFUNGSPROZESS AD INFI.
ERGO, NO WORRIES, ABER VIEL HERZENSFREUDE.

HOFFE ALSO GANZ EHRLICH, DASS DIR UNSERE KLEINE „INKURSION" IN DIE EIGENE WELT DER GEDANKEN UND GEFÜHLE DAS BRINGT, WAS DU EBEN NICHT ERWARTEST.
DA GAB'S ANSCHEINEND MAL EINEN DER GESAGT HABEN SOLL, DASS ER NICHT DIE ERSEHNTE LIEBE BRINGE SONDERN MIT DEM SCHWERT KOMMEN WÜRDE.
DAS SCHWERT DES BEWUSSTSEINS, DES EIGENEN WISSENS. DAMIT KRIEGST DU DEN GORDISCHEN KNOTEN GELÖST, DER DIR ANERZOGEN WARD.

WAS BLEIBT IST DEINE EIGENE GEWISSHEIT
WIRKLICH GÖTTLICH ZU SEIN.

VON WEGEN AFFENMENSCH, GOTTMENSCH
BIST DU!

ES BEGINNT IM KOPF, ES ENDET IM HERZ,
ANGANF UND ENDE SIND EINE EINHEIT,
DENEKN UND LIEBEN AUCH...
...IMMER UND IMMER WIEDER...AD INFINITUM!

DIE BESTE ZEIT

SERVUS, TSCHÜS UND HAB' DICH LIEB!

IN LIEBE, SEINE SELBSTHEIT ICH;-)

Ps – Gefundene Fehler sind mEin GeSchenk ☺